중국을

새로운 중국을 만들어가는 사람들

인터뷰하다

중국을
새로운 중국을 만들어가는 사람들
인터뷰하다

이창휘·박민희 엮음

창비

13억 나비의 꿈

이 책의 첫걸음은 베이징 외곽, 농촌에서 올라온 노동자들이 모여 사는 허름한 마을 피춘(皮村)에서 노동운동가이자 가수인 쑨 형을 만나면서 시작되었다.

매섭게 춥던 2012년 첫날, 쑨 형과 그의 '농민공' 동료들은 마을 한 켠에 자신들의 힘으로 지은 '신노동자극장' 무대에서 한국 민주화 운동의 상징인 「임을 위한 행진곡」 곡조에 맞춰 중국노동자들의 쓰라린 사연과 노동계급의 자긍심을 노래했다.

노래를 부르며 불끈 쥔 거친 손, 이 손으로 이들은 노동자들의 사연을 망각 속으로 놓쳐버리지 않으려고 소박하나마 박물관을 지었고, 노동자 자녀들의 미래를 위해 학교를 운영하고 있다. 여기서 우리는 중국사회 밑바닥에서 꿈틀대는 변화를 위한 몸짓을, 13억 나비의 날갯짓을 어렴풋이 보았다.

우리의 출발점은 여기다. 중국정부의 노동정책을 자문하며 노동사회를 관찰해온 국제기구 전문가로, 중국의 현장을 뛰며 취재해온 특파원으로, 우리는 중국인들이 보여준 변화를 향한 움직임에 이끌려 이 여정을 시작했다. 우리가 중국에 대해 가진 고정관념인 일당통치와 무소불위의 국가권력, 체념하고 침묵하는 군중 혹은 배금주의에 가까운 돈에 대한 집착이라는 편견과 달리, 그들은 변화를 만들어내고 있다. 이 나비의 날갯짓이 중국의 미래를 어떻게 바꿀 것인가, 중국은 어떤 길을 탐색하고 있는가에 대한 답을 찾고 싶었다.

우리의 종착점은 이 열편의 글이다. 그 여정의 결실에는 중국의 또 다른 미래를 위해 고투하는 '문제적' 인물들과의 대화가 담겨 있다. 우리는 중국의 미래를 둘러싼 좌우파논쟁과 관련 정책에 직접 뛰어든 지식인, 노동자와 농민의 삶 속에서 변화를 일구고 있는 운동가와 학자, 문화대혁명과 톈안먼사건 등 중국현대사의 경험과 상처를 상징하는 인물, 검열씨스템 밖에서 민초의 삶을 카메라로 끈질기게 추적하는 영화감독 등을 만나 질문을 던졌다.

그들과의 대화 속에서 우리는 마오 쩌둥이, 박정희와는 달리, 민간신앙의 수호신이자 혁명적 이상주의의 아이콘인 동시에 억압자이자 체제의 수호자 등 여러 다른 얼굴로 중국인민들 곁에 존재하는 것을 보았다. 또 전태일의 일대기에 감명받아 공장으로 향한 중국 젊은이들을 만났고, 대학에서 농촌에서 그리고 공장에서 새로운 세대가 조용히 그러나 거대한 물결처럼 새로운 미래를 준비하는 모습도 엿볼 수 있었다.

중국은 갈림길에 서 있다.

1989년 톈안먼광장에서 민주화와 평등, 정의를 요구하던 시민들의 목소리가 진압된 이후 20여년간 '사건' 없는 평온과 침묵 속에서 초고속 성장을 거듭해 G2로 우뚝 선 중국이 이제 다시 들끓고 있다.

시 진핑을 중심으로 한 5세대 지도부 출범을 앞두고 터져나온 보시라이사건은 그런 모순과 고민의 상징 같았다. 천문학적 규모의 부패, 권력 남용, 치정극 그리고 첩보전까지 온갖 흥행요소를 갖춘 경극(京劇)처럼 보이는 그 정치스캔들에 세계의 관심이 집중됐다. 하지만 그 사건의 이면에는 마오 쩌둥과 문화대혁명 등 중국현대사에 대한 기억, 시장경제 및 국가와 사회 사이에서 고조되고 있는 긴장, 그리고 중국의 미래를 둘러싼 투쟁이 자리하고 있다.

중국혁명 이후 30년의 사회주의시대(1949~78), 30여년의 시장화시대(1978년 이후)를 거치며 두 차례의 혁명적 전환을 경험한 중국은 이제 새로운 제3막을 시작하려 한다.

덩 샤오핑의 남순강화 직후 1992년 열린 공산당 당대회에서 중국 지도부가 공식 채택한 '중국 특색의 사회주의 시장경제' 노선은 지난 30여년의 시장화시대를 이끈 이정표였다. 그것을 계기로 본격화된 시장화 '혁명' 속에서 '중국 특색의 사회주의'란 정치적 민주주의의 부재(不在)를 가리는 수식어로만 쓰였고, 그것의 방점 또한 확고히 '시장'에 찍혀 있었다. 그러나 세계 자본주의가 전대미문의 경제위기에 휘말린 오늘, 새로운 '30년 사이클'에 들어선 중국은 사회주의와 시장, 평등과 자유 그리고 중국적인 것과 보편적인 것에 대해 다시 묻고 있다.

이 질문에 답하려 분투하는 지식인들의 노력은 때로, 거대 국가기구의 엘리뜨 정치가와 관료들의 거대한 정책실험으로 나타나기도 한다. 국가 공유자산을 활용하는 '사회주의적' 시장경제를 실험한 보시라이의 충칭모델, 국가와 연결된 국내 민간자본 클러스터에 기반을 둔 '조직화된 자본주의'를 시도한 장쑤 지역의 실험, 외자 중심 개방경제의 상징인 광둥모델 등은 그런 사례다.

이제 이런 고투는 지식인의 서재와 엘리뜨 관료들의 사무실을 넘어 거리로 확장되고 있다. 신세대 노동자들이 주축이 된 파업 물결에서 볼 수 있듯, 지난 30여년간의 경제기적을 일군 비결이었던, 저임금에 기반을 둔 수출 중심의 중국 성장모델은 이미 그 한계를 드러내고 있다. 2013년 벽두, 언론통제에 항의하는 『남방주말』 기자들의 투쟁에 이어, 지식인들이 헌법에 보장된 권리 존중을 요구하며 제출한 성명서는 톈안먼사건 이후 강요된 침묵의 카르텔에 균열이 생겼음을 보여주었다. '민주화(정치개혁) 없는 경제성장' 속에서 특권층에 이익이 집중되는 구조에 대한 분노가 분출하고 있고 6억 네티즌의 여론의 힘도 만만치 않다.

시 진핑 국가주석은 여러 차례 연설을 통해 '중국의 꿈(中國夢)'을 새 시대의 표어로 제시하면서, '중화민족의 위대한 부흥'과 부국강병을 강조한다. 그러나 중국의 꿈은 하나가 아니다. 마치 무수히 많은 '미국의 꿈'(American dreams)이 존재하듯 말이다. 관료들이 제시하는 거창한 목표가 시민들의 열망과 일치할 리 없고, '농민공'들의 소박한 바람이 자본가들의 대박의 꿈과 같을 리 없다. 이러한 꿈과 욕망과 열망이 어우러져, 체제의 속박을 뚫고 새로운 사회를 만들어나가리라.

우리의 대담은 중국이 지도부 교체를 앞두고 보시라이사건의 풍파 속에 휘말려 진통을 겪던 중에 이뤄졌다. 통제와 감시가 강화된 어려운 시기인데도 우리와 만나 긴 시간 동안, 고민과 삶의 흔적이 담긴 이야기를 들려준 이 책의 11명 주인공들에게 진심어린 감사의 말씀을 드린다.

이 책은 갈림길에 서 있는 중국의 고민과 가능성에 대한 이야기다. 한국의 독자들이 이 글을 통해 미래를 위해 분투하는 13억 중국인들의 고뇌를 느끼고, 그들과 대화할 수 있기를 소망한다. 13억 나비의 날갯짓이 일으키는 바람이 민주주의와 사회적 정의를 지구촌 구석구석에 불러일으키는 훈풍이 되기를 희망한다.

차 례

일러두기

1. 이 책은 이창휘·박민희가 2012년 2월부터 8월까지 기획하고 진행한 대담을 엮은 것이다. 대담은 두 엮은이가 함께 진행했지만 아포 레옹과 조셉 청 대담은 이창휘가, 한 둥팡 대담은 박민희가 각각 진행했다.
2. 인명과 용어에 대한 추가해설이 필요한 경우에는 해당 부분을 어깨점으로 표시하고 책 말미의 '인명·용어 해설'란을 두어 설명했다.
3. 엮은이들이 표현한 견해는 전적으로 개인의 의견이며, 소속하거나 재직 중인 집단의 입장과는 무관함을 밝힌다.

제1부

중국은 왜 여기 서 있는가

첸 리췬

錢理群

지금 여기의 루쉰

◆

책이 산처럼 쌓인 방에서 그가 조용히 걸어 나왔다.

환하게 웃고 있는 불상을 닮은 얼굴, 눈빛이 강렬하다.

그의 이야기는 중국혁명과의 첫 만남에서부터 시작해 '마오 쩌둥의 양면성'을 경험한 문화대혁명(이하 문혁)의 격랑, 1989년 톈안먼광장*, 젊은이들과 함께 희망의 길을 만들어내려 분투하는 현재까지 도도한 강물처럼 흘렀다. 거실로 비쳐 드는 오후의 햇살이 조금씩 힘을 잃어가는 동안, 그의 입에서 나오는 말은 점점 강렬해졌다.

첸 리쥔, 그는 무소불위의 국가권력에 무릎 꿇지 않고, 끊임없이 현실을 일깨우는 '비판적 지식인'이다. 그는 루 쉰 연구의 대가이자, 마오 쩌둥 시대부터 현재로 이어지는 역사의 흐름 속에서 중국이 반성하고 고민하고 실천해야 할 것들을 발굴해내는 사상가다.

첸 리췬은 일본이 중국을 점령 중이던 1939년, 국민당의 전시 수도였던 충칭(重慶)에서 태어났다. 국민당정부의 고위관리였던 그의 부친은 1949년 공산당이 승리하자 대만으로 떠났고, 이후 그곳에서 세상을 떠날 때까지 그의 가족은 다시는 아버지를 만나지 못했다.

첸 리췬은 1956년 베이징대 중문과에 입학해 그곳에서 사회주의 중국의 어두운 일면을 비판한 지식인들이 '우파'로 몰려 숙청되는 반우파투쟁을 경험한다. 1960년 졸업 뒤에는 출신성분 탓에 베이징에서 멀리 떨어진 오지, 구이저우성(貴州省) 안순(安順)의 위생학교 교사로 배치된다. 그는 이곳에서 18년을 보내며 문혁의 격렬한 파도에 휩쓸렸다.

문혁 시기에 그는 철저한 마오주의자로서 급진 조반파● 조직에 참여했으며, 반혁명세력으로 몰려 많은 고초를 겪었다. 죽음 직전의 상황에서 밤을 틈타 베이징까지 탈출했다가 체포돼 구이저우로 되돌려 보내지기도 했다.

문혁이 끝난 1978년, 베이징대 대학원에 합격해 베이징으로 돌아온 그는 본격적으로 루 쉰 연구에 뛰어들었다. 1981년부터 2002년까지 베이징대 중문학과 교수로서 학생들을 가르쳤다. 그의 사회적 발언과 영향력을 두려워한 당국의 우회적인 압력으로 2002년 퇴임한 이후, 첸 리췬은 민간운동에 합류해 농촌 지원활동을 비롯한 다양한 사회운동에 뛰어든 전국 각지의 청년 자원봉사자들과 어울려 그들을 격려하는 활동을 이어가고 있다.

아울러 그는 중국현대사의 격랑 속에서 권력에 굴하지 않고 민주와 공평의 가치를 실현하려 했던 민간사상의 흐름을 연구하는 데 혼신의 힘을 다하고 있다. 민주를 향해 분투했던 이들의 목소리를 망각으로부터 되살려내고, 정경유착으로 형성된 특권계급과 소외된 약자, 사회양극화의 현실을 거침없이 비판한다. 2007년 홍콩에서 출판한 『망각을 거부하라─1957년학 연구기록』을 통해 그는 반우파투쟁에서 우파라는 낙인이 찍힌 채 사라져간 지식인들의 목소리를 복원해냈고, 『모택동 시대와 포스트 모택동 시대 1949~2009』에서는 중국사회주의 역사 60년을 마오 쩌둥과 마오주의에 대한 성찰과 반성 속에서 새롭게 써냈다. 아울러 「회고 2011」 「노홍위병 통치에 대한 우려」 등 글을 꾸준히 발표하면서 중국의 현실정치에 대한 과감한 분석과 비판도 멈추지 않는다.

중국은 신해혁명으로 2천년 넘게 계속된 황제체제를 무너뜨렸고, 사회주의혁명으로 평등한 사회를 꿈꿨다. 그 결과 황제는 사라지고 통치집단은 바뀌었으나, 절대권력을 장악한 국가 그리고 권리와 자유를 확보하지 못한 인민이라는 구조는 여전히 철옹성으로 남아 있다. 1919년의 5·4운동에서부터 1957년의 이른바 '우파'로 몰렸던 이들의 현실비판, 1989년 톈안먼시위*에 이르기까지, 인민의 권리와 자유를 갈구하는 이들은 계속 일어섰지만 그때마다 국가권력에 부딪혀 좌절했다. 첸 리췬의 작업은 이런 '미완의 혁명'을 완수하겠다는 사명을 포기하지 않은 노 지식인의 분투다. 그의 글로 되살아난 인물들과 그들의 목소리가 우리 마음을 울리고, 우리를 잠 못 들게 하는 이유다. 루 쉰을 읽은 뒤처럼.

혁명과의 첫 만남

대담자 1949년 중국공산당이 승리를 거뒀을 때 선생님은 열살 소년이었습니다. 국민당 고관이던 아버지는 대만을 택했고, 다른 가족들도 대만과 해외, 중국 대륙에 뿔뿔이 흩어지는 아픔을 겪었다고 들었습니다. 이산의 고통과 해방의 설렘이 함께 닥쳐왔을 텐데요. 선생님과 신중국의 첫만남은 어떠했습니까?

첸 리췬 공산당정권과 처음 만난 것은 1948년이었지요. 당시 우리 가족은 대만으로 가려고 상하이로 피난 와 있었어요. 그런데 상하이에 도착한 뒤 어머니가 대만에 안 가겠다고 하신 거예요. 그래서 아버지 홀로 대만으로 떠난 뒤 다시는 돌아오지 못했어요. 그 와중에 상하이에서 해방을 맞았어요. 당시 친구들과 학교 가는 길에 마주친 인민해방군 병사들의 모습은 제게 깊은 인상을 남겼지요. 많은 병사들이 모여 있었는데도 상점이나 집을 약탈하거나 소란을 피우는 일이 전혀 없었거든요.

인민해방군은 그때까지 제가 본 다른 군대와는 달라 보였어요. 일례로 국민당 군대는 점점 질이 나빠져 사람들을 해치고 약탈을 저지르고 다녔거든요. 또 미군이 있었는데, 여기저기 지프차를 타고 다니면서 우리 아녀자를 희롱하고 의기양양하게 뽐내며 돌아다녔지요. 그들과 대조적으로 공산당 군대는 규율을 지키고 인민을 괴롭히지 않았으니, 첫인상이 매우 좋을 수밖에요. 이게 당시 중국혁명과 새 정권에 대한 첫 추억입니다.

혁명 이후 난징으로 이사 가서 학교에 다닐 때 영화 「싼 마오 유랑기」가 상영돼 토론회가 열렸어요. 그때 누군가 제게 "쏸 마오 같은 아이들이 왜 유랑아동이 되어 고통을 당하느냐"라고 물었죠. 겨우 열 살이었던 저는 '전쟁' 때문이라고, 즉 국민당과 공산당 사이에 벌어진 내전 때문에 백성들이 고통을 겪었다고 덜컥 대답했어요. 그랬더니 '계급적인 관점 없이 일률적으로 전쟁에 반대하면서 정의로운 전쟁과 정의롭지 않은 전쟁도 구별하지 못한다'고 비판받게 되었지요. 선배 형들과 누나들은 "첸 리췬, 너는 개조가 필요한 것 같다"라고 하고. 겨우 열 살이던 저는 이렇게 개조라는 개념을 처음 알게 된 거죠.

규율 잡힌 인민해방군과 개조, 이 둘을 연결해보면 저와 혁명의 복잡한 관계가 상징적으로 드러납니다. 혁명의 많은 부분을 지지하면서도 또 한편으로는 '혁명이 너를 개조할 것'이라는 데 망연자실해하던 제 모습이 말이에요.

대담자 국민당과 공산당 진영으로 갈라설 수밖에 없었던 가족사가 선생님의 이후 인생에 어떤 영향을 미쳤습니까? 중국 근현대사에서 국민당과 공산당은 중국이 선택할 수 있었던 '두 갈래의 길'을 대표하는데요. 두 세력에 대한 선생님의 평가는 어떠한지요?

첸 리췬 저는 국민당 고위관리 집안에서 태어났고, 이런 점에서는 분명 혁명의 대상이었습니다. 하지만 형과 누이는 공산당원이었고, 특히 누이는 해방군 전사이자 공청단(中國共産主義靑年團, 중국공산당의 청년조직) 단원이었어요. 따라서 우리 가족은 당시 두개의 신분을 갖고 있었지요. 하나는 반동관료의 가족이었고 또 하나는 혁명군인의 가족이라는. 자연스레 우리 집에서는 부친에 대해 말하지 않게 되었고, 형과 누이가 공산당원이자 혁명가라는 것만 강조하게 되었지요.

사실 우리 집안은 중국사회의 축소판이라고도 할 수 있어요. 외조부는 청말 유신파 인사로, 항저우에서 최초의 백화문˚ 신문을 발행하고 학교와 도로, 은행을 처음 세운 인물입니다. 아버지는 후 스(胡適)˚와 함께 활동했고, 두 사람은 미국에서 중국 최초의 과학잡지인 『과학』을 발행하는 등 긴밀하게 지냈습니다. 아버지는 과학구국(科學救國)의 사상을 갖고 있었어요. 형들 중 한명은 국민당정부의 외교관이었고, 또다른 형은 저명한 수학자이자 중간파 지식인이었죠. 반면 저희 작은 형과 누나는 중국공산당의 지하당원이었고, 인민해방군에 투신했습니다. 우리 집안에는 국민당원, 공산당원, 유신파, 후스파가 모두 있었지요. 중국 지식인의 다양한 형상이 모두 공존했습니다.

이런 가족은 저에게, 그리고 제 연구에 큰 영향을 주었습니다. 우리 형제자매들은 지식인으로 시대의 변화에 따라 국민당에 관여하기도 하고, 공산당에 참가하기도 한 겁니다. 중국의 가장 우수한 지식인들이 1920년대와 30년대에는 국민당으로 갔고, 1940년대와 50년대에는 공산당으로 갔어요. 공산당과 국민당은 서로를 비적(匪賊)이라 불렀지만 저는 그렇게 생각하지 않습니다. 공산당과 국민당 모두 문제가 있지만 그들도 처음에는 구국을 위해 국가를 위해 나섰던 거니까요. 다만 서로 다른 길을 가면서 다른 교훈을 얻게 됐을 뿐인 거죠.

대담자 신중국 건국 초기 어린 시절을 회상하면서 선생님께선 '황금빛 어린 시절(金色童年)'을 보냈다고 하셨습니다. 어떤 이유로 그렇게 생각하시는지요? 그리고 그 시기가 선생님께 남긴 것은 무엇입니까?

첸 리췬   저는 건국 초기의 정책을 지지합니다. 공산당은 당시 가난한 자들의 정당으로서 가난한 이들의 이익을 대표했습니다. 사상 교육에서도 노동자·농민을 중시했습니다. 제가 다닌 중학교는 원래는 국민당의 중산대학(中山大學) 부속중학교였는데 분위기가 귀족적이었어요. 처음에는 동창 대부분이 국민당 관료와 대학교수의 자제들이었습니다. 하지만 1949년(중화인민공화국 건국) 이후 이 학교는 수많은 노동자·농민의 아이들을 받아들여 경제적으로도 혜택을 줬어요. 당시 학교 친구들 중에는 노동자·농민의 아이들과 지식인의 아이들 두 부류가 있었는데, 서로 사이좋게 지냈고 별 문제도 없었어요. 학교가 노동자·농민 아이들을 우대했지만, 상류층 출신 아이들은 어려운 이들이 보살핌을 더 받는 것을 당연하게 여겼어요. 이것이 당시 우리의 평등 관념이었지요.

되돌아보면, 저는 '황금빛 어린 시절'을 보냈다고 생각합니다. 중학교 시절은 비교적 행복하고 건전한 진보의 시기였습니다. 당시 우리는 조국과 인민을 사랑하고 과학과 노동을 추앙하며 공공재산을 소중히 여겨야 한다는 교육을 받았는데, 저는 사회주의의 이런 이념을 지금도 간직하고 있습니다.

백화제방의 꽃이 지고, 반우파 폭풍이 몰아치다

1956년 4월 25일 마오 쩌둥은 「10대 관계를 논함(論十大關係)」을 발표해 다양한 사상과 의견을 용인하겠다는 방침을 밝혔다. 이를 계기로 '쌍백방침'(雙百方針, 백화제방/백가쟁명)'으로 불리는, 중국사회주의의 현실에 대한 치열하고 솔직한 비판과 논쟁이 꽃피었다.

이러한 방침이 시작된 주요 배경으로는 흐루쇼프의 스딸린 비판*이 중국에 몰고 온 거대한 여파를 들 수 있다. 1956년 2월 소련공산당 20차 대표대회에서 흐루쇼프가 스딸린의 죄상을 비판한 비밀보고서의 내용이 전해지자 중국인들은 경악했다. 스딸린 비판은 중국인들이 모방해온 소련식 사회주의의 사회적·도덕적 타당성에 근본적인 의문을 제기하는 것이었다. 특히 중국에도 소련과 마찬가지로 독재정치와 특권계급이 등장했음을 상기시키는 사태였기 때문이다.

중국은 고민에 빠졌다. 먼저 공산당과 민주당파* 내 고위인사들 사이에서 비판운동이 시작돼 점차 대학과 사회로 확산됐다. 학생들은 농민들의 고통, 특권계급의 전횡을 밝히는 글을 써서 대자보 형태로 발표했다. 겉모습만 바뀐 계급적 억압을 반대한다, 국가는 전체 인민의 것이다 류의 주장들이 캠퍼스에 등장했다.

비판의 수위가 높아지자 마오 쩌둥이 나섰다. 1957년 6월 8일 『런민일보』에는 마오 쩌둥이 쓴 「이것은 무엇 때문인가?(這是爲什麼)」라는 사설이 실렸다. 온갖 꽃이 피고 새가 우는 다양성의 시대가 끝나고, 반우파투쟁의 서막을 알리는 신호탄이었다. 백화제방 시기에 비판적 목소리를 냈던 이들은 '우파'로 몰렸다. 그동안 터져나온 요구는 진정한 사회주의, 특권 없는 평등을 추구하는 '좌파'적인 내용이었으나, 마오는 이를 주장한 사람들을 '우파'로 낙인찍었다. 반우파투쟁에서 55만명이 체포됐으며 40만 내지 70만명이 직장에서 쫓겨나 노동개조를 당했다.

베이징대 중문과 재학 당시 반우파투쟁을 경험한 첸 리췬은 그 역사적 생존자로서 1957년 지식인들의 사회주의 민주를 향한 열망과 그들의 고통의 기록을 복원해낸다.

대담자 『망각을 거부하라』에서 선생님은 1957년 반우파투쟁 당시 중국사회주의의 문제를 지적했던 이들의 사상과 그들이 치러야 했던 희생을 깨우쳐줍니다. 유토피아적 이상을 갖고 혁명에 뛰어든 지식인들이 만들고자 했던 천당이 현실이 되었을 때, 정작 그들에게는 그곳이 지옥으로 변해버렸지요. 반우파투쟁 당시 우파로 몰린 지식인들은 선생님께 무엇을 남겼습니까?

첸 리췬 반우파투쟁이 시작되기 직전 린 시링(林希翎)*의 연설을 들었습니다. 그녀의 연설은 매우 급진적이었는데, 핵심은 중국이 진정한 사회주의의 길을 가야 한다는 것이었어요. 그전까지 저는 중국이 사회주의국가임을 당연하게 여기고 전혀 회의하지 않았어요. 린 시링은 '중국의 사회주의는 진정한 사회주의가 아닌 봉건적 사회주의이며, 우리는 진정한 사회주의를 요구한다'라는 주장을 최초로 제기했지요. 그녀는 왜 중국의 사회주의가 진정한 사회주의가 아닌 봉건사회주의라고 말했는가? 첫째는 중국사회주의에서 권력이 고도로 집중되면서 봉건적 전제의 특징이 나타나고 있다는 비판이었습니다. 두번째는 중국에 이미 특권계급이 출현했다는 문제제기였어요. 이들 '우파'들은 '사회주의는 민주화된 사회주의여야 한다'라고 강조했어요. 특권계급이 출현했다는 것은 공유재산이 권력을 가진 자들에게 장악됐다는 비판을 함축한 것이지요.

저는 '우파'들이 제기한 그런 문제들을 당시에는 그다지 크게 받아들이지 않았어요. 그들이 얘기하는 것만큼 심각하지는 않다고 생각했으니까요. 하지만 동시에 린 시링의 발언을 완전히 부정하지도 않았어요. 린 시링의 주장이 설사 과장되어 있다고 하더라도 지금 우리가 경계하지 않으면 나중에 그녀가 우려하던 상황이 올 거라는 기묘한 느낌이 들었던 거죠.

대담자 1957년 반우파투쟁의 배경에는 소련공산당 20차 당대회에서의 흐루쇼프의 스딸린 비판이 중국을 비롯한 사회주의권 나라들에 안겨준 거대한 충격이 있었습니다. 당시 중국에선 이미 농업집단화 등 사회주의 경제체제의 기본틀이 만들어져 있었고, 흐루쇼프의 스딸린 비판과 헝가리 반공산주의 봉기사태의 여파는 중국인들에게 큰 영향을 미쳤지요. 당시 중국공산당과 지식인들은 이 충격을 어떻게 받아들였나요?

첸 리췬 외부인들은 모두 중국이 대외적으로 보여주는 '주의'에 관심을 기울여요. 하지만 저는 두개의 중국이 있고 두개의 중국사회주의가 있다고 생각합니다. 하나는 모두가 주목하는 마오 쩌둥, 덩샤오핑, 공산당 지도하의 중국, 그들이 건설한 사회주의 모델입니다. 또다른 하나는 제가 '지하의 중국'이라고 부르는 중국입니다. 이 지하의 중국은 항상 민간사회에 존재해왔어요. 중국사회주의의 유산을 토론할 때에도 반드시 이 두가지에 유의해야 해요. 즉, 하나는 마오쩌둥과 중국공산당이 이끄는 사회주의 실험이고, 다른 하나는 그것과 동시에 발생한 민간의 사회주의 실험이에요. 이 민간사회주의 사조가 '사회주의 민주'입니다.

중국이 중대한 역사의 고비와 마주할 때마다 이 두가지 힘은 서로 다른 견해와 구상을 내놓았어요. 1956년 소련공산당 20차 당대회에서의 스딸린 비판이 중국에 불러온 파장을 예로 들어봅시다. 이 파장으로 중국은 위와 아래가 동시에 흔들렸거든요. 소련 20차 당대회 이후 마오 쩌둥은 중국이 독자적인 발전노선으로 갈 것이며 이는 미국의 노선도 소련의 노선도 아닌 중국의 노선이라고 주장했어요. 하지만 대학생들도 이 문제를 이미 고민하고 있었어요. 스딸린 문제가 폭로된 이후, 즉 소련사회주의 모델에 문제가 있다는 것이 폭로된 이후, 이것은 중국의 위아래가 함께 갖게 된 공통된 인식이었던 것이죠. 그렇다면 중국은 어떻게 할 것인가? 마오 쩌둥은 정치개혁과 경제개혁을 제기했어요. 마오 쩌둥이 제기한 쌍백방침*은 각 민주당파*가 서로 감독하고 장기적으로 공존하는 내용을 담고 있었어요. 정치적으로 상당히 느슨하게 풀어주는 것으로서, 소련식 독재와는 다른 것이죠. 물론 거기에는 전제가 있었죠. 즉, 일당독재(一黨專制)하의 경제개혁과 정치개혁을 제시한 겁니다. '너희들은 반드시 나의 지도에 복종해야 한다'라는 전제가 달려 있었던 셈이죠. 때문에 이후 마오는 상대편이 자신의 지도체제를 위협할 수 있다는 것을 발견하자마자 곧바로 반우파투쟁에 나선 거예요.

반면에 당시 대학생들은 우리의 사회주의에 두가지 문제가 있음을 지적하면서, 이를 해결하려면 사회주의 민주를 발전시키고 특권계층의 형성을 막아야 한다고 주장했어요. 당시 학생들은 우리가 요구하는 사회주의 민주는 소련식도 미국식도 아닌 중국 스스로의 민주임을 명확히 했어요. 당시 중국의 문제를 해결하는 방안이 민주고, 또다른 방안은 특권계급의 형성을 막아 사회주의의 평등을 강조하는 것이라고 주장했죠. 그들은 인도주의문제를 제기하기도 했습니다.

대담자　중국뿐 아니라 20세기 혁명 특히 사회주의 혁명을 했던 여러 나라에서 혁명적 이상주의가 결과적으로는 비민주적인 독재와 특권계급의 등장으로 나아갔습니다. 1930년대 소련의 지식인들과 당원들, 그리고 1956년 이른바 8월 종파주의 사건*을 전후로 하여 북한의 지식인들과 이상주의자들은 결국 자신들이 세운 독재권력의 희생양이 되었습니다. 이는 곧 프롤레타리아 독재를 내세운 제3인터내셔널*의 길에서는 사회주의와 민주가 양립할 수 없음을 보여주는 것이 아닐까요? 반면에 제2인터내셔널*에 남았던 서구 사회민주주의 정당들은 의회제를 통해 민주주의를 뿌리내리고, 노동자계급의 이해를 어느정도 실현하게 되었습니다.

첸 리췬　1957년 '우파' 청년들은 그 문제에 대해 이미 이론적으로 자각하고 있었어요. 예를 들면 구 준(顧准)*은 이론적으로 중요한 몇 가지 문제들을 당시 앞서 제기했거든요. 첫번째로 그는 '어떻게 제2인터내셔널을 평가할 것인가'라는 질문을 던졌지요. '제2인터내셔널은 완전히 자본주의적이었는가' 하는 문제였습니다.

두번째 질문은 '자본주의를 어떻게 바라볼 것인가'였지요. 그는 자본주의가 몰락해가고 있다는 레닌주의적 관점에 의문을 던졌어요. 구 준*은 당시 '우리가 자본주의 안에서 뭔가를 배울 수 있는 가능성은 없느냐'라고 물었어요. 구 준*이 제기한 것은 우리가 나아가야 할 길에서 사회주의와 자본주의가 융합될 가능성이 있느냐는 질문이었습니다.

소련의 제3인터내셔널 노선에 대해, 1956~57년 마오 쩌둥도 민간도 제3의 길을 제시했지만 그들이 내놓은 처방전은 서로 달랐습니다. 마오사상의 핵심은 일당독재를 강화하는 것이었고, 개혁을 하더라도 일당독재를 강화하기 위한 것이었어요. 하지만 민간이 제시한 것은 일당독재를 깨뜨리고 한걸음 더 내디뎌야 한다는 주장이었습니다. 이와 함께 1957년 '우파' 청년들의 가장 큰 의미는 '사회주의 안에서도 특권계층이 출현할 수 있다'는 문제를 지적한 것입니다. 이 문제는 오늘날까지도 계속되고 있어요. 우리가 사회주의를 토론할 때 절대로 회피할 수 없는 문제는 모든 사회주의국가에서 그랬다는 것입니다. 또한 그들이 던져주는 소중한 의미는 당시 그들이 이미 이 문제를 제기했다는 것입니다. 그렇다면 우리의 임무는 진정한 사회주의를 굳게 지키는 것이고, 가장 기본적인 임무는 특권계층의 출현을 방지하는 것입니다.

대담자 반우파투쟁에 이어 중국은 대약진운동°의 시기로 들어섰습니다. 1958년 마오 쩌둥이 제기한 '사회주의 건설의 총노선'에 따라, 대중의 열정을 동원해 산업화 속도를 높이고 인민공사°를 설립하는 운동이 전국적으로 벌어졌고, 이는 결국 대기근이라는 참사를 낳았습니다. 오늘날 그 시기를 돌아보면 이해할 수 없는 현상이지만, 당시 왜 모두가 대약진에 뛰어들게 된 것인지요?

첸 리췬 1958년 대약진이 시작되었는데, 이때 마오 쩌둥은 사실상 공상사회주의 실험의 단계로 들어섭니다. 역사적으로 공상사회주의는 두차례 나타났지요. 최초로는 19세기 영국과 프랑스에서 나타났지만 이는 소수 사람들, 소수 지식인들의 실험이었지요. 반면 마오 쩌둥은 이것을 전국적인 운동으로 바꾸었습니다. 가장 큰 문제는 독재통치라는 수단을 통해 공상사회주의를 실현하려 했다는 점입니다. 그런데 실은 대약진이 당시 중국 지식인들에게도 호소력을 갖고 있었어요. 당시에는 '중국은 낙후한 국가이니 선진국가들을 따라잡아야 한다'라는 정서가 매우 강했어요. 중국은 이러한 '따라잡기 정서'를 내내 갖고 있었습니다. 이것이 공산당과 공산주의가 중국에서 호소력을 갖게 된 강력한 원인이에요. 즉, 매우 강력한 민족주의를 배경으로 '중국이 서방보다 낙후된 것은 경제가 발전하지 않았기 때문이다. 경제발전 속도를 높여 경제적으로 서방의 제국주의국가들을 넘어서기 위해 노력해야 중국이 독립과 자주를 가질 수 있다'라는 주장이 지식인들에게 큰 호소력을 발휘했습니다. 그렇다면 어떻게 해야 서방을 따라잡을 수 있을까? 이에 대해 마오 쩌둥은 '가장 좋은 방법은 공산당 지도 아래서 인민들을 최대한 조직해내고 동원해야 경제를 급속도로 발전시킬 수 있다'는 노선을 제기했고 이는 지식인들에게 매력적으로 다가왔어요.

두개의 마오, 두개의 중국

신중국 성립과 '황금빛 어린 시절'을 보내며 이상적 사회주의자가 된 첸 리췬에게 문혁은 중요한 전환점이 됐다. 문혁 초기 그는 마오 쩌둥의 구호에 호응하는 열렬한 급진 조반파였다. 공산혁명, 즉 무산계급의 독재를 실현할 영구혁명으로 특권적 관료주의를 타도하고, 민주적 사회주의를 실현할 수 있을 것으로 믿었다.

하지만 문혁이 출신성분을 따지는 혈통론으로 변질되고 상층부의 권력투쟁과 연관된 충돌이 격렬해지면서 그는 문혁의 변질을 절감하게 된다. 1971년 린뱌오사건[*] 이후 그는 문혁을 철저히 반성하고 '민간 맑스주의자'가 됐다. 저 멀리 구이저우성 안순시 교외의 외진 지역에서 현지의 젊은이들과 '민간사상촌락(民間思想村落)'을 결성해 현실에 대한 치열한 고민으로 빠져들었다. 당시 30대의 교사 첸 리천과 청년 노동자들은 주말과 휴일마다 머리를 맞대고 이론을 배우고 문학을 이야기했으며 서로의 글을 읽으며 천하를 논했다.

한가지 기억해야 할 것은, 중국인들의 삶을 파괴한 문혁의 비극에도 불구하고 기존 질서를 유지하는 권력자 마오와 기존 질서를 전복시키는 이단자 마오는 중국인들의 마음속에 여전히 강력한 존재로 살아 있다는 사실이다. 중국의 사회적 모순이 극심해질수록 유토피아주의자 마오에 대한 향수는 강해지고, 수많은 이들이 마오에게서 해답을 구하려 한다. 중국을 떠도는 마오의 유령은 그때부터 지금까지 첸 리천이 평생동안 씨름 중인 거대한 질문이다.

대담자 선생님은 '두개의 마오'가 있었다고 지적했습니다. 예를 들면 문혁 시기에 마오는 혁명가이자, 기존 체제 수호자의 모습으로 나타났지요. 어떤 것이 마오의 진정한 모습입니까?

첸 리천 사람들 마음속에 두개의 마오가 있었습니다. 자신감이 넘쳤던 마오는 소련과 논쟁을 벌일 때를 비롯해 항상, 반대편의 사물도 함께 봐야 한다고 주장했습니다. 그래서 그의 지도하에 일부 이단적인 책이 내부용으로 출판되기도 했습니다. 당시 이런 책을 회색책(灰皮書) 또는 황색책(黃皮書)이라고 불렀습니다. 흐루쇼프의 책도 그런 식으로 모두 출판되었어요. 물론 일반 인민들에게는 공개되지 않았지만 특정 경로를 통하면 구해볼 수도 있었거든요.

중국 민간사상가들은 초기에는 모두 마오 숭배자였어요. 린 시링이 전형적인 예라고 할 수 있죠. 그녀는 모든 이들을 비판하면서도, 유독 마오 한 사람만은 높이 평가했거든요. 그런데 모두 마오의 이단사상에서 출발했지만 그런 사상이 발전해나간 뒤에는 곧 마오에서 벗어나 마오를 비판하게 돼버려요. 물론 마오는 이를 허용하지 않았죠. 그는 자신이 정한 범위 안에서만 자유롭게 사고하도록 허용할 뿐, 허용한 범위를 벗어나면 무자비하게 탄압했어요. 그래서 민간사상가들과 마오의 관계는 기본적으로 3단계의 과정을 거칩니다. 1단계에선 마오 숭배, 2단계에는 마오에 대한 반란이 시작되고 이후 마오로부터 잔혹하게 진압을 당한 뒤로는 철저하게 마오에 반대하게 되는 거죠. 현재의 민주화운동가들을 비롯해 거의 모두가 예외없이 이런 과정을 겪었습니다.

대담자 문혁이 관료주의와 특권층에 반대한다는 원래의 뜻을 잃고 변질되면서, 마오 쩌둥에 호응했던 많은 젊은이들의 환멸이 깊어졌습니다. 이후 전국 곳곳에서 젊은이들이 '민간사상촌락'을 구성해 중국의 현실과 미래를 토론했고, 선생께서도 구이저우에서 청년들과 함께 민간사상촌락을 만들어 많은 토론을 했다고 회고하셨는데요. 민간사상촌락은 어떤 계기로 등장했으며 어떤 모습으로 운영되었습니까?

첸 리췬 문혁 후기에 민간사상촌락이 등장했는데 여기에는 두가지 배경이 있습니다. 하나는 지식청년(知靑)*들이 농촌으로 하방되어 농촌사회의 실제를 접하고 이해하게 되면서 중국의 발전과 마오 쩌둥의 일부 면모에 대해 회의하기 시작했습니다. 또다른 가장 주요한 배경은 린뱌오사건*입니다. 린뱌오사건으로 모두가 환멸을 느끼게 됐거든요. 마오 쩌둥을 따라 혁명을 했는데 어떻게 이런 일이 일어날 수 있는가, 지금 이것이 맞는가, 내가 이렇게 반역(造反)하는 것이 옳은가, 중국은 어디로 가야 하나 하는 생각을 품게 된 것이죠. 문혁으로는 중국의 문제를 해결할 수 없다고 깨닫게 된 겁니다. 그럼 문혁이 이렇게 많은 문제를 일으켰다면 어떻게 할 것인가? 이런 걸 논의한 게 이른바 사상촌락이에요.

이런 촌락은 아주 느슨한 모임이었고, 대부분은 분명한 조직형태를 갖춘 것도 아니었어요. 젊은이들이 그저 함께 모여 공부하고 토론하고 혹은 각자 쓴 글을 돌려보고, 기껏해야 소책자를 만들고 전단지를 인쇄하는 정도였죠. 일부 사람들이 전국적 범위에서 각지의 민간 사상촌락을 엮어보려고도 했었지만, 기본적으로는 아주 느슨한 조직이었어요. 완전히 민간의 비공식적인 모임들이었죠. 중국에선 국가 통제가 매우 강하기 때문에, 완전한 조직이 형성되는 사례가 드물었거든요. 조직화를 해내더라도 결국에는 탄압당했고, 예를 들면 닝샤(寧夏回族自治區)에 '공산주의대학'이라는 조직이 있었는데 후에 조직원 전원이 총살당했습니다. 민간사상촌락은 당시 중국 전체에 분포해 있었지만, 대부분은 자료를 남기지 않았어요. 남겨진 일부 자료와 사람들의 회고를 통해, 우리는 이런 촌락들이 있었다는 것을 겨우 알게 되는 거죠.

대담자 지금도 인민들은 아래로부터 저항할 때 '마오'와 '마오주의'를 부활시켜서 이로부터 저항의 정당성을 이끌어내는 경우가 많습니다. 중국의 노동운동가들과 이야기를 나눠보면, 이들은 농촌 출신 노동자들의 계급의식 각성을 지원하면서도, 아직도 뭐랄까요, 마오주의의 그늘 혹은 국가의 그늘에서 벗어나지 못했다는 느낌을 받을 때가 있습니다. 중국에서 민간운동가들이 국가의 그늘에서 벗어나기 힘든 까닭은 무엇일까요?

첸 리췬 현재 중국의 민간운동을 보면 주로 세가지 형태가 존재합니다. 인권운동, 온라인(인터넷)운동, 비정부기구 조직인데, 이 3대 민간운동 모두 큰 곤경에 맞닥뜨렸어요. 초기에는 대부분 불법조직으로 규정돼 엄혹한 탄압을 받습니다. 많은 비정부기구 대표들이 처음에는 구금되거나 체포되기도 하고 말이죠. 그래도 이들을 완전히 억압하는 일이 불가능해 보일 때는 당국은 태도를 바꿔서 그런 활동가들을 지지하고 체제 내로 끌어들이려고 한단 말이죠. 이는 현재의 정권이 경직되기도 했지만 다른 한편으로 아주 유연하다는 것을 보여줍니다.

저는 자원봉사자들에게 강연할 때 이렇게 말해요. "주의해야 합니다. 사회 또는 정부로부터 승인을 받으면 또다른 위험에 처하게 됩니다. 즉, 매수되거나 체제에 편입돼 자신의 본질을 잃어버릴 위험이 있습니다." 하지만 중국의 현 상황에서, 정부와 협력하지 않으면 아무것도 할 수 없는 것이 현실이죠. 그래서 생존을 위해서라도 반드시 어느 정도는 정부와 협력해야 하는 상황인 것이지요.

현재의 3대 민간운동은 1957년과 78년 초의 운동, 그리고 89년의 톈안먼사건*과 비교해 아주 두드러지는 특징을 갖고 있어요. 즉, 운동이 비정치화됐다는 점입니다. 예를 들어 인권운동은 체제에 대해서는 거의 비판을 제기하지 않아요. 온라인운동도 지방관리 정도를 비판할 뿐이고, 비정부기구도 마찬가지입니다. 좋은 일을 하고 선의를 강조하지만 이 수준에서 멈출 뿐이거든요. 그 이유 중 하나는 스스로를 보호해야 하는 문제 때문입니다. 솔직히 말해 그런 활동가들과 만날 때에는 많은 점을 고려해야 합니다. 즉, 청년학생 자원봉사자들에게 강연할 때엔 너무 민감한 정치문제는 감히 말하지 못하거든요.

왜? 그들에게 해를 끼칠까봐 두렵기 때문이죠. 우리에게는 도덕적 책임문제이기 때문이에요. 저는 지위와 영향력 때문에 상대적으로 안전할 수 있지만, 제가 과격한 발언을 해서 청년학생들이 과격한 행동을 하도록 만들어서는 곤란하지요. 일정한 선을 넘어 당국에 도전하는 청년들에 대한 정부의 억압은 아주 잔혹합니다. 그래서 이런 민감한 문제들을 그들과 함께 공유하고 토론하는 것이 두려운 겁니다. 다만 사회운동들이 장기적으로 비정치화의 상황에 빠져 있는 것은 큰 문제라고 청년들에게 암시할 뿐이지요. 언젠가는 이런 문제를 거론하겠지만, 현재 중국의 상황에서는 매우 어렵습니다.

대담자 중국에서 문혁 시기에 수천만명의 지식인들과 학생들이 하방을 경험했습니다. 시 진핑을 비롯한 신임 지도자들 그리고 현재 중국 각계의 지도자들도 대부분 그런 경험을 갖고 있습니다. 이런 집단적인 경험은 중국사회에 어떤 영향을 주고 있나요?

첸 리췬 지식청년 출신의 한 인물은 회고록에서 자신이 문혁 시

기에 농촌에 가고 나서야 중국의 백성들이 얼마나 힘들게 살고 있는지, 또 얼마나 좋은 사람들인지를 진정으로 알게 됐다고 했어요. 이것이 바로 하방이 이 세대에게 미친 가장 깊은 영향입니다. 중국 백성의 삶이 얼마나 힘든가! 그렇다면 이는 계급의 문제인데 왜 이들의 삶이 이토록 어려워졌는가. 사회주의는 노동자와 농민의 연맹에 기초한다고 하는데, 이토록 오랫동안 사회주의를 했는데 농민은 여전히 어렵다, 그렇다면 당신들의 이 사회주의는 문제가 있는 것 아닌가. 그들은 스스로 반성하게 됐습니다. 문혁 초기 홍위병들이 반역〔造反〕할 때는 맹목적이었습니다. 하지만 그뒤 하방되어 농촌에 가게되면서 그들은 진정으로 중국의 토지와 만나고 토지 위의 농민, 토지위의 문화와 연결되었습니다. 이는 이 세대의 뛰어난 점입니다.

하지만 부정적인 면도 있습니다. 당시의 경험은 현재 많은 이들이비난하는 부정부패의 원인이기도 합니다. 청년 시절에 고생했으니이제 최대한으로 보상받겠다는 심리가 생긴 것이지요. 또한 마오 쩌

등의 가장 큰 문제가 남아 있습니다. 즉, '목적이 숭고하면 모든 수단이 정당화될 수 있다'라는 태도가 아주 큰 문제입니다.

대담자　2012년 3월 전국인민대표대회(이하 전인대) 폐막 기자회견에서 원 자바오 총리는 문혁이 다시 일어날 가능성이 있다고 경고했습니다. 이에 대해서 어떻게 보십니까?

첸 리첸　이것은 문혁을 어떻게 처리했는가와 관련이 있습니다. 문혁이 끝나고 한차례의 역사적 결의를 통해 '문혁은 재난'이라고 규정한 뒤에는 문혁에 대한 어떤 토론도 허락하지 않았거든요. 지금 젊은이들은 문혁에 대해 알 길이 없잖아요? 그 부작용이 무엇인지 압니까? 문혁은 매우 복잡한 현상이고 그 안에는 매우 소중한 유산도 있었어요. 앞서 얘기한 민간사상촌락도 소중한 부분이지요. 그런데 문혁을 일거에 깡그리 부정해버리니까 이런 부분들도 그냥 없어져버리거든요. 문혁은 마오 쩌둥 한 사람의 것이 아닌데 말이죠. 문혁 속에는 다양한 세력들의 대결이 있었어요. 이 세력이나 힘은 그저 무의미한 것도 아니고, 죄악의 퇴적물도 아니에요. 역사를 간단히 죄악으로 치부하고, 거기에 참여했던 사람들이 모두 잘못을 저질렀다고 간주해버릴 수는 없는 거죠. 그렇게 하면 그 안의 매우 소중한 부분까지 잃어버리게 되니까요. 더구나 토론을 금지한 뒤, 문혁의 사상체제와 제도는 건드리지 않은 채 지금까지 계속 이어지도록 만든 게 문제인 거죠.

사실 최근 몇년 동안 크고 작은 '문혁'이 계속 일어났어요. 단지 전국적인 범위로 일어나지 않았을 뿐 다른 의견을 억누르는 압제가 끊이지 않고 있거든요. 문혁은 지속되고 있는 거지요. 예를 들면 보 시 라이(薄熙來)가 실행했던 '혁명가요 부르기와 범죄와의 전쟁(唱紅打黑)'이야말로 문혁의 재연입니다. 문혁도 바로 이런 식으로 진행됐습니다. 범죄를 소탕하면서 공식적인 검찰과 사법조직을 모두 파괴해버렸습니다. 또한 문혁 시기에도 혁명가요 부르기가 있었습니다. 더욱 중요한 부분은 문혁의 사고방식입니다. 이런 문혁의 방식은 변하지 않았고, 규모가 작을 뿐 언제라도 다시 일어날 수 있어요.

대담자 선생님은 문혁 시기에 큰 고초를 겪으셨지만 그럼에도 불구하고 '문혁은 전인민이 다 함께 참여한 운동'임을 인정해야 하고 '어떻게 모든 사람들이 그 운동에 말려들어갔는지를 규명해야 한다'라고 하셨습니다. 문혁 시기 동안 노동자들 이외에도 수많은 계층들이 이에 참여한 이유는 무엇이며, 당시 인민들이 문혁에 대해 걸었던 기대는 무엇인가요?

첸 리췬 중국 역사상 문혁 초기처럼 그토록 참여도가 높고 전국 곳곳을 휩쓴 운동은 없었습니다. 심지어 제가 있던 그런 변방(구이저우 안순)에서까지 모두가 참여했으니 역사적으로도 보기 드문 현상인 거지요. 그러면 여기서 한가지 질문을 해보죠. 왜 모두가 참여했는가? 다들 너무 순진하고 우매해서 마오 쩌둥에게 속았다는 식의 단순한 해석으로는 이 질문에 대답할 수 없습니다.

'1957년체제'와 대약진, 대기근을 거치며 사회적 모순이 상당히 누적된 가운데 일어난 거예요. 모두 들고 일어날 만한 이유가 있었던 거지요. 하지만 모순이 그렇게 극단적으로 폭발할 정도까지는 아니었는데 마오 쩌둥이 선동해 폭발하게 된 면이 있습니다. 광범위한 사회적 모순이 존재했고 계층 간 갈등이 있었지만, 솔직히 말해 현재 중국의 상황만큼 첨예하지는 않았다고 할 수 있으니까요. 다만 엄연히 존재하던 모순의 틈새를 보고 마오가 선동해낸 거죠. 문혁이 군중의 기반 없이 일어났다고 하는 것도 맞지 않고, 또 문혁이 모순의 총폭발이라고 설명하는 것도 맞지 않아요. 왜냐하면 당시의 모순이 이후 문혁 시기에 나타난 것처럼 '너 죽고, 나 살자'라는 정도까지 격화된 상태는 아니었기 때문입니다. 마오가 매우 교묘하게 사람들의 부정적인 정서를 이용하고 확대한 거지요.

대담자 문혁 이전에 '1957년체제'를 통해 사회적 모순이 대규모로 쌓였다고 지적하셨는데요, 1957년체제란 무엇을 지칭하는지요? 그것이 당시 중국인들에게 어떤 영향을 주었기에, 사람들이 문혁 초기에 그토록 대규모로 '반란'에 나서게 된 것입니까?

첸 리천 중국에는 1957년에 만들어진 '1957년체제'가 있었고, 1989년 6월 4일 톈안먼사건* 이후에는 '6·4체제'가 형성됐습니다. 1957년체제는 '당이 모든 것을 지도한다'라는 원리를 요체로 합니다. 여기에는 두가지 함의가 담겨 있어요. 첫째, 당과 정부는 일체이며 당이 정부를 지도한다는 것, 그리고 군중조직은 독자적으로 허용되지 않으며 반드시 당의 지도를 받아야 한다는 겁니다. 중국에 노조가 있기는 하지만 이런 이유로 당의 지도를 받는 공회(工會)의 형태입니다. 결론적으로 '당이 유일자(唯一者)가 되어야 한다'는 의미지요. 두번째는 '제1서기의 독재', 즉 1인자의 독재통치를 강조한 것입니다. 중국 전체로는 공산당 중앙 제1서기의 독재이며, 성·시·현 등 각급기관 단웨이(單位)*에서도 그곳을 관할하는 제1서기의 독재통치가 이뤄졌습니다. 실은 보 시라이 모델의 가장 큰 문제도 '제1서기 독재' 아래서 전개된 겁니다.

또다른 특징은 '단웨이 소유제'의 형성입니다. 즉, 도시에 거주하는 모든 사람이 하나의 단웨이에 소속되도록 한 겁니다. 처음에 단웨이가 형성될 때는 합당한 근거가 있었습니다. 국민당 통치시기 후기에 국가가 백성들의 생활을 보장하지 못하게 된 상황에 대응한 것이니까요. 한 단웨이에 소속된 뒤에는 생계, 주거, 의료, 아이들의 교육까지 모두 완전히 보장받을 수 있었습니다. 특히 거대 국유기업은 모든 요구를 충족시켜주었습니다. 이 때문에 지금도 많은 노동자들이 단웨이를 그리워해요. 그 안에 들어가기만 하면 생활의 기본적 요구는 충족할 수 있었기 때문이지요.

그러다 이후 점점 더 큰 문제가 생겼습니다. 단웨이 체제가 사람과 사람 사이의 위계적 질서로 변해갔기 때문입니다. 한 단웨이 안에서 핵심은 제1서기고 두번째 단계는 지부위원이고, 3단계는 좌파, 4단계는 중간파, 5단계는 우파였습니다. 바로 윗단계 사람이 아래 단계의 사람을 관리·감독할 권력을 갖고 있었습니다. 이런 계층구분은 유동적이었지요. 오늘은 좌파라도 내일은 우파가 될 수 있었죠. 따라서 매우 공포스러운 위계제도였고, 그 속에서 완벽한 의존관계가 만들어졌어요. 단웨이의 1인자는 '네가 나를 불쾌하게 만들면 너는 모든 것을 잃게 된다'라고 위협할 힘을 갖고 있었으니까요. 그 속에서는 일종의 심리적 압박기제가 자연스레 생깁니다. 나는 윗사람의 관리를 받지만 내 밑에는 내가 압박할 수 있는 사람들이 있다는 생각을 하게 되지요. '내가 오늘은 우파라도 노력하기만 하면 어느날 계층이 상승해 좌파로 올라갈 수 있다'라고 생각하면서, 우파로 분류된 사람들이 겪는 고통에 대해서는 관심을 두지 않게 됩니다. 심리적으로 서로 경계선을 긋습니다.

개개인에 대한 단웨이의 통제는 상상을 초월해요. 단웨이의 문 밖으로 나가 여행하려면 반드시 관청의 승인을 받아야 하고, 외부에서 여관에 투숙하거나 기차표를 사려면 반드시 단웨이의 증명서가 있어야 했던 시절이었으니까요. 농촌에 있는 친지가 방문해도 반드시 곧바로 보고해야 했어요. 보고하지 않으면 불법 유동인구(盲流)가 됩니다. 글을 발표하려 해도 반드시 단웨이의 정치심사를 받고 동의를 받아야 발표할 수 있었어요. 인신통제가 너무나 엄격했고, 불평등이 심해지면서 다들 이런 구속에서 벗어나고 싶어하는 건 당연했죠. 문혁 초기에 왜 사람들이 반역에 나섰냐면, 이런 걸 깨뜨리려는 욕구가 있었기 때문이에요.

1957년체제와 6·4체제를 넘어

구이저우에서 문혁의 격랑을 통과한 첸 리천은 마흔이 다 된 1978년, 늦깎이 대학원생이 되어 베이징으로 돌아왔다. 학자가 된 첸 리천에게 1989년 톈안먼˚은 또 한번의 전환점이 됐다. 광장에 모인 중국인들의 희망과 좌절을 지켜보면서, 그는 현실 속으로 더 깊이 다가가기 시작했다. 1997년 베이징대에서 루 쉰과 저우 줘런 형제에 대한 강의를 개설해 그들의 사상이 1990년대 중국에서 어떤 실천적 의미를 갖고 있는지를 풀어냄으로써 학생들 사이에 열렬한 반응을 일으켰다. 1998년에는 베이징대 개교 100주년을 맞아 베이징대의 독립·자유·비판·창조의 전통을 되살려야 한다고 역설했다.

그는 1989년 톈안먼사건°, 1978년 '베이징의 봄', 1960~70년대 문혁의 조반파°, 1957년 '우파', 1919년 5·4운동으로 거슬러 올라가는, 중국 민간의 비판적 목소리에 의지하면서 중국을 바꿔가고자 한다.

그는 시장으로 중국의 위기를 해결할 수 있다고 목소리를 높이는 자유주의자들과도, 시장이 가져온 불평등을 비판하다가 국가라는 해법에 매혹되어버린 신좌파들과도 비판적 거리를 유지하고 있다. 그의 시선은 노동자와 농민, 청년학생의 변화로 향하고 있다.

대담자 문혁이 끝나고 개혁개방이 추진되면서 인민들이 경제적 자유와 더 많은 선택의 기회를 갖게 되지 않았습니까? 1980년대의 이런 새로운 분위기 속에서 사람들은 정치적 자유도 이룰 수 있다는 희망을 갖고 있었습니다. 1989년 톈안먼시위가 비극으로 끝나긴 했지만, 당시 많은 중국인들은 중국에 변화를 가져올 수 있다는 희망을 믿고 광장으로 모여들었지요.

첸 리췬 톈안먼사건의 중요한 의미는 1949년 이후 처음으로 분명하게 각 계층이 스스로의 조직을 만들려 했다는 데 있습니다. 학생, 노동자, 지식인 들이 스스로 조직을 만들고 공산당의 통제를 받지 않으려 한 움직임은, 톈안먼광장에서 1989년에 시작된 거예요. 바로 이 때문에 끝내는 피비린내 나게 진압될 수밖에 없었던 것이기도 하지요. 공산당은 그런 도전을 용납하지 않았지요.

국제적 배경도 중요합니다. 톈안먼사건을 고려할 때나 1957년의 반우파투쟁을 얘기할 때에는 국제정세의 변화도 함께 고려해야 합니다. 특히 동유럽의 변화를 고려해야지요. 1989년 당시 덩 샤오핑이 가장 두려워했던 것은 중국에 폴란드의 자유노조 같은 조직이 나타나는 것이었죠. 그는 반드시 독립노조를 없애버려야 한다고 결심했어요. 왜냐하면 자유노조의 도전 앞에 폴란드 공산당정권이 무너졌으니까요. 양쪽 모두 물러설 수 없는 상황이었습니다. 한쪽에선 반드시 조직을 만들어야 했습니다. 지금까지 갖지 못했던 조직을 세울 유일한 기회였기 때문입니다. 또다른 한쪽은 그들이 조직화되도록 절대로 놓아둘 수 없었죠. 일단 조직화되면 엄중한 결과를 초래할 것이라고 봤으니까요. 톈안먼사건의 핵심은 이 부분에 있습니다.

대담자 톈안먼사건을 계기로 형성된 6·4체제가 그 이전의 1957년체제와 근본적으로 다른 점은 무엇인가요?

첸 리췬 사회주의국가에 특권계층이 출현했다는 문제는 1957년 '우파'들이 처음 제기했지만, 진정으로 특권계층이 형성된 계기는 덩 샤오핑의 남순강화(南巡講話)* 였습니다. 남순강화는 긍정적인 부분도 있지만, 근본적인 문제도 있습니다. 남순강화 이전에는 특권이란 그저 내가 상급관리이니 집을 조금 더 큰 것으로 분배받고 관용차도 사용할 수 있다는 식이었을 뿐, 생산수단이나 경영 영역에까지는 미치지 못했어요. 하지만 그후에는 생산수단과 경영 영역까지 개방해 토지를 매매하고 부동산과 무역 부문을 개방하면서 급격한 변화가 생겼어요. 이렇게 권력과 결합된 자본이 급격하게 형성됐고 이것이 남순강화의 주된 문제입니다. 이런 권력자본이 형성된 또 하나의 원인은 6·4 톈안먼시위 진압과 관계가 있습니다. 6·4시위 진압 이후 민간운동은 완전히 탄압받고 멈춰버렸지요. 빈부격차가 급격히 확대되고 있었지만, 이에 대해 어떤 저항도 못하게 된 거죠. 국유기업 개혁으로 노동자들이 해고될 때도 아무런 반항을 못했던 이유는 6·4 시위 진압 이후 10년간 민간의 저항이 불가능했기 때문이라고 할 수 있어요.

대담자　6·4체제가 중국사회에 가져온 가장 핵심적인 문제, 즉 현재 중국이 해결해야 할 가장 시급한 과제는 무엇인가요?

첸 리췬　6·4체제는 한편으로 일당독재통치를 강조합니다. 당이 모든 것을 통치한다는 면에서는 그전의 1957년체제에서 달라진 게 없습니다. 하지만 새로운 몇가지 특징이 있습니다. 첫번째 특징은 6·4시위 진압부터 1990년대까지 10년 동안 새로운 계급이 형성됐다는 것입니다. 맑스주의 개념으로 말하면 계급이고 사회주의 개념으로 말하면 계층이라고 말할 수 있겠지요. 우선 권귀자본 계층(權貴資本階層, 권력과 자본이 유착해 형성한 특권계급)이 형성됐고, 둘째로 민간자본가 계층, 세번째로 지식인 엘리뜨 계층, 네번째로 면직[下崗]*노동자 계층, 다섯번째로 토지를 빼앗긴 농민 계층, 여섯번째로 농민공이 형성됐습니다. 이런 새로운 계급과 계층이 6·4 이후 10년간 형성됐습니다. 이는 매우 흥미로운 문제인데 마오시대에 타도 대상이었던 자본가가 이때 이르러서는 자본가 계층을 형성해 통치계층이 됐고, 마오 쩌둥이 가장 중시했던 노동자와 농민은 면직노동자, 농토를 잃어버린 농민 혹은 농민공으로 전락했기 때문이지요.

두번째로 공산당의 성격에 변화가 생겼습니다. 공산당의 대중적·계급적 기초가 변한 거예요. 장 쩌민이 제기한 3개 대표론*의 핵심은 생산력문제를 언급한 것입니다. 3개 대표론 중 생산력에 대한 해석은 기존 맑스주의를 가장 크게 수정해버립니다. 맑스주의는 노동가치설, 특히 육체노동의 가치를 강조합니다. 물론 이런 관점에는 지식인과 관료도 가치를 창조한다는 사실을 부정하는 결함이 있죠. 그러나 3개 대표론 식의 또다른 극단으로 치닫는다면 어떤 사람들이 선진 생산력을 대표하는 겁니까? 정치엘리뜨, 기술엘리뜨, 경영엘리뜨, 자본엘리뜨 들이 선진 생산력을 대표하고, 노동자들은 그렇지 않다는 식이 돼버리지요. 이건 오늘날 중국의 심각한 빈부격차, 국유기업 간부들의 터무니없이 높은 보수, 노동자들의 저임금을 정당화해주는 이론적 기초잖아요. 국유기업 사장은 가치를 창조하지만, 노동자는 가치를 창조하지 않는다는 식이 되는 거죠. 맑스주의의 노동가치설을 근본적으로 부정하는 거예요. 중국공산당의 계급적 기초가 노동자와 농민에서 정치엘리뜨, 지식엘리뜨, 자본엘리뜨, 관리엘리뜨로 변해버린 거예요.

대담자 1990년대부터 중국 신좌파는 그런 식으로 진행된 시장화가 가져온 빈부격차와 사회적 모순을 날카롭게 비판하면서 공평과 공정을 강조했습니다. 많은 이들이 그런 주장에 희망을 걸었고요. 하지만 최근에는 신좌파가 국가권력의 품 안으로 들어가는 듯한 모습에 대한 실망과 우려가 나오고 있지요.

첸 리췬 오늘날의 중국사회에 대해 신랄하게 표현하자면 가장 나쁜 자본주의와 가장 나쁜 사회주의가 결합된 상황이라고 할 수 있죠. 사회주의에서는 독재정치만 남았고, 자본주의에서는 착취만 남았습니다. 이것이 중국이 직면한 가장 큰 문제예요.

처음에 저는 왕 후이* 등 신좌파의 영향을 많이 받았습니다. 사실 1980년대에는 중국의 전제주의적 정치 문제에 집중하고 있었어요. 그게 당시의 주된 관심사였고, 다들 중국의 봉건주의적 뿌리에 대해 비판하면서 그것이 배태한 전제주의적 사회주의를 비판하는 분위기였거든요. 당시 이미 사회양극화가 나타났지만 별로 주의하지 않았습니다. 그런데 왕 후이 등 신좌파들이 1990년대 들어와 자본주의화의 문제를 처음으로 제기했어요. 저는 그로부터 깊이 영향을 받고, 중국자본주의가 일으킨 빈부격차 등의 문제에 관심을 갖기 시작했어요. 그때 저는 반성했고, 빈부격차 문제에 책임이 있다고 느꼈습니다. 이 점에서 왕 후이 등 중국자본주의의 문제를 깨우쳐준 이들에게 감사해요.

한편, 신좌파들의 큰 실수는 지나치게 반서방의 입장, 반미의 사상에 서서 중국을 이상화한 것이죠. 그러는 사이 그들은 중국모델을 강조하는 국가주의자, 민족주의자로 변해버린 거죠. 신좌파의 본래 주장은 중국이 자신의 길을 걸어야 한다는 식의 합리적인 것이었어요. 그러려면 중국이 자신의 자원을 발굴해야 하는데, 신좌파들은 쉽게 마오시대로 회귀하는 것을 이상화했습니다. 그뒤로부터 자본주의 시장경제에 대한 비판과 국가의 역할에 대한 긍정이 맞물려서 논의가 전개되었거든요. 신좌파 친구들은 제가 일당독재를 비판한 부분을 못마땅하게 생각해요. 내 비판이 지나치다는 거죠. 그들에 따르면 집중된 권력을 바탕으로 일당독재가 자본주의 시장경제의 병폐를 제

어하는 등의 합리성을 갖고 있다는 거예요. 그들은 서방에 대해 비판의 각을 세우면서 중국만의 발전 방향을 모색하고 있어요. 따라서 그들은 쉽게 중국의 현 체제를 긍정하게 되는 거예요. 그들은 후 진타오-원 자바오의 행동을 추종하고 이상화하게 되었어요. 보 시라이의 충칭모델을 긍정하는 것도 이런 맥락이고, 또 마오도 그런 맥락에서 이해되는 거죠.

저는 기본적으로는 마오의 체제가 지금까지 지속된다고 보고, 이를 '포스트 마오시대'라고 부릅니다. 저는 개혁개방이 있었다고 인정하지 않습니다. 따라서 현재 가장 중요한 임무는 마오체제를 철저히 개혁해내는 것입니다. 마오체제를 철저히 비판해야만 그중 합리적인 부분을 떼어내는 일도 가능해지지요. 그래야 역사적 교훈도 이끌어낼 수 있고요. 1980년대에 우리는 항상 서방을 이상화하면서, 서방의 현대화에 대해 반성하지 않은 채 그것으로 중국의 문제를 해결하려 했기 때문에 많은 문제가 발생했거든요. 지금 우리는 또 마찬가지로 마오쩌둥시대에 대해 반성하지 않고 이를 이용해 문제를 해결하려 하는데, 이렇게 하면 더 큰 문제가 발생하게 됩니다.

대담자 선생님께서 방금 신좌파의 국가주의적 경향을 비판하셨지만, 금융위기 이후 서구의 발전모델과 사회모델에 대한 신뢰가 사라졌고 많은 이들이 중국에서 새로운 모델과 희망을 찾으려 하기도 합니다. 하지만 선생께서는 현재 중국의 상황을 신국가주의, 신고전주의 및 신좌파 간의 삼자동맹이라고 지적하시면서, 그 국가주의적인 위험을 경고하고 계시지요.

첸 리췬 한국 좌파의 상황에 대해서는 잘 알지 못하지만, 서구 좌파는 이른바 중국모델을 이야기하면서 과거 문혁 시기와 비슷한 오류를 반복하는 듯해요. 문혁 시기에 많은 서구 좌파들이 중국을 지지했는데, 그 이유는 간단했어요. 자기 나라의 상황에 실망했기 때문에 중국에서 새로운 희망을 찾으려 한 거죠.

지금 중국의 경제발전에 현혹되어 중국모델을 이야기하는 경우도 크게 다르지 않아요. 일부 서구 좌파들은 중국이 자본주의의 폐단에서 벗어나 새로운 길을 찾았다고 보고 싶은 거죠. 저는 이들이 여전히 추상적으로 사물을 바라보는 태도가 문제라고 생각해요. 한때 '문혁이 거대한 재난을 일으킨 것을 알고 있지만 그것은 논하지 않고, 문혁의 이상주의만을 토론하겠다'라는 논리가 있었지요. 중국의 실제 상황을 너무 모르는 거죠. 제가 지금 제기한 이 문제는 사실 전세계 비판적 지식인들의 공통된 문제입니다.

특히 2011년에 일어난 상황을 보면, 전세계는 병에 걸린 게 분명합니다. 즉, 현재의 모든 사회제도와 발전모델에 문제가 생기고 위기가 나타난 것이지요. 중국 지식인들에게는 곤란한 상황이에요. 옛날에는 비교적 단순한 해법이 있었잖아요. 중국의 현 체제로는 안 된다, 그렇다면 우리에게는 두가지 길이 있으니 그중에서 택하면 된다는 식이었죠. 하나는 미국처럼 서구 자유주의로 가는 길, 다른 하나는 좌파의 길, 사회민주주의의 길이 있다고. 하지만 이제 자본주의도, 자유주의도, 사회민주주의도 모두 병에 걸린 걸 깨닫게 된 거죠, 갑작스럽게. 그래서 지금은 체제에 불만을 느낄 때, 다른 나라의 체제를 쉽게 가져와서 자국 문제를 해결하면 된다고 할 수 없게 됐어요. 물론 이것이 중국 혹은 중국 학자들만이 부딪힌 문제는 아니지요.

부귀와 권세를 갖지 못한 이들의 개혁

대담자 부정부패 등 현재 중국의 심각한 문제를 해결하려면 반드시 정치개혁을 해야 한다는 주장이 힘을 얻고 있습니다. 지난해부터 태자당(太子黨, 혁명원로와 고위급 인사의 자녀들) 세력 내에서도 공산당의 정통성을 강화하기 위한 정치개혁 논의가 나왔지요. 그런데 선생께서는 태자당 세력의 집권을 우려하시면서, "민간이 민주화의 역량이 되지 못하고 당내 귀족의 분화에만 의존하면 그것은 한 시대의 비극이며, 이것이 중국이 지난 100년간 거듭 경험해온 악몽"이라고 표현하셨습니다. 왜 중국에서는 민주주의 혹은 정치개혁에 대한 논의가 당 혹은 국가 내부 세력의 영향력 아래서만 진행될 수밖에 없는 것인지 질문을 던지게 됩니다.

첸 리췬 새로운 비판적 이론을 만드는 자원은 민간사상에서 나올 수 있습니다. 그 점에서 루 쉰 사상은 매우 중요한 자원이에요. 루 쉰은 이전에 부귀와 권세를 가졌던 사람은 복고를 하려 하고, 현재 부귀와 권세를 가진 사람은 현상을 유지하려 하고, 과거에도 지금도 아무것도 없는 사람은 개혁을 하려 한다고 했어요. 그의 말에 따르면 어느 사회에나 복고하려는 사람, 현상을 유지하려는 사람, 그리고 개혁하려는 사람이 있어야 하잖아요. 그런데 오늘날 중국에서는 모두가 개혁을 말하고 있어요. 그러니 우리는 '개혁'이라는 단어를 넘어, 개혁을 말하는 사람이 누구이며 그 목적이 무엇인지를 곰곰이 따져봐야 한다고 생각합니다.

현재 중국에는 세가지 종류의 개혁이 있습니다. 그 세 종류의 개혁에는 세가지의 동력이 있고 세가지의 목적이 있겠지요. 하나의 동력은 과거의 좋았던 시절을 동경하는 사람이지요. 마오시대의 마오주의자인데, 이들의 개혁 목적은 다시 마오 시절로 돌아가는 것이지요. 심지어는 문혁 시절로 말이에요. 보 시라이 개혁의 본질이 바로 이 것이지요. 두번째로는 현재 부귀와 권세를 가진 사람들인데, 사실 이 사람들은 개혁을 할 이유가 없지만, 모든 사람들이 개혁을 요구하니 자기들도 개혁을 말하면서 그걸 통해 자기들의 밥그릇을 더욱 크게 만들려고 하지요. 이런 개혁 논의가 현재 중국에서 주도적 위치를 차지하고 있다고 봐요. 개혁의 구호를 보면 모두 합리적인데, 실제 결과는 백성들에게 손해를 끼치고 기득권자의 이익만을 더 키워주죠. 예를 들어 중국의 의료개혁 등을 보면 표방하는 내용은 매우 그럴싸하지만 실제 결과는 별로거든요. 이유는 이런 개혁의 주도자들이 모두 기득권자들이기 때문이에요. 이들은 개혁을 업고 기득권을 확대하려 할 뿐 절대로 기득권을 놓지 않으려는 사람들이에요. 이런 개혁이 현재 중국에서 주도적 위치를 차지하고 있어요.

제가 주장하는 개혁은 부귀와 권세를 갖지 못한 약자집단, 노동자·농민·도시빈민을 주체로 한 개혁이에요. 이들을 개혁의 동력으로 삼아야 합니다. 앞서 말한 3대 민간운동이 바로 이런 개혁인데 그들은 이미 다음과 같은 목표를 제시하고 있습니다. 첫째, 노동자의 이익과 권리 보호를 요구해 그들의 물질적 빈곤문제를 해결함과 동시에 정신적인 박탈 상태도 해결하는 것입니다. 두번째는 언론·출판·결사의 자유 요구인데, 특히 노동자와 농민의 결사의 자유를 강조합니다. 그들의 동력으로는 인권운동가들, 인터넷에서 적극적으로 활동하는 이들, 그리고 민간조직의 사람들이 주축이 되어야 합니다. 그런데 현재 중국에서는 이런 식의 개혁세력들이 모두 탄압받는 게 문제입니다. 이들을 마치 외부 적대세력의 대표, 혹은 간첩으로 취급해버리니까요. 이건 가장 심각한 문제예요. 건설적인 개혁의 동력을 저항세력으로 만들어버리니까요. 그래도 저는 여전히 민간의 개혁세력에 희망을 걸고 있습니다. 민간 주도의 개혁은 반드시 일어날 것입니다. 이렇게 보는 것은 민생을 강조하면서 민간의 개혁 압력에 어느 정도 양보하고 타협한 후 진타오-원 자바오 지도부와도 관련이 있습니다. 그러한 조치들은 민중투쟁의 결과지, 위에서 베풀어준 것이 아닙니다. 어찌되었건 중국의 최종적인 개혁의 길은 아래로부터의 개혁과 위로부터의 개혁이 서로 만나 이루어지는 쌍방향 개혁의 결합일 겁니다.

대담자 선생님께서는 오랫동안 베이징대학의 안과 밖에서 수많은 학생들을 가르치셨습니다. 베이징대학에서는 학생들로부터 가장 존경받는 교수셨지요. 1990년대 이후 중국 대학생들이 너무 비정치화되고 물질화되었다고 비판하는 사람들도 있는데, 선생님은 중국의 젊은 세대에게서 밝은 미래를 보십니까? 이 젊은이들이 한마디 조언을 요청한다면 무슨 말씀을 해주시겠습니까?

첸 리췬 퇴임 이후 저는 청년학생들과 대화하는 데 정력을 쏟고 있습니다. 청년들을 대상으로 『청년 벗들에게(致靑年朋友)』와 『몽화록(夢話錄)』을 쓰기도 했습니다. 한가지 주목할 것은 최근 중국 청년들 가운데 신세대 이상주의자들이 등장했다는 것입니다. 이들은 과거 우리 세대의 이상주의자들과 같은 점도 있고, 다른 점도 있어요. 사실 우리 세대 이상주의자들에겐 몇 가지 결함이 있어요. 우리는 철저한 개혁에 희망을 걸고 이를 위해 정권을 뒤엎는 혁명을 지지하는 성향이 강했거든요. 그런데 이렇게 모든 걸 걸면 문제가 생겨요. 하나는 이 철저한 개혁을 위해 나 자신과 모든 것을 희생할 수 있다는 태도를 갖게 된다는 점이에요. 다른 하나는 미래에 모든 희망을 걸어 버리는 거죠.

신세대 이상주의자들은 달라요. 일단 근본적인 것을 추구하지 않거든요. 하루아침의 변화를 바라는 것이 아니라 점진적인 변화를 만들어내려 하죠. 사실 중국은 너무 광대하고 복잡하기 때문에 급격하고 격렬한 변화는 오히려 문제를 일으킬 수 있거든요. 또한 이 젊은 이상주의자들은 희망을 먼 미래에 걸지 않고 오늘에서 시작하려 해요. 자신으로부터 그리고 자기가 지금 서 있는 자리에서 출발하려 하는 거죠. 마지막으로 신세대 이상주의자들은 개인의 발전을 중시합니다. 무조건적인 자기희생이 아니라 개인의 건전한 발전을 함께 추구하거든요.

이런 젊은이들과 이들을 이끌어주는 훌륭한 '교사'들이 아래로부터의 개혁을 조용하게 추진하고 있어요. 크게 주목을 끌거나 장렬하지는 않지만 스스로를 개혁하고, 내 주변의 존재를 개혁하고 있지요. 그리고 정면으로 대항하고 충돌하지 않는 이런 방식의 개혁은 지금의 중국에서 통하거든요. 이 친구들은 새로운 가치관과 생활방식을 지닌, 이전과는 완전히 다른 새로운 존재이기 때문에 그 자체로 현실에 대항하는 성질을 지니고 있습니다. 저는 이걸 제2문화, 제2교육이라고 부릅니다.

이런 방식은 인간본성에 부합해 점진적으로 영향력을 확대해갈 수 있습니다. 그래서 이 노력들이 장기적으로 축적되어가길 바라는 겁니다. 현재에서, 자신에서, 보통사람에서 시작해 변혁이 점진적으로 이루어지기를 바라죠. 지금은 그것 이외에 방법이 없어요. 이런 자각 자체가 과거로부터 얻은 교훈인 거죠. 마오식의 개혁은 하나의 구상을 내놓고 이를 사회에 강제하는 방식이었죠. 소수의 사람들이 생각한 이상사회를 사회에 강요하고 반드시 실행하도록 한 것이었죠.

희망은 어디 있는가? 저는 현재 중국이 문혁 후기와 비슷한 상황이라고 봅니다. 문혁 후기에는 모든 사람들이 현실에 대해 불만을 느꼈고, 이렇게 마냥 갈 수는 없다고 느꼈지요. 지금도 세계 각국의 변화를 바라보면서 많은 이들이 '중국은 반드시 개혁해야 한다, 이렇게 마냥 갈 수는 없다'라고 느끼면서 '중국이 어디로 어떻게 갈 것인가'에 대해 다양한 의견을 내놓고 있습니다. 문혁 후기에도 다양한 사상들이 나타났는데, 지금 중국에는 그때보다 더 다양한 사상들이 출현하고 있지요. 중국인들 모두가 행동하고, 서로 다른 방면에서 실험하고, 모이고, 토론하고 생각하고 있는 것이 오늘날의 중국입니다.

대담자 선생님께서는 신농촌건설운동을 민간운동의 중요한 부분으로 적극 평가하시면서, 대학생들의 농촌자원봉사운동에 희망을 표현하신 바 있습니다. 이런 청년자원봉사운동 혹은 신농촌건설운동과 어떤 인연을 맺고 계신지요?

첸 리췬 요즘 곳곳을 다니면서 두가지 정신을 강조합니다. 우선, 루 쉰이 말한 끈질기고 강인한 정신(靭性精神)입니다. 이와 관련해서 학생 자원봉사자들에게 세가지를 당부합니다. 첫째, 너희들은 소수이고 영원히 소수일 수밖에 없음을 명심해라. 따라서 소수인 너희들이 부담하는 임무가 국가보다도 무겁다. 둘째, 너희들의 노력을 통해 농촌을 근본적으로 바꿀 수 있다고는 생각하지 마라, 근본적인 개혁을 바라지 말아야 한다. 내 세대도, 너희 세대도 이룰 수 없으며 오직 너희 다음 세대가 되어서야 이룰 수 있을지 모른다. 몇세대의 사람들이 해야만 우리는 개혁을 이룰 수 있다. 셋째, 너희가 이상주의자라면 보답을 요구하지 마라. 경작만 하고 수확은 신경 쓰지 마라. 이렇게 마음먹고 장기적으로 지속적으로 한 세대 한 세대씩 노력해나가야 한다. 이것이 조국의 미래의 길이다. 즉, 끈질기고 강인한 정신, 루쉰의 말로 하면 "천천히 가되 멈추지 않는(慢而不息)"것, 쉬지 않으면 중단되지 않는다, 느리더라도 조급해서는 안 된다고 말합니다.

저는 또한 지혜로워야 한다고 강조합니다. 왜냐하면 현재의 이 체제를 단기간에 변화시키는 것은 불가능하니까, 이게 우리 중국인들이 당면한 현실이고, 1949년처럼 혁명을 해서 정권을 하룻밤에 무너뜨릴 수는 없으니 장기적으로 이 체제와 함께 살아갈 지혜가 필요하다는 뜻이다, 현 체제에 구멍이 없는 것이 아니다, 너희가 어떻게 그 구멍을 이용하고 어떻게 생존할 것인가? 이상을 굳게 지켜야 하지만 생존하는 법도 배워야 한다, 이렇게 젊은 후배들에게 말합니다.

대담자 선생님께서는 파란만장한 중국현대사를 온몸으로 감당해오셨는데도 여전히 낙관적이신 것 같습니다. 선생님의 글 그리고 오늘의 말씀에서 루 쉰 선생이 겹쳐 보입니다. 또 1957년 당시 수많은 지식청년들의 모습도 겹쳐 보입니다. 간단치 않은 중국의 역사와 정치 현실에서 선생님을 지탱해주는 힘의 원천은 무엇인지요?

　　첸 리췬　아주 단순해요. 문혁 시기에 내 정신을 지탱해준 힘의 원천은 두가지입니다. 루 쉰 그리고 마오 쩌둥, 이 두 사람이 말한 세마디가 제 좌우명이라고 할 수 있어요. 첫마디는 루 쉰이 굴원°의 말을 인용한 것인데 "길은 멀고 험하네. 나는 하늘로 땅으로 내가 찾고자 하는 것을 구하노라(路漫漫其修遠兮, 吾吾將上下而求索)", 즉 영원히 탐색하라는 것이지요. 두번째는 루 쉰의 말인데 "영원히 진격하라(永遠進擊)"입니다. 그리고 마지막 좌우명은 문혁 시기에 마오 쩌둥이 했다고 전해지는 말이에요. "운명 앞에서 머리가 깨지고 피가 흘러도 절대로 뒤돌아보지 말고 앞으로 나아가라(在命運面前, 卽使頭破血流, 也絶不回頭)." 이 세마디에 의지해 문혁을 견뎌냈고, 지금도 견뎌내고 있습니다.

원 톄쥔

溫鐵軍

'백년간의 급진'을 뒤로하고

◆

　20세기 중국의 두 거인, 쑨 원과 마오 쩌둥은 일찍이 중국문제는 농민
문제라고 갈파한 바 있다. 2000년 후베이성의 한 시골마을 당서기로부
터 주 룽지(朱鎔基) 총리 앞으로 공개서한이 날아들었다. 농민들이 농사
를 지을수록 빚더미 위에 앉게 되고, 무거운 세금에 허덕이며 병원에 갈
돈도 종자나 비료 살 돈도 없다고 고발하는 편지였다. 편지를 보낸 리 창
핑(李昌平)은 '중국의 농민은 고난을 겪고 있으며, 농촌은 빈궁하고 농
업은 위기에 처해 있다'라고 호소했다. 런민대학 원 톄쥔(溫鐵軍) 교수
는 바로 이 '삼농문제', 즉 농민·농촌·농업 문제의 전문가다. 원 교수에
따르면 중국은 세계 최대의 프롤레타리아 국가가 아니라 농민이 주축이
된 최대의 소자산계급 국가다.
　그와 농민의 만남은 문화대혁명 시기에 시작되었다. 소년 시절, 농촌

과 공장 그리고 군대에서 인민들과 부대끼며 생활했던 11년간의 세월 동안 그는 농민의 정서를 이해하게 되었다. 문혁이 끝난 후 1970년대 말 베이징으로 돌아온 그는 대학에 들어간다. 1985년부터 중국공산당 중앙위원회 소속 농촌정책연구실에서 농촌정책 입안에 깊이 관여했다. 원자바오 총리 등 중국 최고지도부의 농촌정책 자문역을 맡기도 했다. 그는 발로 뛰는 지식인이자 정책전문가다. 그는 수많은 농촌 실험현장에서 농민들과 논둑에 앉아 그들의 경험을 경청하고, 연구실로 돌아오면 명청시대의 농업관련 사료를 뒤지며 중국 농촌의 역사 속에서 교훈을 얻으려 분투한다.

그는 격동의 중국현대사 100년을 '백년간의 급진주의〔百年激進〕'라는 말로 요약한다. 그에 따르면 '따라잡기 공업화'를 위한 친자본적 급진주의가 지난 100년의 중국역사를 규정해왔다. 그 시발점은 1911년 청조를 타도한 신해혁명이다. 물론 그 역사적 연원은 19세기 아편전쟁 패배로 중국이 제국주의 열강에 굴욕적으로 문을 열게 된 데 있다. 아편전쟁 이후 네차례의 따라잡기 공업화 시도 중 첫번째는 청조 말기 양무운동(洋務運動) 시기에 서양기술을 들여와 산업화하려는 움직임으로 나타났다. 두번째는 신해혁명 이후 국민당정부가 추진한 민족공업 건설 노선 및 국가주의 공업 노선이다. 세번째는 신중국 성립 이후 진행된 마오쩌둥의 공업화를 위한 원시적 축적 시기다. 당시 자본이 절대적으로 부족했던 터라 당시 마오는 농업집단화를 통해 농촌의 잉여를 최대한 착취해 중공업화를 이루려 했다. 이는 국가자본주의와 다름없었다. 따라잡기 공업화의 마지막 노력은 바로 덩 샤오핑이 1970년대 말부터 추진한 개혁개방을 통한 산업자본 형성 및 고도성장이었다. 이런 연속적인 따라잡기형 공업화 과정에서 국가는, 스스로 표방한 이념과는 무관하게 사실상 매우 급진적이고 친자본적인 정책들을 채택해왔다. 이제 이러한 100년간의 친자본적인 급진주의와 고별할 때가 왔다.

원 톄쥔 교수를 만난 곳은 베이징 서쪽 끝의 산자락에 자리잡은 호우샤젠춘(后沙澗村)의 샤오뤼즈 시민농원이었다. 중국 전통달력에 따르면 이 날은 새로 땅을 갈아엎고 씨를 뿌리는 날이었다. 이 동네 촌위원회 당 서기와 간부들과 싱글싱글 웃으며 격의없이 얘기를 나누는 것을 보니 이 마을과의 인연이 그리 짧은 세월이 아닌 모양이었다.

수더분한 시골 아저씨 같던 그는 대담을 시작하자 곧 날카로운 논객으로 변신했다. 그의 이야기는 끝이 없었다. 삼농문제에서 현대자본주의 위기로, 마오 쩌둥의 남성중심주의와 량 수밍(梁漱溟)의 페미니즘으로, 또 오늘날 중국 농촌의 위기에서 미래의 희망까지.

농민과의 만남

대담자 선생님, 농촌과 인연을 맺게 된 것은 언제부터였습니까? 베이징 출신인데 농촌에 큰 애정을 가지게 된 특별한 계기가 있었나요?

원 톄쥔 농촌 그리고 농민과의 인연은, 제가 중학생이던 1964년 무렵 바로 오늘 우리가 함께한 이곳 호우샤젠촌에서 시작되었지요. 그때 저는 친구들과 매주 이 마을에 와서 농사를 배웠어요. 농민들이 어떻게 배추를 심고, 어떻게 거름을 모으는지 배웠고, 여름에는 보리를 거두고 겨울에는 소를 먹이는 일을 했어요. 농사일이 얼마나 고된지 알게 되었지요. 특히 우리가 농민들에게 배우려 했던 것은 더럽고 고약한 거름냄새도 마다하지 않는 자세였죠.

사실 마오쩌둥시대는 교육과 생산의 결합을 강조한 시대였어요. 학교에서 노동을 많이 했던 시절이었죠. 그때는 학생들이 화장실이나 교실 청소를 하는 게 당연했어요. 저는 지금도 노동과 결합된 교육이 진정한 소양교육이라고 생각해요. 오늘날과 같이 일상의 노동 그리고 삶과 괴리된 교육은 매우 반동적이고 사람이 사람답게 되기 힘든 교육이지요.

대담자 저희 세대도 초등학교 시절에 화장실이나 교실 청소를 하긴 했지만 거기에 중국의 1960~70년대처럼 노동과 교육의 결합이라는 의미가 담겨 있었던 것 같지는 않네요. 비슷한 일도 그것이 일어나는 맥락에 따라 의미가 달라지겠지요.

원 톄쥔　문혁이 시작되기 전에도, 전 스스로 친구들과 함께 시골에 가서 노동하는 '상산하향(上山下鄕)' 활동을 이미 하고 있었어요. 1967년부터 문혁이 본격화되어 학교 문도 닫아버리자, 아예 친구들과 짐을 싸서 베이징 근교 산속에 들어가 농민들과 함께 지내며 일했던 거죠.

또 친구들과 작은 동아리를 만들어 베이징에 있는 공장에서 몇달씩 살면서 금속주조, 공장청소 등 힘든 노동을 마다하지 않았고, 또 허베이성 농촌에 가서 가뭄재해 방지 활동을 하기도 했습니다. 문혁이 절정에 달해 쓰촨성, 충칭 등 각지에서 파벌 간에 내전과 다름없는 상황이 벌어졌을 때조차 농촌에 머물며 상산하향활동을 했습니다. 물론 친구들과 모여 사상토론도 했고요.

그러던 어느날 출판되지 않고 비공식적으로만 돌아다니던 「마오 쩌둥 만세」 등 마오 쩌둥의 원문을 우연히 보게 되었습니다. 거기에는 라디오나 신문에서 공식적으로 선전하는 것과는 다른, 정리·가공되지 않은 마오 쩌둥의 말과 생각 들이 고스란히 드러나 있었어요. 이미 농촌과 공장에서의 실천을 통해 삶과 정치에 눈을 떠가던 열여섯살 청년에게 그건 엄청난 충격이었습니다. 그때부터 문혁이 과연 무엇을 위한 것인지 의문을 갖기 시작했던 겁니다. 그래서 문혁의 풍파와는 상관없이 우리 스스로 단련하지 않으면 안 된다는 생각을 품게 되었습니다.

마오의 가부장적 공업화노선과 농민 착취

대담자　선생님과 마오의 사상적 관계를 간단히 정리하기란 쉽지 않을 듯싶네요. 마치 마오 쩌둥과 중국농민의 관계가 매우 복잡하듯이 말이지요.

마오가 처음으로 중국공산당 내에서 주목을 받기 시작한 것도 「후난(湖南) 농민보고서」(1927)*에서 그가 보여준 농민에 대한 깊은 이해와 그것을 바탕으로 마오가 성공시킨 징강산(井岡山) 농민게릴라 투쟁*의 성공 등에 힘입은 바 크지 않습니까? 1931년 마오는 '농촌으로 도시를 포위하여 혁명을 성공시켜야 한다'라고 처음으로 주창했고, 이것은 기존의 도시노동자 중심의 맑스레닌주의 틀을 뒤엎어버리는 그의 독창적인 발상을 잘 보여줍니다.

하지만 마오가 정권을 잡은 후에 취한 정책들은 오히려 농민들에게는 가혹한 것이었습니다.

원 톄쥔　그렇죠. 마오는 1949년 권력을 잡자마자, 농민혁명을 겪어온 공산당 내의 동지들에게 농민사회주의와 나로드니즘*은 포퓰리즘에 불과하다고 계속 경고하기 시작했지요. 사실 마오의 대다수 동지들은 마오처럼 농민 출신이거나 농촌에 뿌리를 둔 사람들이었기 때문에, '이제 농민혁명이 성공했으니 우리 농민들에게 좋은 일들을 해야 한다'고 생각했던 겁니다. 즉, 농민들이 도시를 함락시키고 중국을 손안에 넣었으니 이제 농민들도 혁명의 혜택을 누려야 한다는 주장이었지요. 하지만 마오는 그런 주장에 결연히 반대했습니다.

마오는 중국이 반드시 공업화를 달성해야만 중화민족이 자립할 수 있다고 생각했어요. 그리고 급속한 공업화를 위해서는 자본의 원시적 축적°이 이루어져야 했지요.

하지만 자본의 원시적 축적은 상품화가 진전되지 않은 소농 중심의 자급자족 경제조건하에서는 완성될 수 없는 겁니다. 이 문제를 해결하기 위해 마오는 역사상 전례가 없을 정도의 고도 중앙집권체제 아래서 '자기착취'를 수행하기 시작합니다. 농촌에서는 통일된 물자의 구매 및 판매와 인민공사체제를 만들고, 도시에서는 계획에 의한 생산씨스템과 그것을 지탱하는 관료씨스템을 구축한 거죠. 공업과 농업 부문의 노동자와 농민에게서 발생한 잉여가치 전부가 중앙의 재정을 거쳐 재분배되어 중공업을 위주로 한 확대재생산에 투입되도록 한 겁니다.

아시다시피 신중국 성립 초기에, 중국 공산당과 정부는 사적(私的) 자본주의 요소와 국가자본주의 요소 등 다양한 경제요소가 병존하는 '신민주주의'° 노선을 견지했지요. 그런데 1950년대 중반 이후에 이러한 노선을 버리고 공유제로의 단일화를 의미하는 '사회주의 과도기 총노선'으로 입장을 수정합니다. 노동집약적 경공업과 써비스업 대신에, 고용창출 능력이 지극히 제한적인 중공업 중심의 발전노선을 취하면서 '자본의 집적에 의한 노동력의 배척' 현상이 나타나게 되었습니다. 결과적으로 농촌 노동력이 도시로 진입하는 것을 막아버리는 '도농 간의 대립적 이원구조'가 생겨났지요. 이렇게 만들어진 도농 간의 대립적인 이원구조는 지금까지도 중국사회가 극복해야 할 중요한 문제로 남아 있지요.

대담자　1950년대 중반 중국의 경제정책 전환은, 마치 러시아

혁명 초기에 다양한 경제요소를 인정한 레닌의 신경제정책(New Economic Policy, NEP)이 1920년대 중반 이후 스딸린적인 중공업화 정책으로 전환되는 것과 유사한 경로를 보여주는 듯한데요. 만성적인 노동력 부족 경제였던 러시아와 만성적인 노동력 과잉 경제였던 당시 중국 사이에는 도시와 농촌, 도시민과 농민에 대한 정책에 커다란 차이가 있었지만요.

원 톄쥔   마오 쩌둥 아래서 진행된 농민·노동자에 대한 자기착취 그리고 이에 기초한 자본의 원시적 축적*은 노동자와 농민에게 엄청난 댓가를 치르게 했습니다. 다만 이 점을 잊어서는 안 됩니다. 서양은 자국을 넘어 제국주의적 식민지 약탈을 통해 전세계적인 차원에서 원시적 축적을 진행했습니다. 반면에 중국은 소련의 지원도 단절된 상태에서 외부에 손을 벌리지 않고 순전히 홀로, 자국 농민과 노동자를 착취하면서 원시적 축적을 진행했다는 점입니다.
　　따라서 18세기에서 20세기 중반까지 진행된 서구의 전세계적 차원의 착취를 비판하지 않고서, 20세기 중반의 중국의 원시적 축적과 정만을 비판한다면 매우 부당하지요.

　　원 교수는 '백년간의 급진론'에서 자원이 부족하고 인구가 많은 대륙형 국가의 경우 내향적인 원시적 자본축적을 거쳐 공업화를 추진할 수밖에 없다고 지적한다. 마오시대 중국은 자신이 보유하지 못한 자본요소를 대체하기 위해 거의 무제한적으로 보유하고 있던 노동력을 집중적으로 투입하여 공업화 및 이에 필요한 대규모 인프라 건설을 진행하는 전략을 실행했다. 원 교수에 따르면 이는 이름만 사회주의지, 사실상 국가자본주의다. 특히 1950년대 중반, 중국과 소련의 분쟁으로 소련의 기술적·재정적 지원이 완전히 끊긴 이후 중국은 오로지 자신의 노동력에 기반을 두고 원시적 축적을 이루어낼 수밖에 없었고, 이 과정에서 매우 가혹한 희생이 따랐다.

대담자 선생님의 '백년간의 급진'에 관한 논의를 보며 많은 제3세계 사회들이 '근대'에 강제적으로 편입되면서 거쳐야 했던 길들, 그리고 그 과정에서 치러야 했던 희생을 다시금 돌아보게 됩니다. 그중에서도 중국만큼 극적인 형태로 이념과 정부 형태를 바꾸면서 격랑을 헤쳐나간 나라도 드물다는 생각이 드는데요.

1950년대 급진적인 공업화와 자본축적이 중국 정치체제에 미친 영향은 무엇이었습니까?

원 톄쥔 앞서 잠깐 말했듯이, 신중국 성립 초기에는 신민주주의 체제를 실행했기 때문에 각기 다른 계급·계층이 자기 목소리를 대표할 수 있었습니다. 당시 비공산당 중도파였던 량 수밍(梁漱溟)도 연단에 나와 강연할 수 있었고, 공산당 내부에서도 다양한 목소리가 있었던 거죠. 하지만 마오가 덩 즈후이(鄧子恢)*를 비판하고 중앙농공부(농업주관 부처)를 철폐한 1955년을 전후로 상황은 바뀌기 시작했어요. 특히 1957년에 벌어진 이른바 '반우파투쟁'으로 모든 것이 변해버렸습니다.

1957년에 우파로 비판받고 박해당한 사람들은 우파가 아닙니다. 사실 서구의 좌파와 우파 개념으로 중국현대사를 읽는 것은 거의 불가능하고 황당한 일이에요. 그 당시 이른바 우파로 낙인찍힌 사람들이 주장한 얘기를 보세요. 노동자들이 수탈을 당하고 농민들이 수탈을 당하는 문제들이 사회주의적 민주주의 원칙에 입각해 해결되어야 한다고 했습니다. 이것이야말로 좌파의 주장 아닌가요? 그런데 바로 그런 주장을 한 댓가로 가혹한 탄압을 받아야 했습니다. 그러면 그들을 탄압한 자들은 누구죠? 바로 관료자본주의, 국가자본주의였습니다.

청조 말기 명망높은 지식인 집안의 아들로 태어난 량 수밍(1893~1988)은 베이징대학 철학과 교수로 재직하며 서양문명에 대한 비판적 이해와 유학 근대화에 커다란 공적을 남겼다. 서구 계몽주의의 세례를 받은 5·4운동의 주역과 달리 그는 쇠락할 수밖에 없는 서양문명에 기반을 둔 제도를 중국에 이식하는 식의 개혁에 회의적인 태도를 취했다.

그는 개혁이 풀뿌리민중에 기반을 둔 사회주의로의 전환을 통해 이루어져야 한다고 보았으나, 맑스주의적 계급론으로 중국 농촌문제에 접근하는 것에 반대했다. 중국의 전통 농촌사회에 빈부격차가 존재하는 것은 분명한 사실이지만, 이는 집성촌 내의 빈부격차이기 때문에 계급론으로 환원해서 설명할 수는 없다는 것이다. 쑨 원도 일찍이 전통 농촌사회 불평등의 문제는 사실 '많이 가난한 자와 조금 가난한 자'의 차이밖에 없다고 지적한 바 있다.

바로 이러한 입장에서 량 수밍은 산둥성 향촌재건센터와 중국민주동맹을 설립했다. 중국민주동맹은 국민당과 공산당 사이에서 타협을 주선하고자 노력했다. 1931년 설립된 산둥성 향촌재건센터는 구습을 폐지하고 공동체성을 함양하며 과학기술을 농업에 도입해 농촌을 일으켜 세워 중국을 재건하려는 운동을 전개했다. 하지만 량 수밍은 사회주의 중국 성립 이후 각종 정치캠페인 때마다 비판을 받게 된다. 그는 문혁의 광풍 속에서도 공자 비판을 거부했다. 그는 전통을 지키면서 더 나은 사회를 만들려 한 중국 지식인의 표상이다.

량 수밍의 비전은 원 테쥔 교수의 현대사 해석 속에 그대로 살아 있다. 원 교수는 소농 중심 농촌체제가 중국에서 수천년에 걸쳐 유지되어왔음에 주목하여, 맑스가 말하는 이른바 5단계 역사발전론이 중국에 그대로 적용될 수 없음을 지적한다. 이는 곧바로 중국혁명에 대한 재해석으로 이어진다. 마오의 공산당이 혁명에 성공할 수 있었던 것도 농촌에 대한 현실적인 접근 덕택이었다. 즉, 토지분배 계급투쟁을 교조적으로 강조하는 대신, 토지분배 개혁 슬로건을 소작료 및 이자 삭감으로 바꾸고, 지역사회의 엘리뜨가 자치를 맡는 농촌의 전통적인 방식을 인정했기 때문에 항일전쟁과 국공내전에서 승리할 수 있었다. 몇천년간 지속된 경자유전(耕者有田)의 원칙을 기반으로 토지의 평균적 재분배를 실행함으로써 마오는 근대국가를 건설했다.

이러한 1949년 혁명을 통해 중국은 세계 최대 쁘띠부르주아(소자산 계급인 농민) 국가가 되었고, 그 정치적 표현이 신민주주의*였다. 이것이 원 테쥔이 보는 중국 현대정치사 속의 소농체제의 의미다.

대담자　잠깐 화제를 돌려보겠습니다. 이번 대담집을 준비하면서 만난 대담자들 중에 량 수밍 선생에 대해 언급하는 분들이 많더군요. 그분과 마오의 관계는 어땠습니까?

원 테쥔　당시 량 수밍 선생은 베이징대 철학과에 재직하고 계셨는데, 철학자로서도 명망이 높았을 뿐만 아니라 농촌재건운동의 선구자였습니다. 당시 그는 농업부장관 겸 부총리였던 덩 즈후이* 등과 함께 마오의 급격한 집단화노선에 반대하고 농민의 자율적 경작권을 옹호했습니다.

하지만 마오는 당내 동지였던 덩 즈후이를 "전족한 여자"에 비유하고, 량 수밍에 대해서는 그의 생각이 "아낙네의 어진 마음(婦人之仁)"에 불과하다고 비판합니다. 그래도 량 수밍 선생은 공산당 외부에 있던 인사였기 때문에 마오는 나름 예를 갖춰서 "아낙네의 어진 마음"이라고 했지만, 당내 부하였던 덩 즈후이에게는 "전족한 여자" 같다고 비아냥거리면서 모욕을 준 거죠. 량 수밍에게, 당신은 '아낙네의 어진 마음'을 가졌을지 모르지만 나는 사내대장부다, 나는 하늘을 대신해 도를 행해야 하고 때로는 피비린내나게 잔인할 수도 있다, 마오는 이렇게 말한 겁니다.

당시 마오의 생각은 이랬습니다. '나는 국가를 대표하고, 농민을 대표하고, 나라의 산업화를 대표한다. 만약 우리가 공업화에 성공하지 못하면 남들이 우리를 얼마나 괴롭힐 것인가? 중국은 이미 100년 동안 다른 나라들한테 무수히 얻어맞았다. 얼마나 많은 중국인들이 죽고, 얼마나 많은 중국 여인들이 능욕을 당했으며, 또 얼마나 많은 재산을 빼앗겨왔던가? 이제 내가 농민과 국가를 대표해서 민족의 해방을 이루었다. 우리가 농민의 이익을 보호해야 한다는 데 나도 동의한다. 하지만 그것은 나중 일이고 지금은 국가의 산업화를 위해 농민으로부터 잉여를 짜내 자본축적과 산업화를 이루어내야 한다.'

이처럼 마오의 노선이 남성중심적이었다면, 량 수밍의 노선은 대지와 농민을 이해하는 여성주의, 요즘 식으로 하면 페미니즘적인 요소를 지녔다고 할 수 있지요. 이런 마오의 노선을 좌파라고 부르는 것은 말도 안 됩니다. 그의 노선은 국가자본의 축적을 목적으로 하는 친자본적인 정책이었던 겁니다.

대담자 마오의 정책이 친자본적인 정책이었다는 관찰도 참신하지만, 마오 쩌둥과 량 수밍의 관계를 남성중심주의와 페미니즘으로 대비하는 것은 더욱 흥미롭네요.

원 톄쥔 마오의 "아낙네의 어진 마음"이라는 말은, 당시의 동양문화 속에서 나온 전통적인 표현으로 량 수밍의 입장이 지닌 여성주의적 성격, 즉 페미니즘을 지칭한 것이라고 할 수 있어요. 서구는 여권운동과 여성해방을 거쳐 페미니즘적 시야를 갖게 되었지요. 그런데 중국은 오랫동안 남성중심사회였어요. 백성과 민생에 관심을 갖고 있다는 사람들도 상대방을 비판할 때 "너는 전족한 여자 같다"라는 둥 조롱을 한 거죠.

다만 한가지, 제가 량 수밍 선생을 존경한다고 해서 그 시절 마오 쩌둥의 남성우월주의를 비난하는 것만은 아닙니다. 우리가 보통 '영웅시대'라고 부르는 그 시대가 있었기에, 동아시아의 오늘이 있고 우리의 국제적 지위가 있는 겁니다. 그래서 우리는 그 시대의 사람들을 무조건 배척해서는 안 되고, 진지하게 대해야 합니다. 이런 이유 때문에 마오를 결사적으로 반대하는 것도 틀리고, 마오를 결사적으로 지지하는 것도 잘못이라고 생각합니다. 우리는 결국 역사의 길 위에 서 있을 뿐입니다.

대담자 선생님께서 페미니스트라고까지 부르는 량 수밍의 정치적 구상이 궁금합니다. 국가중심의 강제적 중공업화에 반대해서 향촌의 재건을 주장하던 분이라면 프롤레타리아독재와는 다른 정치적 이상을 갖고 계셨을 텐데요?

원 톄쥔 그렇습니다. 당시 량 수밍을 비롯한 향촌건설운동의 주창자들이 꿈꾸고 또 실현했던 민주주의는 전혀 다른 것이었죠. 1930년대 말 향촌건설파는 지역사회의 기층 엘리뜨들이 나서서 민중의 지혜를 깨우치고 민중의 힘을 개발하고 다양한 세력의 참여에 기반을 둔 정치체제를 만들어야 한다고 주장했습니다.

한가지 우리가 기억해야 할 사실이 있습니다. 향촌건설파는 항일전쟁 근거지에서 공산당이 주장한 삼삼제(三三制) 때문에 중국공산당을 지지하게 됐다는 점이죠. 삼삼제란 항일전쟁 근거지에서 정부의 3분의 1은 공산당원이, 3분의 1은 좌파진보 인사들이, 나머지 3분의 1은 그 지역 향촌사회의 엘리뜨들이 참여하는 통치모델입니다. 사실 이들 지방 엘리뜨들은 중국 향촌사회가 수천년간 안정을 유지하는 데 중요한 역할을 해왔어요. 공산당의 영향 아래 있던 항일전쟁 근거지에서는, 이처럼 농민과 지방 엘리뜨 그리고 당이 참여하는 정치모델이 향촌건설파의 지지 아래 실현된 바 있지요. 국민당이 지배하는 지역은 전형적인 지주통치, 엘리뜨통치의 양상을 보였지만요.

하지만 미국과 소련의 대결이 전세계적으로 확산되고, 공산당과 국민당 사이의 내전이 치열해지자 향촌건설파 내부에서 분열이 발생했어요. 옌 양추° 같은 사람은 미국이 지원하는 국민당정권으로 기울었고, 타오 싱즈°는 소련과 동맹을 맺은 공산당 파벌로 기울었지요. 그 중간에 서서 끝까지 향촌건설파의 원칙을 지키려고 했던 이가

바로 량 수밍과 황 옌페이°였습니다. 하지만 이들마저 1950년대 반우
파투쟁을 거치고 나서는 중국의 정치무대에서 사라져버린 거죠.

친자본적인 백년간의 급진주의를 넘어

대담자 선생님의 설명을 듣고 나니 '백년간의 급진'의 실체가 이
해되는 듯합니다. 하지만 그 '백년간의 급진'으로부터 이제 중국이
고별하고 있다는 혹은 그럴지도 모른다고 말씀하시는 근거는 무엇
인지요? 2000년대 이후 정책전환과 관련된 것인가요?
특히 12차 5개년계획을 보면 수출과 국내투자에 과도하게 의존해
온 중국경제를 국내소비의 획기적인 진작을 통해 좀더 균형된 발전
모델로 바꾸려는 원대한 목표를 천명하고 있습니다. 또 이를 실현하
기 위한 구체적인 경제·사회정책을 담고 있어요. 예를 들어 국내소
비 진작을 위해 노동자의 소득을 두배로 늘리는 계획도 명시적으로
포함되어 있고요. 이를 위해 최저임금을 꾸준히 인상하고 임금협상
을 촉진하며, 사회보장을 지속적으로 확장해 노동자의 전반적인 가
처분소득을 늘리려고 하지요.

원 톄쥔 '백년간의 급진'은 기본적으로 중국 국내의 자본이 절대
적으로 부족한 가운데 따라잡기형 공업화를 수행하는 과정에서 발
생한 것이죠. 특히 사회주의체제 아래서, 전인민소유제라는 명목으
로 진행된 사회주의식의 원시적 자본축적을 통해 중국은 짧은 기간
에 공업화에 성공할 수 있었던 겁니다. 이것은 식민주의라는 대외적
강제수단에 의존해 산업화를 확장하고 완성한 서구의 자유주의적

접근과는 다를 수밖에 없어요. 또 서구의 제국주의 종주국의 요구대로 경제적 토대가 왜곡될 수밖에 없었던 다른 제3세계 개발도상국과도 다른 조건 속에서 발전했던 겁니다.

그런데 따라잡기형 공업화가 성공하고 1990년대 말에 이르자 산업자본의 과잉상태가 시작됩니다. 특히 21세기에 들어선 지난 10여 년간은 생산과잉 탓에 금융자본이 실물경제에서 이탈하면서 금융자본의 상대적 과잉이 발생하기 시작했죠.

바로 이때부터 중국 중앙정부는 1990년대 말, 제10차 경제계획을 준비하던 당시의 친자본적인 노선에서 점차 벗어나 인간중심의 발전노선으로 전화하려고 노력합니다. 아시다시피 2002년에 제시된 전면적인 샤오캉사회론(小康社會論)*, 이어서 제기된 과학적 발전관과 '조화로운 사회' 건설론, 그리고 민생을 최우선으로 하는 정책의 강조는 바로 그러한 변화를 반영한 구호들이라고 볼 수 있겠죠. 적어도 중앙정부 차원에서는 과거 백년간의 친자본적인 급진적 정책틀에서 벗어나려는 움직임을 보여주는 겁니다.

대담자　그렇게 될 수 있다면 정말 좋겠지요. 아마 전세계의 자본
가와 노동자가 모두 바라는, 몇 안 되는 공통의 희망사항일지도 모르
겠습니다. 왜냐하면 중국의 인민이 부유해져 중국의 국내소비가 확
장되지 않는 한, 현 세계경제의 불균형이 해소되기도 힘들고 따라서
자본가가 돈을 벌기도, 노동자가 제대로 된 일자리를 얻기도 힘들기
때문이죠.

　하지만 중국의 현실로 눈을 돌리면 과연 그러한 전환이 쉽게 이루
어질지 회의하게 됩니다. 중국에 왜 이런 말이 있잖습니까? 중앙에
정책이 있으면, 지방에는 그에 대한 대책이 있다고요. 중앙정부가 새
로운 정책을 내세운다고 지방정부가 그대로 따라가는 씨스템이 아
닌 거죠.

원 톄쥔　그렇습니다. 중국이 매우 분권화된 씨스템을 갖고 있다
는 점을 이해해야 합니다. 중국은 중앙집권화된 국가가 아니라 매우
분권화된 국가예요. 저는 충칭(重慶), 광둥(廣東), 장쑤(江蘇) 성의 발
전에 대한 경험적인 연구를 진행해오고 있어요. 이 지역 연구에 기초
해서 저는 '중앙정부가 위험을 부담하는 조건하에서 진행되는 지방
정부의 기업화'라는 가설을 내세웠어요.

　현재 중앙정부는 자원을 관할하는 산업, 즉 석유·석유화학·전력·
항공 등 전략산업을 독점적으로 통제하고 있습니다. 중앙정부의 대
규모 지원을 받는 이런 부문은 중앙정부 수입의 주된 원천으로, 중앙
정부는 이를 바탕으로 거대한 금융수익을 얻고 있습니다. 따라서 중

앙정부는 산업자본과 투자에 의존하는 지방정부와 달리, 노동과 자본의 직접적인 충돌에서 상대적으로 자유로울 수 있는 거죠. 그래서 중앙정부는 조화로운 사회 건설을 얘기하고, 사람을 근본으로 삼는 정책(以人爲本)을 주창하고, 인민을 위한 발전모델로의 전환을 도모할 수 있게 된 겁니다.

하지만 지방정부는 산업자본에 의존하고 있어요. 지방 세금수입의 92퍼센트는 간접세에서 나오는데, 주요한 세수는 무역과 산업의 발전에서 창출됩니다. 따라서 지방정부는 당연히 기업과 투자를 유치하려고 애쓸 수밖에 없죠. 다시 말해 지방정부는 아직도 발전지상주의에 입각한 친자본적인 정책을 취할 수밖에 없고, 따라서 노동과 자본의 충돌에 직면할 수밖에 없는 상황에 놓여 있다는 거죠. 이런 상황에서는 아무리 민주와 인권을 얘기하더라도 노동자들이 착취당하는 것을 막기는 힘듭니다. 산업자본에 종속된 나라들을 보면 그렇지 않습니까? 중국 다음으로 인구가 많은 인도를 보세요. 서구는 물론 스스로도 세계 최대 규모의 민주주의 국가라고 자부하는 인도에서도, 그 민주라는 것이 노동자들에게는 별 의미가 없는 겁니다.

세계화, 금융자본화 그리고 국가의 역할

대담자 말씀하신 것처럼 외국에서 생각하는 것과 달리, 중국은 상당히 분권화된 씨스템을 갖고 있습니다. 중국을 관찰하다보면, 각 지방 혹은 지방정부 간 경쟁이 중국이 지닌 활력의 본질이 아닐까 하는 생각이 들 정도입니다. 단지 더 높은 경제성장률이나 외자유치를 위한 경쟁만이 아니라, 경제성장과 사회혁신의 여러 방법들이 서로 경쟁하면서 중국 전체의 변화와 혁신에도 기여하는 것이지요. 그래서 충칭모델이나 광둥모델 등이 주목받는 게 아닐까요? 그리고 이처럼 서로 다른 지역모델의 경쟁에는 최근 중국에서 논란이 되고 있는 국가와 민간, 혹은 국유부문과 민간부문의 역할에 대한 다양한 접근법도 포함되어 있는 듯합니다만.

원 톄쥔 솔직히 전 발전모델이라는 표현을 좋아하지 않습니다. 그 대신 충칭 경험, 광둥 경험, 쑤난(장쑤성 남부) 경험이라고 지칭합니다. 모델이라고 부르는 순간에 마치 어디에나 보편적으로 적용될 수 있는, 어떤 지위로 격상되어버리는 것을 경계하기 위해서죠. 경험이라고 부르게 되면 우리는 그 경험이 성공할 수 있었던 현지의 조건을 구체적으로 살펴보게 됩니다.

저는 국가의 역할을 중시합니다. 그렇다고 저를 신좌파니 무슨 파니 분류하려 하지 마십시오. 그런 식의 파벌짓기에 휘말리고 싶지도 않고, 어떤 파에도 속하지 않습니다.

국가의 역할에 대해서 생각해봅시다. 예를 들어 1997~98년 아시아 경제위기의 충격이 중국에까지 미쳤을 때 중국은 민간부분에 의존해서 그 위기를 극복한 것이 아닙니다. 그리고 1999년부터 서부대개발을 시작했는데, 알다시피 그러한 종류의 투자는 수익률이 매우 낮지요. 그러하니 누가 투자할까요? 결국은 국유부문입니다. 그런 까닭에 1998년부터 중국은 국유부문이 가장 많은 투자를 벌이고, 인프라공사에 국유부문이 커다란 역할을 하면서 발전해온 것입니다.

충칭의 발전은 바로 그러한 서부대개발과 맞물려 있습니다. 충칭은 서부로 들어가는 입구에 있어 동부와 서부를 이어주는 위치에 있지요. 그래서 충칭에서도 국유부문이 정부의 많은 지원을 받았고, 국유기업 발전이 급속히 이루어진 겁니다. 사실 국가 혹은 국유기업의 중요한 역할은 중국에만 한정된 것이 아니죠.

대담자 하지만 1980년대 이후 신자유주의 영향 아래서 선진국과 개발도상국을 막론하고 시장에 대한 국가의 영향이 약화되어왔다고 보는 논자들이 많지 않습니까?

원 톄쥔 저는 그렇게 생각하지 않습니다. 금융자본주의 아래서 헤게모니를 지닌 나라들의 국가권력은 더욱 큰 영향력을 휘두르고 있습니다. 미국이 자신의 금융헤게모니를 전세계에서 유지하기 위해 연방준비제도이사회를 어떻게 이용하는지 보세요. 물론 연방준비제도이사회는 어디가 공공부문이고 어디가 민간부문인지, 아주 희한하게 구성되어 있긴 하지만 말이죠. 중국정부의 국제적 영향력이 충분하지 않으면 중국통화가 국제적 경쟁력을 가질 수 없습니다. 현재 세계경쟁의 본질은 기업 간 혹은 개인 간의 경쟁이 아니라 국가 간 경쟁입니다.

또 최근 세계의 주요 자원국가들이 석유나 천연가스 같은 자원들을 국유화하고 국유기업을 통해 관리하는 것을 보세요. 사실 금융자본주의 단계에서 국가의 역할이 더욱 중요해지고 있다는 것이 제 생각입니다. 금융자본주의의 기존 질서를 유지하려면 강력한 정치권력이 필요합니다. 금융자본주의 단계에서는, 배후에 존재하는 강력한 정치적인 힘을 바탕으로 금융자본이 급속히 팽창하지요. 현재 세계에서 정치권력이 가장 강한 나라는 미국이고, 따라서 미국의 금융자본 확장속도가 가장 빠릅니다. 그것을 저지할 어떤 힘도 없다면 무한대로 확장하려 할 겁니다. 전지구적 금융화는 점점 더 정치적 강권에 의존하고, 정치적 강권은 점점 더 군사적 힘에 의존하려 할 거고요. 저는 이러한 움직임이 파시즘의 위험을 배태하고 있다고, 2001년부터 분명히 경고해왔습니다.

순진하게 세계자유시장이라는 허구에 빠져든 나라들은 대부분 실패할 수밖에 없습니다. 중국, 미국, 러시아를 예로 들어봅시다. 수익이 가장 낮은 나라는 산업자본 중심의 국가입니다. 중국이 그런 경우죠. 그 양옆으로 미국 같은 금융자본 국가가 있고, 러시아 같은 자원국가가 포진하고 있어요. 수익이 가장 높은 것은 금융자본국가인데, 미국 같은 금융자본 헤게모니 국가는 자기의 헤게모니를 바탕으로 화폐를 찍어내 수익을 얻습니다. 한편 자원이 풍부한 국가들은 자원주권을 장악하여 그 자원을 판매하여 얻는 화폐량을 늘려 국부를 증가시킵니다. 러시아, 베네수엘라, 이란 그리고 이전의 리비아와 이라크가 자원주권을 국유화한 사례들이지요. 나머지 자원이 풍부하지만 국력이 약한 나라들의 자원주권은 모두 국제자본의 수중으로 들어갔지요. 그 반면 자원주권을 국유화한 나라들은 모두 금융자본국가들의 적이 되어버렸습니다. 저는 이러한 이론을 신정치경제학에 입각해 발전시키고 있어요.

농업 자유화, 농지 사유화의 허상

대담자 각도를 좀 바꿔서 국가와 시장이라는 관점에서 토지문제를 살펴보고 싶은데요. 일부 시장주의자들은 중국정부가 농지의 사유화를 허용해야만 농민들이 자신들의 재산권을 행사할 수 있게 될 뿐만 아니라, 농업생산성도 향상될 수 있다고 주장합니다. 이러한 견해에 대해서 원 선생님께서는 당연히 비판적이실 것으로 보입니다만… 사실 토지문제는 현재 중국 사회·경제정책의 핵심 쟁점일 뿐 아니라 심각한 사회갈등의 요인이기도 하지 않습니까? 최근 우칸사태*에서도 토지의 강제수용을 둘러싼 갈등이 얼마나 심각한지 잘 드러나지 않았습니까.

원 테쥔 우선 이렇게 묻고 싶군요. 농지 사유화와 시장화를 통해서 소농경제가 대규모 농업경영으로 성공적으로 전환된 경우가 동서양의 역사를 통틀어 과연 얼마나 있을까요. 유럽의 경우를 봅시다. 과거 식민지 종주국들은 산업화·도시화 과정을 거치면서 자국의 잉여노동력과 빈곤층을 대규모로 이주시켜 식민지 자원을 수탈했고, 이렇게 해서 자국 내부의 인구·토지·자원 사이의 모순과 압력을 완화했습니다.

또 유럽 식민주의자들이 세운 미국이나 오스트레일리아 등의 식민지 국가의 경우를 보세요. 대대적인 토착민 학살을 통해 발생한 '잉여토지'를 식민지정부 소유로 편입시키는 방식으로 광활한 토지와 천연자원을 독점했습니다. 식민주의자들은 이렇게 수백년 동안 공업화에 필요한 비용을 외부에서 충당하고, 자원을 외부에서 내부로 흡수한 것이죠. 그래서 유럽 국가들은 중국이나 제3세계 국가들처럼 '삼농문제'를 겪지 않았던 겁니다.

다시 얘기하지만, 대규모 농장경영 실현과 이를 통한 수익창출을 위한 조건을 갖춘 나라는 겨우 열 손가락으로 꼽을 정도입니다. 게다가 그런 나라의 대부분이 식민화과정에서 토착민을 대규모로 학살하며 새로운 토지를 확보했다는 것이 엄연한 역사적 사실이고요. 이러한 몇몇 나라를 빼고는 대부분의 유럽 국가도 소농 위주로 농업이 유지되고 있고, 규모의 경제를 누리는 곳은 교과서에나 존재할 뿐입니다.

대담자 세계무역기구(WTO)에서는 국제무역체제 내에서 농업 문제가 마치 국가 간의 평등한 계약관계로 처리될 수 있는 것처럼 논의됩니다. 하지만 선생님께서 방금 말씀하신 역사적 맥락을 생각하면 전혀 동등한 조건 아래서의 경쟁과 교역이라고 할 수 없겠군요.

원 톄쥔 중국의 농지 사유화 문제로 돌아가 얘기해보죠. 전 단연코 농지 사유화에 반대하는 입장입니다. 그건 중국의 신농촌 건설에 역행하는 길입니다. 중국농민들은 농촌을 떠나 도시에서 농민공으로 일하더라도 자신들의 농토에 대한 권리는 그대로 유지할 수 있습니다. 그렇기 때문에 중국농민이 도시로 나가 공업부분에서 일자리를 찾는 동안에도 고향의 토지에서 산출되는 곡물에 의지해 자신과 가족의 생계를 유지할 수 있는 겁니다. 물론 땅에서 난 곡물 혹은 도시노동자로 번 임금, 둘 중 하나만으로도 충분히 생활할 수 있다면 더할 나위 없이 좋겠죠. 하지만 그중 하나만 선택할 수 있고 그 한가지, 임금 혹은 곡물 산출 하나만으로는 생계를 유지하기 어려운 사람들과 비교하면, 중국농민들의 형편이 더 낫다고 볼 수 있겠죠. 이 때문에 중국에서 급격한 도시화와 공업화가 진행되었음에도 지금까지 도시의 대규모 슬럼화가 발생하지 않았던 겁니다.

최대 쁘띠부르주아 국가에서 최대 프롤레타리아 국가로

대담자   하지만 이미 많은 농민들이 도시로 몰려나왔고 농민의 토지에 대한 권리가 약화되고 있는 게 아닌가요?

원 톄쥔   농지의 사유화와 자유로운 매매가 허용되면, 그 순간 소농들은 지방권력과 결탁한 자본에 의해 대규모로 토지를 빼앗길 위험에 빠지게 됩니다. 그렇게 되면 소농들은 농촌의 생활기반을 잃게될 것이고, 그런 농민들은 안정적으로 도시에 정착하기도 힘들어질게 분명합니다. 그 결과 도시의 슬럼화가 급격히 진행되고 갈등이 폭발하겠죠.

지적하신 대로 이건 단지 미래의 일이 아니고 이미 어느정도 진행되고 있어요. 2003년에 농촌공유토지위탁생산법〔農村土地承包法〕이 시행된 이후에 농촌 주민들의 집단소유였던 촌락의 토지소유권이 사실상 박탈되었고, 또 여러 지방에서 농민들이 인구변동 상황에 따라 토지를 새로 분배받을 권리를 잃었습니다. 그 결과 1990년대 이후 출생한 신세대 농민공들은 고향에 돌아가도 받을 토지가 없는 유동인구로 전락하고 있는 게 사실이죠.

이런 새로운 추세로 인해 사회적인 긴장이 더 높아질 수 있지요. 농촌공동체는 오랜 역사 동안 시장경제의 심각한 외부적 문제를 내부화함으로써 변화의 충격을 완화해왔습니다. 그런데 토지권의 박탈로 인해 중국은 빠른 속도로 세계 최대의 쁘띠부르주아 국가에서 세계 최대의 프롤레타리아 국가로 바뀌고 있습니다.

사실 이와 같은 농촌 토지제도의 변화는 이전 제도로부터 반걸음 정도만 변한 것일 수도 있지만 이로 인해 자본과 노동의 대립이 중국 사회 내의 중심적인 대립으로 변하고 있는 겁니다.

대담자   최근 중국 내에서 급증하는 노동자들의 파업은 이미 자본과 노동의 대립을 잘 보여주고 있다고 보이는데요.

원 톄쥔   그런 점에서 2010년 광둥성 혼다자동차공장에서 발생한 신세대 노동자들의 파업(혼다파업*)은 기념비적인 사건이라 할 수 있겠지요. 과거 100년 동안 서구에 그 기원을 둔 계급정치이론이 중국에서 고전적인 형태로 뿌리를 내리지 못했는데, 그건 중국에 진정한 노동자계급이 대규모로 존재하지 않았기 때문이지요. 1930년대 소비에뜨 노선을 추종했던 왕 밍*의 시도를 비롯해 서구의 이론을 중국에 억지로 옮겨 적용하려던 시도는 다 실패했어요. 이런 점에서 혼다파업은 중국의 노동자계급이 역사의 무대의 중심에 오르고, 19세기 서양의 계급정치 이론이 중국에서 뿌리를 내릴 수 있는 토양을 발견한 것을 의미합니다.

2010년 5월 광둥성 난하이의 혼다자동차공장에서 20대 초반 신세대 노동자들 주도로 파업이 발생했다. 파업을 주도한 노동자들이 보여준 계급의식, 참여 노동자들의 단결력, 중국판 트위터인 웨이보와 인터넷을 이용한 호소방식, 그리고 이 파업이 불러온 사회적 파장 면에서 혼다파업은 중국 현대 노동운동사의 전환점으로 기록되었다. 1990년대 국유기업 개혁에서 일자리를 잃은 전통적인 노동자들의 저항이나, 농촌에서 공장지대로 대규모로 몰려왔던 농민공들이 온갖 억울한 일을 당하고 임금을 떼이고 나서야 저항했던 것과 달리 이들 신세대 노동자들은 임금인상과 근로조건 개선을 내걸고 미래를 위해 투쟁했다. 혼다 파업에 영향을 받아 여러 곳에서 연쇄적으로 파업이 발생했다. 중국정부가 새로운 노동자의 열망을 어떻게 흡수해낼 것인가는 중국사회의 미래를 예측하는 데 매우 중요한 관전 포인트다.

원 톄쥔   하지만 이러한 변화, 말하자면 자본화·도시화·프롤레타리아화라는 변화는 위기가 심화되었음을 보여줍니다. 자본의 증식은 위험(risk)의 증대를 의미해요. 자본이 도시로 집중하고 농촌공동체가 해체되면, 위험도 도시로 집중되고 그 위험이 위기로 이어질 가능성이 높아지지요. 만약 한 나라의 씨스템이 농업사회를 용인하지 못하고 그 자리를 인정하지 않으면, 농민과 농업과 농촌은 위험을 대신 부담하는 것을 거부해버립니다. 예를 들어 식민통치를 받은 많은 나라들이 식민주의 경제구조 위에 도시화를 진행하면서 농업의 자급자족적인 기반을 파괴했을 때, 누적된 위험이 폭발할 가능성이 높아집니다. 북아프리카나 멕시코의 치아빠스반군 운동 같은 것이 바로 그러한 과정에서 등장하지 않았습니까?

이런 점에서 일본이나 한국 그리고 대만은 농업 현대화와 도시화를 비교적 조화롭게 이룬 사례라고 할 수 있겠지요. 물론 냉전시기에 미국의 도움을 받았다는 점도 무시할 수는 없지만요, 어쨌든 이 세 나라는 사유화·시장화 원칙을 그대로 받아들이지 않고, 소농경제에 기반을 둔 통합적인 농촌공동체 모델을 견지해왔다고 봅니다. 농촌의 안정을 도모하는 정책을 통해 외부 자본이 농업부문 영역에 개입하는 것을 막아 영세소농의 생존을 가능하게 했던 거죠.

자유무역주의의 미망을 못 버리는 한국의 지식인들에게

대담자 선생님께서 방금 이야기한 견해에 동의하지 않을 한국사람들이 많을 듯싶은데요. 요즘 한국 농촌은 고령화되면서 해체되어가고 있고, 정부가 계속 추진하는 각종 자유무역협정 앞에서 풍전등화의 위기에 처해 있다고 보는 사람들이 많기 때문이지요.

원 톄쥔 솔직히 저도 좀 걱정됩니다. 무례를 무릅쓰고 좀더 과감하게 얘기해보겠습니다. 자유주의정책과 자유무역씨스템을 지나치게 신봉하는 한국의 지식인들과 정책결정자들에게 경고합니다. 한국경제는 규모가 크지도 않고, 인구도 너무 적고, 시장도 너무 작다는걸 깨달아야 합니다. 사실 중국 자본의 입장만 고려한다면 한국이 산업자본을 모두 중국으로 옮겨 한국경제가 공동화되는 것도 나쁜 일은 아닐지 모릅니다. 하지만 이것이 한국에게 무엇을 의미하는지 생각해볼 필요가 있습니다. 이렇게 되면 스스로 식민화를 자초하지 말란 법도 없지요. 이상하게 들릴지 모르지만 장쩌민주의나 덩샤오핑주의보다는 자립경제를 추진했던 마오쩌둥시대를 거울로 삼아야 하지 않을까요.

제가 삼농문제를 거론할 때 주된 관심은 물론 중국의 삼농문제지만, 제 관심은 아시아로도 펼쳐져 있습니다. 우리 동아시아 국가들은 모두 농업에 의존해 자본의 원시적 축적을 했고, 그래서 오늘날의 번영을 이루었다는 점을 잊어서는 안 됩니다. 일본이든 한국이든 베트

남이든 심지어 북한도 다 마찬가지예요.

아시아의 젊은이들이 머리를 노랗게 물들이고 다니는 것엔 반대하지 않지만, 적어도 중년 이상의 아시아인이 우리의 뿌리를 잊는다면 진정한 아시아인이 아니라고 단언합니다. 우리는 지금 삼농에서 뽑아낸 '잉여의 과실'을 누리고 있으면서도 그런 사실 자체를 잊고 사는 것은 아닐까요? 그렇다면 부끄러움을 모르는 것이지요. 중국 옛말에 "부끄러움을 알아야 용감해질 수 있다(知恥而后勇)"라는 표현이 있습니다. 우리가 삼농 덕택에 오늘의 번영을 누리고 있음을 부끄럽게 여기고, 스스로의 경험에 입각한 이론체계를 만드는 데 용감해져야 합니다.

다시 강조하지만, 우리의 경험을 너무 무시하고 남의 것, 즉 서양 것만을 따라가려 해서는 안 됩니다. 중국 고사성어에 "한단 사람들 걸음걸이 배우기(邯鄲之步)"라는 말이 있습니다. 한단은 옛 조(趙)나라의 수도였는데, 그곳 사람들의 걸음걸이가 아주 우아하다는 얘기가 널리 알려져 있었죠. 그래서 다른 나라 사람들도 한단에 와서 그 사람들의 걸음걸이를 배우려고 애썼지만, 결국은 몸이 배배 꼬이는 우스꽝스러운 모습이 되어 모두 포기하고 돌아갔다는 이야기거든요. 말하자면 우리 아시아인들이 서양인의 걸음을 배우려는 우스운 일을 안 했으면 좋겠다는 거지요. 게다가 서구 자본주의가 위기를 맞고 있는 지금, 그 걸음걸이를 따라하겠다면 더더욱 꼴사납지 않을까요?

다른 한편 여전히 우리는 농민들로부터 많은 것을 빼앗아가면서 농업의 효율이 낮다는 등 논평하고 있잖아요. 농민들 덕분에 산업화가 달성되었고 그들의 공헌 덕분에 오늘의 우리가 있을 수 있었음에도 말이지요. 량 수밍 같은 '아낙네의 어진 마음'을 가져야 사람의 도리를 지키는 겁니다.

대담자 선생님의 글을 많이 읽었는데 막상 이렇게 만나뵈니, 생각했던 것보다 더 직설적이고 비판적이시군요. 그런데 이렇게 비판적인 분이 어떻게 중앙정부의 정책에 깊숙이 관여하게 됐는지 궁금합니다.

원 톄쥔 1980년대에 저는 중국공산당 중앙서기처 농촌정책연구실에서 일하고 있었습니다. 농민문제, 농업정책, 농업생산, 농업은행, 수자원 관리, 전력 등 농촌과 관련된 제반 업무를 몇개의 부서가 각각 담당했는데, 당시 중앙서기처는 각 부서의 업무를 조율했습니다.

그런데 톈안먼사건* 이후에, 그 연구실이 폐지돼버렸어요. 그 사태에 연관되었다는 비난을 받고 말입니다. 그후 농업·농촌·농민 문제를 종합적으로 다루는 당 중앙서기처의 기능은 약화되었고, 그래서 각각 다른 정책들 사이에 조율이 되지 않는 상황이 벌어진 겁니다. 이런 일은 농업부만으로는 안 되는 일이거든요. 그 결과 농업정책 집행력이 1990년대 들어 현저하게 약화돼버렸지요. 사실 1980년대에 우리 부서는 중앙 각 부처 사이에서 '농민당'이라고 불릴 만큼 강력한 영향력을 갖고 있었습니다만, 아쉽게도 그 부서가 사라져버린 거지요.

그후 저는 거시경제문제를 분석하기 시작했습니다. 거시경제의 주기변동, 재정금융, 대외무역, 세수 등을 연구했습니다. 그리고 이런 연구를 바탕으로 농업문제의 거시적인 성격을 강조하게 시작했고, 이를 바탕으로 박사학위를 받아 학교에 자리를 잡았던 거죠.

그러고 나서 1996년에 농업문제는 농업만의 문제가 아닌 삼농문제라는 관점을 제기하기 시작했지요. 마침 맡고 있던『중국개혁』이라는 잡지에서 공산당과 정부 지도자들에게만 회람되는 자료를 펴내기 시작했는데, 그 회람자료에 실린 제 글이 상하이 시장을 역임하고 당시에는 중국-대만 양안협회 회장을 맡고 있던 왕 다오한 선생의 주목을 받게 되었어요. 이 노선배가 2001년에 저를 장 쩌민 국가주석에게 소개했고, 장 주석은 삼농문제에 관한 회의를 직접 주관하게까지 됩니다. 장 쩌민은 제 강연을 들은 뒤 심각한 표정으로, 우리가 제기한 삼농문제를 정치국에서 토론하게 될 것이라고 말하더군요. 이렇게 해서 삼농문제에 대한 정책조정이 2001년부터 시작된 겁니다.

중국 농업정책의 전환과 미래의 희망

대담자 선생님께서는 농업정책에 관여했을 뿐만 아니라, 직접 신향촌건설운동에 뛰어들어 다양한 현장 실험과 운동을 해온 것으로 알고 있습니다. 선생님이 주도하는 신향촌건설운동과 정부가 공식적으로 추진하는 사회주의 신농촌건설 캠페인과는 어떤 관련이 있는지요?

원 테쥔 2001년 장 쩌민 주석 지시로 시작된 정책조정이 하나의 계기가 된 건 사실입니다. 그때부터 신향촌건설 실험을 본격적으로 시작했습니다. 청년학생을 조직해 농촌으로 가서 협동조합 실험과 농민교육 활동을 전개했어요. 하지만 중요한 돌파구는 2004년에 만들어졌습니다. 당지도부가 농업세를 면제하기로 한 뒤, 2005년 다시 삼농문제 해결의 의지를 명료하게 천명합니다.

2003년과 2004년 사이 중국경제가 고속으로 성장하는 가운데, 각 급 지방정부가 농민의 토지를 대규모로 점유하면서 수많은 항의시위와 충돌이 발생했습니다. 이런 상황에서 원 자바오 총리는 농촌혁신에 관심을 갖고 2005년 7월에 국무위원들이 모두 참가한 좌담회를 열었습니다. 바로 거기서 제가 삼농문제에 관해 보고를 했고, 원 자바오 총리도 삼농문제를 본격적으로 인식하게 되었던 거지요. 당시 원 총리는 신향촌건설운동에 큰 관심을 보이면서 그것을 신농촌건설운동으로 부르자고 제안했어요. 그래서 2005년부터 신농촌건설운동이라고 부르기 시작한 겁니다.

결정적이었던 건 2006년, 제11차 5개년계획이 시작되면서 농촌기반시설 건설에 대한 대규모 투자가 이루어진 것입니다. 특히 2008년에 시작된 경제위기 극복정책과도 맞물리면서 2006년에서 2010년까지 4조 위안 이상이 투자되었고, 2012년까지 합치면 2006년 이후 총 투자액은 5조 8000억 위안에 이르렀지요. 거의 1조 달러에 가까운 투자가 이루어진 거죠. 그 결과 중국 농촌의 95퍼센트 이상 지역에서 이른바 5통(五通), 즉 수도·전기·도로·전화·인터넷이 개통되었습니다. 말하자면 농촌 인프라의 전면적인 개선이었는데, 내수를 크게 촉진시켜 중국 경제구조 전환에 커다란 동력으로 작용했습니다. 동시에 이러한 투자와 사회정책개혁으로 98퍼센트 이상의 농촌지역에 의료보험과 양로보험 등이 적용되었다는 점도 아주 중요합니다.

대담자 방금 말씀하신 '5통'은 말할 것도 없고, 의료보험과 양로

보험 적용대상이 그토록 신속하게 확장된 건 정말로 중요한 진전이지요. 개발도상국 중에 농촌 인구의 90퍼센트 이상이 그런 혜택을 받고 있는 나라가 얼마나 되겠습니까? 그런데 13억의 인구를 안고 있는 중국이 그런 일을 해냈다는 것은 정말 대단한 일입니다. 하지만 향촌건설운동의 주체가 정부인지 농민인지 지식인인지 불분명하게 들리는데요?

원 테쥔 솔직히 향촌건설운동에서 농민 주체 원칙이 실현되기는 당분간 매우 어려울 겁니다. 정부는 오랫동안 농민이 조직화하는 것을 달갑지 않게 여기고 막아왔어요. 우리는 지금 농민이 스스로 조직화하는 것을 돕고, 정부투자의 혜택이 소수에 의해 독점되는 상황을 방지하려 노력하고 있습니다. 하지만 지방정부들은 우리의 이러한 노력을 잘 이해하지 못해요. 협동조합법이 마련되기는 했지만 협동조합 역시 엘리뜨 위주로 조직되어 있고요. 기득권을 가진 각종 이익단체들은 농민이 조직화되어 협상력을 갖게 되는 것을 싫어하니까요. 농민이 협동조합을 원하는지 원하지 않는지를 물을 수도 있겠지만 그것은 농협의 역사를 잘 모르고 하는 소리일 겁니다. 협동조합 조직이 반드시 밑에서부터 농민에 의해서 만들어진 것이 아님은 많은 나라의 협동조합 역사가 보여주거든요. 한국이든 일본이든 말이에요.

대담자 선생님께서는 다양한 NGO 활동을 통해 삼농문제를 해결하기 위한 사회적 역량을 키우고 젊은 인재들을 육성하고 있는 것으로도 알고 있습니다. 한국 독자들에게 잠깐 소개해주실 수 있는지요?

원 톄쥔   제 활동은 량수밍향촌건설센터를 중심으로 이루어지고 있습니다. 애석하게도 작년에 요절한 류 라오스˚가 2004년 량수밍향촌건설센터를 건설하고 운영하는 데 아주 중요한 역할을 했지요. 우리는 이 센터에서 젊은 자원봉사자들을 훈련시켜 농촌으로 보내왔습니다.

저는 젊은 학생들에게 이렇게 말합니다. "현재의 교육은 교육이 아니다. 왜냐하면 교육이 사람이 되는 것을 돕지 못하기 때문이다. 대학은 청년들이 향토사회로 돌아갈 수 있게끔 가르쳐야 한다. 지금 중국은 도시화, 공업화 그리고 자본화가 빠르게 진행되고 있다. 그리고 이 자본은 모든 사람을 인적 자본으로 변화시키면서 자본의 노예로 만들고 있다. 하지만 나의 목적은 우리의 청년들이 향토의 문화, 향토의 사회 그리고 역사로 돌아가서 인간의 정상적인 상태로 돌아가게 하는 것이다." 우리는 이런 생각으로 량수밍향촌건설센터에서 대학생들을 조직하고 훈련해왔어요.

그럴 때면 학생들은 종종 제게 이렇게 묻지요. "선생님, 우리가 농촌에 가면 어떻게 농민을 도울 수 있을까요." 그러면 저는 이렇게 말하곤 합니다. "먼저 너 자신을 도와라. 너의 그 알량한 지식이 농민을 도울 수 있다고 생각하지 마라. 너의 머릿속에 들어 있는 것은 쓰레기에 불과하다. 농촌에 가서 농민들과 함께 지낼 때 너는 비로소 정상인으로 돌아갈 수 있다."

우리는 현재까지 약 200여 개 대학에 조직된 자원봉사단체를 통해 10만 명이 넘는 대학생들을 조직해서 20여 개 성의 농촌으로 보냈습니다. 그래서 저는 중국에서 가장 많은 학생을 가진 선생이라고 자랑스럽게 말합니다. 많은 청년들이 우리의 뜻에 공감해서 1년 이상씩 농촌에서 일을 하고, 어떤 이들은 아예 향촌건설의 길로 들어섰습니다. 이러한 변화가 우리의 희망이지요.

'경계'에서 중국을 그리다

◆

　2011년 말, 중국 광둥성 남쪽의 작은 마을 우칸(烏坎)의 힘없는 농민들은 부패한 관리들이 몰래 팔아버린 마을 토지를 되찾으려고 시위를 벌였다. 농민들은 민주선거를 통해 대표들을 뽑았고 그중 한명이 끌려가 죽임을 당하자 당과 정부, 공안조직을 내쫓고 마을을 해방구로 만들었다. 무장경찰이 마을을 포위하고 위협했지만 이들은 굴복하지 않고 정부를 협상테이블에 끌어내는 데 성공했다. 침묵하지 않고 분연히 일어선 농민들의 모습에 중국과 세계가 놀랐다. 사태가 진행되는 동안 영화감독 장 률은 매일 우칸의 소식을 듣고 나서야 잠이 든다고 했다. 또 언젠가는 우칸에 들어가 그들의 삶을 카메라에 담고 싶다고 했다.

　장 률은 중국 국적의 조선족으로, 북한과의 접경지역인 옌벤 조선족 자치주 옌지에서 태어났다. 두만강을 사이에 두고 이쪽과 저쪽을 넘나

드는 삶이 자연스러운 풍경이었을 그의 고향마을도 문혁을 피해가지는 못했다. 그가 다섯살 때 아버지가 '조선특무(간첩)'로 몰려 감옥에 갇히자 어머니는 그와 누이들을 데리고 깊은 산속 마을로 이주했다. 한족들만 모인 산골에서 그의 가족은 유일한 이방인으로 살아야 했다.

문혁이 끝나고 고향으로 돌아온 장 률은 책 속에 파묻힌다. 개방의 훈풍이 불기 시작하던 1980년대 초, 그는 책을 읽기 위해 시립도서관에서 막일을 하며 카프카, 헤밍웨이, 발자끄로 '정신적 경계'를 넓혀간다. 이후 옌볜대학에서 중문학을 공부해 교수가 됐고, 소설을 썼다.

펜으로 세상을 그리던 그의 인생은 1989년 여름과 함께 길고 어두운 터널 속으로 들어간다. 그저 구경꾼으로 매일 톈안먼광장에 갔다고 했지만, 그는 6월 3일 밤부터 다음날 새벽 인민해방군이 광장으로 진입하던 마지막 순간까지도 그곳에 있었다. 이후 10년 동안 그는 자신의 세계에 칩거했다. 이 시기에 대해서는 다만 10년의 '백수'생활이라고 말할 뿐이다. 그 기억에 대해서는 여전히 굳게 입을 닫고 있다.

2000년 장 률은 첫 단편영화 「열한살」을 들고 세상 밖으로 다시 나왔다. 하지만 당국의 검열에 응하지 않은 탓에 그의 영화는 중국에서 단 한 편도 개봉되지 못했다. 첫 장편 「당시」(2003)부터 「망종」(2006) 「경계」(2007) 「이리」(2008) 「중경」(2008) 「두만강」(2011) 「풍경」(2013)으로 이어진 영화들은 한국 등의 국제적 투자로 제작되었고 로카르노, 베를린, 칸, 부산 등 다수의 국제영화제에서 호평과 상을 받았지만, 정작 중국에서는 불법 DVD와 인터넷에 떠도는 동영상으로만 은밀히 관객을 만날 수밖에 없다.

장 률의 카메라는 많은 혁명과 운동, 역사적 사건들이 휩쓸고 지나간 중국현대사에서 그 흐름들에 휩쓸려 다치고 사라져가는 힘없는 사람들과 사라져가는 작은 풍경들을 응시한다. '경계'라는 그의 영화 제목처럼, 중국인 지식인이자 조선족, 예술가로서 그는 거대한 깃발이나 주의에 휩쓸리지 않고 경계에 선 채, 분투하며 살아가는 인생들을 느끼고 그려낸다.

중국이 어디에 있고, 무엇을 고민하고, 어디로 가고 있는지를 알고 싶었던 우리가 장 률에게 말을 건 이유다.

시지에(細節)—작은 기억과 바람

대담자 감독님의 영화에는 중국의 시장화 그리고 사회주의라는 이름의 '시장경제' 아래서 돈과 권력으로부터 이중의 횡포를 고스란히 받고 있는 밑바닥 삶들이 그려지는데요. 이들의 삶을 보고 있으면 가슴이 너무 먹먹해져 감독님이 지독하게 비관적이지 않나 하는 생각마저 듭니다.

장 률 저는 왜 이 세상은 점점 더 엉망으로 가는가라고 묻는 것이지, 이 세상이 엉망으로 나아가는 게 맞다고 말하는 것은 아닙니다. 그걸 보면 아주 낙관주의적이지 않습니까.

절망하는 사람은 입을 딱 닫아버립니다. 희망을 어떤 측면에서 보는가? 희망을 추구하는 희망도 있겠지만, 엉망을 계속 지적하면 거기서 희망이 나올 수도 있지 않습니까. 제가 희망을 줄 수는 없다고 생각합니다. 에둘러서 희망을 얘기할 뿐이지요. 쉽게 무엇을 해주겠다는 사람을 만나보면 실제로는 아니지 않습니까. 경각심을 갖고 저의 느낌, 저의 생각만 그려야 한다는 생각입니다.

대담자 「망종」「당시」등 중국사회를 다룬 영화에 비해 몽골을 배경으로 탈북자의 이야기를 그린 「경계」는 훨씬 편안하게 다가옵니다. 중국사회는 매우 무겁고 힘겹게 묘사하시면서, 몽골에서는 사람들을 자유롭게 풀어놓고 보여주신 이유가 있습니까?

장 률 몽골에 가면 사람과 시간이 같이 있는 것 같습니다. 거기에서는 시간을 만질 수 있고 시간의 무게를 느낄 수도 있습니다. 몽골에서는 '10년이면 강산이 변한다'라는 말이 맞지 않습니다. 그곳의 시간은 자연의 시간이기 때문이죠. 그에 반해 우리는 지금 시간을 조작하고 있습니다. 중국사회는 변해야 한다고들 말하고, 특히 젊은 층은 '급변하면 좋겠다'라고 하죠. 하지만 반드시 그 안의 모든 것을 따져보면서 천천히 가야 합니다.

시간 안에는 '시지에'(細節, 시지에는 세부 즉, 구체적이고 세세한 부분을 뜻한다. 이 인터뷰에서 시지에는 문맥에 따라 개인의 구체적 경험과 느낌, 기억을 의미하며, 특히 '시간의 시지에'가 이런 맥락에서 이해될 수 있다. 더 나아가 장 뤼이 정치와 사회 문제를 언급할 때의 시지에는 지배적인 시대흐름과 집단의 힘에 의해 무시되고 억압받는 인간 삶의 구체적 양상을 뜻하기도 한다—대담자)가 살아 있고 감정도 있습니다. 조류(潮流)는 그렇지 않습니다. 조류는 시지에를 모두 없애버리고 덮어버리면서 순식간에 가버립니다.

이번에 고향 옌지에 다녀왔습니다. 청춘을 보낸 그곳에서 영화를 찍고 싶은 생각은 항상 간절합니다. 그런데 막상 그곳에 가면 절대 여기서는 영화를 찍지 않겠다고 다짐하게 됩니다. 과거의 모든 것을 다 뜯어내버리고 근래 지은 건물밖에 없기 때문이죠. 제가 어릴 때는 일제시대 건물이 제일 많았지만 청나라 건물도 있었고, 1950~60년대에 지어진 러시아식 건물도 있었습니다. 그 공간은 제 기억 그리고 그곳 출신 사람들의 모든 기억과 관련돼 있습니다. 이전에는 어느 건물을 보면 '아, 내가 저기서 연애도 해봤다' 하는 식으로 그 공간에서 시간의 시지에가 느껴지고, 창작하고 싶은 마음도 들었는데…

변화는 좋은 것이지만, 사람들 마음의 흐름을 따라 진행되어야 합니다. 신중국이 건국된 뒤인 1953년, 마오 쩌둥은 베이징시의 도시계획을 만들려고 량 쓰청(梁思成)*과 함께 톈안먼 성루에 올라갔습니다. 그때 량 쓰청은 베이징에 남아 있던 성벽을 보호하자고 했습니다. 하지만 마오 쩌둥은 "10년 뒤 내가 여기 섰을 때 곳곳에 (공장)굴뚝이 숲을 이루고 있으면 좋겠다"고 했습니다. 그건 조류지요. 공업화로 모든 것을 확 밀어버리자는.

그때의 흐름에선 공업화가 나쁜 것은 아닙니다. 량 쓰청은 귀족의 입장에서 얘기했고, 마오는 서민의 입장을 대변했다고 말할 수도 있지요. 마오는 공업화를 통해 나라를 발전시키고 국민들을 잘살게 하자고 한 거죠. 그런데 그거 하나만 갖고 모든 것을 싹 쓸어버렸죠. 결국 지금은 다 그렇게 되었잖습니까(중국 공산혁명 이후로도 베이징 시내에는 명청시대의 성곽이 그대로 남아 있었으나 도시계획과정에서 마오 쩌둥의 뜻대로 성곽은 모두 철거되고 그 자리에 현재의 제2순환도로(二環路)가 건설됐다—대담자).

물론 톈안먼 앞까지 굴뚝의 숲으로 변하지는 않았습니다. 마오 쩌둥은 그때 량 쓰청과 함께 바라봤던 시선 앞에다 자기를 묻지 않았습니까(마오 쩌둥이 묻힌 마오주석기념당은 톈안먼 맞은편 톈안먼광장에 있다—대담자). 마오 쩌둥을 묻은 곳과 옛날 제왕이 살았던 자금성이 마주보고 있습니다. 조류를 따라가면 권력밖에 남지 않는 것이지요.

변화는 맞지만 천천히 가야죠. 그런데 천천히 가는 게 정권을 유지하자는 사람들의 주장을 따르자는 뜻은 절대로 아닙니다. 그 사람들이 말하는 안정이라는 게 뭡니까, 현상유지죠. 제 말은 변화의 세세한 부분을 계속 따지면서 가자는 겁니다. 안정을 유지하자는 사람과 급진적인 변화를 일으키자는 사람은 결국 똑같은 겁니다.

영화 「망종」은 중국사회를 보는 장률의 시선을 함축하고 있다. 「망종」은 거리에서 김치를 파는 서른두살 조선족 여자 최순희의 이야기다. 남편은 돈 때문에 살인을 저질러 감옥에 있고, 순희는 아들 창호와 함께 고향을 떠나 어느 도시의 기찻길 옆 허름한 집에서 살고 있다. 남자들은 아름다운 순희에게 호의를 베풀면서 그녀의 몸을 원한다. 순희는 같은 조선족인 김씨에게 잠시 마음을 열지만 불륜 현장을 들킨 김씨는 아내에게 "저 여자는 매춘부"라고 거짓말을 하고 순희는 공안에 잡혀간다. 순희에게 영업허가증을 만들어주는 호의를 베풀었던 공안 왕씨는 붙잡혀온 순희를 강간한다. 순희는 아들 창호와 함께 고향으로 돌아가려 하지만, 창호는 사고로 목숨을 잃는다. 다시 김치를 팔러 거리로 나간 순희에게 공안 왕씨와 약혼녀는 결혼식에 내놓을 김치를 주문한다. 쥐약을 넣고 버무린 김치를 피로연장에 배달한 뒤, 순희는 기차역을 가로질러 보리밭으로 발걸음을 옮긴다. 한동안 희미하게 멀어지던 순희의 발걸음은 어느 순간 관객을 향해 다시 돌아온다. 푸른 보리로 가득한 화면은 이제 곧 망종(亡種)이 다가옴을 일깨워준다.

대담자 「망종」을 보면 중국 북부 어느 도시의 변두리 길거리에서 김치를 파는 조선족 여자 최순희가 주인공으로 나옵니다. 하지만 여기서 최순희가 조선족이 아닌 한족이라도, 가령 가난한 안후이성에서 온 농민 출신의 노동자로 순희를 그린다고 해도 바로 이것이 중국사회의 가장 밑바닥에서 묵묵히 살아가는 사람들의 모습 아니겠습니까?

장 률 크게 보면 똑같다고 볼 수 있지만 그 안에서도 문화가 다르고 언어가 다르고 민족이 다릅니다. 그 구체적인 부분을 강조해야지, 다 같다고 할 수는 없습니다. 1980년대, 90년대까지는 중국 어느 곳을 가도 최순희 같은 아주머니들을 볼 수 있었어요. 조선족 아주머니들이 김치를 파는 모습이 제 눈에는 풍경이 됐습니다. '아, 고향 사람이 저기서 김치 팔고 있다, 저 사람이 내 민족이다' 하고 알아보게 됩니다. 그런데 몇년 지나지 않아 그런 분들이 다 없어졌습니다. 김치공장이 들어서면서 다 사라진 거죠. 김치 팔던 아주머니들은 지금 뭐하고 있는가? 그 아주머니들이 돈은 적게 벌더라도 계속 그 일을 할 수 있도록 돼야 하지 않습니까?

하지만 변화라는 것은 모든 것을 그렇게 다 없애버립니다. 변화해서 잘살게 됐다고 하는데 추억은 사라집니다. 정신이 점점 더 좁아집니다. 이건 조선족만의 문제, 중국만의 문제가 아니고 전세계의 문제입니다. 욕심이 어디까지 가야 하는가? 좌우에 그런 욕심은 다 있습니다.

대담자 조선족 여자 최순희와 아들 창호에게 유일하게 위안을 주는 사람들은 옆집에 사는, 쓰촨성 출신의 몸 파는 여자들뿐입니다. 감독님은 중국의 지식인으로서 사회의 그늘진 곳에서 살아가는 이들에게 늘 시선을 두는 이유가 있습니까?

장 률 저는 부자들과 교류해본 적이 없고 그들이 어떻게 사는지도 모릅니다. 하지만 김치 파는 아주머니들에게는 관심이 갑니다. 길을 걷다가도 그 아주머니들을 보면 눈길이 가고 마음이 갑니다. 왜 그 사람들이 거기 있는지도 궁금해집니다. 제 시간과 김치 파는 아주머니의 시간 사이에 동질성이 있는 것 같습니다. 영화를 찍을 때 그런 분들을 찍자고 미리 정한 적은 한번도 없습니다. 저절로 그렇게 되는 듯한 느낌이랄까요.

시골 사람들과 얘기하다보면 제가 지식인인 것은 다 잊게 됩니다. 우리가 못 보는 게 너무 많습니다. 시골 마을에 가면 노인들이 모이는 독서낭독조가 있습니다. 1949년 혁명 이후 노인들도 정치생활을 해야 한다고 해서, 정부가 『런민일보』 같은 것을 읽는 모임을 만들었는데, 지금은 술 한잔씩 싸갖고 와서 마시는 그런 자리가 됐습니다. 두만강가 마을의 그런 모임에 가서 노인들하고 얘기를 나누곤 합니다. 어떤 노인은 어릴 적에 두만강 저쪽에서 이쪽으로 넘어왔다고 합니다. 그런데 1949년 이후로 단 한번도 그 마을로부터 30킬로미터 밖으로 나간 적이 없답니다. 왜 그랬냐고 물었더니 "갈 일도 없고" 하더니 또 한마디를 해요. "저쪽에서 건너왔는데 너무 멀리 갔다가 못 돌아오게 되면 어쩌나."(웃음) 저에게는 지식인보다 그런 사람들의 감정이 훨씬 더 가깝게 느껴집니다.

대담자 두만강 얘기를 하시니, 최근 유엔이 탈북자의 난민 지위를 인정해야 하느냐를 둘러싼 논란이 생각나는군요. 두만강 주변이란 항상 사람들이 이쪽저쪽을 오가며 교류하면서 살아온 공간이고, 국경이란 나중에 인위적으로 만들어진 것이므로 강을 넘어왔다고 난민이라고 규정짓기 힘들다는 주장도 있습니다.

장 률 (중국 쪽) 두만강 마을 사람들 대부분이 함경북도 사람들입니다. 모두 한민족이고 잠시 저쪽 마을에서 이쪽 마을로 이사왔는데 이후에 국경이 그어진 것이죠. 그래서 저쪽 사람들이 배가 고파서 이쪽으로 넘어오면 쌀을 주곤 했습니다. 그런데 이제 난민이다 뭐다 언론에서 요란하게 떠들면서 문제가 더 복잡해지고 이상해지고 있습니다. 배가 고프면 누구나 두만강을 건너갈 수 있는 것 아닌가요.

이전에 대약진운동°, 즉 '3년 재난' 시기에 두만강의 중국 쪽에서 북한으로 10만여명이 건너갔습니다. 재미있는 것은 체제마다 각각 대응하는 방식이 달랐다는 것입니다. 요즘 조선족들이 한국에 일하러 가면 구박과 차별을 받는데, 당시에 조선족들이 못살아서 북한에 가니 김일성은 밥 먹여주고 직장까지 배정해줬습니다. 그때 북한으로 갔던 사람들이 지금은 후회한다고 하지만요.

뙤약볕 쏟아지던 마오 쩌둥 추모대회

대약진운동과 문혁, 그리고 그 시기를 지배했던 마오 쩌둥과 권력의 문제는 장 률의 인생에도 가시처럼 깊숙이 박혀 있다. 옌볜 지역은 중국 내에서도 문혁의 투쟁이 가장 격렬하게 벌어진 곳 가운데 하나였다. 장 률은 당시 홍위병들이 두만강을 넘어 북한으로 몰려가 '김일성은 수정주의자'라고 곳곳에 써놓고 이곳저곳을 부수고 다녔다는 이야기를 들으며 자랐다.

문혁이 시작돼 아버지가 '조선특무'로 몰려 감옥에 갇히고 가족들이 돈화의 산골에서 생활하던 시절, 외할머니는 그에게 매일 이야기를 들려주었다. 한국에서 태어나 장 률의 어머니를 데리고 1930년대에 옌볜으로 온 외할머니는 『논어』를 읽던 유식한 분이었다고 그는 회상한다.

황폐한 문혁의 공간 속에서도 외할머니는 그에게 아름다운 기억을 남겨 주었다.

대담자 문혁이 시작된 당시 감독님은 다섯살이었는데 문혁은 어떤 기억으로 남아 있습니까?

장 륙 문혁 하면 아버지가 없어졌다, 가족에 변화가 온다, 시골에 간다 하는 기억이 떠오릅니다. 그런데 시골에 간 지 한달쯤 지나니 그곳이 또 너무 좋은 겁니다.(웃음) 문혁이 나한테 무엇을 남겼느냐 하면 역시 세세한 기억들입니다. 가장 깊게 남은 것은 문혁 전에는 밤낮 아빠와 엄마를 볼 수 있고 가족의 공동체가 있었는데 그것이 사라진 겁니다. 가족이라는 공동체도 하루아침에 없어지는구나… 우리 아버지뿐 아니라 당시 옌볜지역에선 조금만 꼬투리 잡혀도 무조건 조선특무로 몰렸습니다.

대담자 감독님의 어린 시절에 두만강을 사이에 두고 마오 쩌둥과 김일성이라는 두 정치적 인물이 수많은 사람들에게 영향을 끼쳤습니다. 1976년 마오가 죽었을 때 어떤 느낌을 받으셨나요?

장 륙 중학교 동창 중에 외국애처럼 생겨서 '알바니아'라고 불리던 여자애가 있었어요. 이번에 고향에 가서 동창들하고 술 한잔 하다가 "요즘 알바니아는 어떻게 지내는가?"라고 물은 적이 있어요. 친구놈들이 "왜 예쁜 애만 기억하느냐"고 놀렸습니다. 사실 그 애한테 무슨 마음이 있었던 게 아닙니다. 35년이 지났는데도 그 애를 기억하는 것은 마오 쩌둥 추모대회날에 있었던 일 때문입니다.

　마오 쩌둥이 사망하자 우리가 살던 지역의 인민광장에서도 추모대회가 열렸습니다. 주민들이 모두 모였고 우리도 줄을 섰는데 알바니아가 제 옆에 섰어요. 그런데 추모대회가 한창일 때 그 애가 쓰러졌습니다. 처음에는 얘가 마오의 죽음에 너무 충격을 받아서 쓰러졌나 했는데, 알고 보니 뙤약볕에 너무 오래 서 있다가 쓰러진 거예요. 그 장면이 계속 생각납니다. 그 따가운 햇볕 속에서 물도 못 마시게 하고 화장실에도 못 가게 한 거죠. 그 장면을 생각하면 그 시대가 피부로 다가와요. 그땐 다른 종교가 없었잖아요. 마오는 종교 같았죠. 마오가 사라졌다고 하니 어른들은 당황해 했고, 아이들은 이유도 잘 모르면서 땡볕에 서서 눈물을 흘려야 한다고 느낀 거죠.

　대담자　문혁이 끝난 지 30년이 넘었지만 중국은 아직도 문혁의 그늘에서 완전히 벗어나지 못한 듯합니다. 보시라이사건이 막 터져 나오기 시작했던 2012년 봄에 원 자바오 총리는 문혁의 재발가능성을 경고하기도 했고요. 감독님께서는 실제로 중국에서 다시 문혁 같은 일이 일어날 수 있다고 보십니까?

　장 률　원 총리의 발언은 큰 의미가 있습니다. 문혁이 끝난 뒤 중국 지도부에서 이런 말을 한 것은 그가 처음입니다. 11기3중전회(1978년 12월 18일 열린 중국공산당 11기3중전회는 문혁을 비판하고, 좌경노선에서 탈피해 사회주의 현대화로 나아간다는 개혁개방을 결정했다—대담자)에서 문혁에 대한 정치적 결정을 내렸지만, 모든 분야에서 반성이 뒤따른 건 아니었습니다. 반성을 회피한 것이지요. 작가 바 진(巴金)*은 문혁박물관을 만들자고 줄기차게 제안했지만, 결국 받아들여지지 않았습니다. 학교에서도 11기3중전회에서 문혁에 대해 정치적 결정을 내렸고 '10년 대동란'이라고 규정한 사실은 가르치지만, 정작 그때 무슨 일이 일어났는지는 가르치지 않습니다. 당시의 가해자가 공산당이었기 때문에, 자칫 잘못 반성하면 공산당에 해가 될 것이라고 본 거죠. 그런 이유로 지금 젊은이들은 문혁이 무엇인지 모릅니다.

문혁도 처음에는 관료주의와 부패 타도로 시작했는데 결국 엉뚱하게 나아갔습니다. 문혁을 겪었던 사람들은 보 시라이가 충칭에서 추진하는 일들을 보면서 다들 근심했을 겁니다. 그 시기를 기억하는 사람들은 '혁명가요 부르기(唱紅)' 같은 것을 보면서 '어, 저거 뭐야' 하면서 문혁의 기억을 떠올렸을 겁니다. 문혁 10년 동안, 독일 나치 정권 시기 못지않게 비참한 일들이 많았습니다. 당시 화장실에 갈 때 휴지가 없어 신문지를 썼는데, 마오 쩌둥의 얼굴이 인쇄돼 있는 것을 모르고 화장지로 썼다가 잡혀간 사람들도 있었고 심지어 총살당한 사람들도 있었습니다. 절대권력의 시대에는 사람을 함부로 죽일 수 있었습니다.

대담자 하지만 '다들 부패했는데 그래도 보 시라이는 가난한 사람들 편을 들지 않았느냐'라고 하면서 그를 지지하는 사람들도 많거든요. 천천히 조금씩 개혁되어가는 변화를 기다리기에는 상황이 너무 절박하다고 느끼는 것이 보시라이현상의 또다른 이면 아닙니까?

장 률 부패도, 관료주의도 문혁식으로 해결하려고 하면 더 엉망이 됩니다. 그런 역사를 모르는 젊은 사람들은 그 가치에 열광할 수 있습니다. 혁명의 유혹이죠. 정상적인 체제, 사회라면 관리들도 서로 다른 생각들을 얘기할 수 있습니다. 원 자바오도 문혁의 잘못을 얘기할 수 있고, 보 시라이도 자기 사상을 얘기할 수 있습니다. 그런데 보 시라이는 충칭에서 '운동식'으로 일을 했잖아요. 문혁도, 충칭의 '범죄와의 전쟁'도 그렇게 진행되면서 억울하게 당하는 사람들이 많았습니다.

　　대담자　'운동식'의 변화를 비판적으로 얘기하셨는데 한국 등 다른 나라에서는 운동식으로 민주화가 이뤄진 경우가 많습니다. 중국은 문혁이라는 악몽을 겪었기 때문에 그런 변화에 거부감이 큰 것인가요?

　　장 률　중국과 한국의 운동은 상황이 다릅니다. 문혁의 운동은 자연스럽게 나온 것이 아닙니다. 한국은 민중들과 재야세력들이 일어나 싸우고 한 것인데, 문혁은 아니지 않습니까. 권력을 잡은 마오 쩌둥이 운동의 형식을 빌려서 거꾸로 민중을 이용한 거죠.

격정은 하루아침에 사라진다

문혁이 끝난 뒤 1980년대에 장 률은 옌벤대학 중문과에 진학했다. 중국이 사회주의와 문혁의 붉은 깃발을 내리고 시장개혁의 깃발을 높이 들자, 중국인들이 또다시 천지개벽의 변화에 휩쓸려 들어가던 시절이었다. 시장과 사유재산이 허용되고 사람들은 '돈을 벌라'는 국가적 명제에 부랴부랴 적응해야 했다. 관리들은 권력을 이용해 큰 돈을 벌었고, 그렇지 못한 사람들은 거티후(個體戶, 개혁개방 이후 나타난 영세 자영업자)가 되어 적은 돈이라도 벌기 위해 세상의 바다로 뛰어들었다. 장 률의 영화에 등장하는 김치 파는 조선족 여성들도 거티후의 일부다. 대학에선 서구식 민주화와 개혁을 요구하는 목소리가 높아졌다. 1980년대의 그런 시대흐름은 결국 1989년 톈안먼의 시위*로, 그리고 인민해방군의 유혈진압으로 이어졌다.

　대담자　중국인 가운데는 문혁이 끝나고 개혁개방이 시작된 1980년대를 희망의 시대로 기억하는 분들이 많습니다. 감독님도 그때 옌벤대학 중문과에 진학하셨죠. 당시 중국사회의 분위기가 상당히 자유로웠지 않습니까?

　장 률　새 책이 쏟아져 나오기에 정신없이 책에 빠져들었습니다. 문혁 10년 동안은 마오 외에는 아무것도 없었습니다. 그런 불모지 같은 시절에 1975년 무렵 북한영화가 들어오자 중국 사람들은 너무 좋아했습니다. 「꽃파는 처녀」 같은 북한영화를 보면 혁명을 얘기하면서도 어떤 감정을 드러내주지요. 그걸 보면서 사람들이 대놓고 울었습니다. 문혁 10년은 문화적으로 사막지대나 다름 없었죠.
　1977년부터 조금씩 새로운 책들이 나오기 시작했습니다. 책 한권마다 신세계가 열리는 것 같았습니다. 헤밍웨이와 카프카, 써머싯 몸, 발자끄 등의 소설을 그때 처음으로 읽을 수 있었습니다. 어떤 책을 봐도 다 놀라왔습니다. 카프카를 보면서 나와 생각이 통하는 사람을 발견했지요. 그전에는 그런 책을 전혀 읽을 수 없었습니다.
　1980년대는 중국에서 가장 자유로운 시기였습니다. (1950년대 우파로 몰려 숙청된) 린 시링*, 구 준*, 린 자오의 책들이 그때 다 나왔습니다. 새 책이 나올 때마다 서점에 가서 줄을 섰습니다. 고등학교를 졸업한 뒤 곧바로 대학교에 진학하지 않고 3년 동안 노동자로 살았습니다. 책이 좋아서 시립도서관에서 임시직으로 책 나르고 청소하는 일을 했습니다. 책을 보니까 학교가 왜 필요한가 싶었습니다. 나중에 대학교에 가서도 수업에는 거의 들어가지 않았습니다.

대담자 학생들만이 아니라 당시엔 농민과 일반시민도 막 시작된 개혁개방에서 희망을 느끼지 않았을까요? 시장과 사유재산이 허용되면서 거티후들이 생겨날 수 있었으니까요. 그런데 오늘날에는 큰 돈을 가진 사람들만 큰 이익을 보는 시대가 됐으니, 그래서 더 1980년대를 희망의 시대로 그리워하는 것은 아닐까요?

장 룰 그런 점도 있지요. 하지만 1980년대에 시장화를 주장했던 사람들은 그 운동(톈안먼 민주화시위 진압과 이후의 정치적 숙청 ─ 대담자)에서 크게 다치고, 결국은 그 반대쪽에 서 있던 사람들이 시장화를 계속 밀고 나갔지요. 더욱 시장화로 나아간 것이지요. '권귀(權貴)자본주의'(정치권력과 부가 유착한 정실자본주의)로 향하지 않았습니까? 권귀를 빼면 자본주의 안에는 진정성이 있습니까?

대담자 그렇지요. 톈안먼사건 이후 시장개혁이 본격화되자 경제성장과 돈만이 중시되는 그런 세상이 한동안 지속되었지요. 그런데 만약 톈안먼의 비극이 없었다면 1980년대 중국에서 시도됐던 많은 개혁들이 실행될 수 있었을 거라고 보십니까?

장 률 개인적으로 말하면 그때와 현재 사이에 그렇게 큰 차이가 있다고는 생각하지 않습니다. 그때도 저는 고독했고 지금도 고독합니다.(웃음) 사회적으로는 그때가 개혁개방을 이제 막 시작한 시기였지만, 결국 그 1980년대에 만들어진 유산이 여기까지 왔지 않습니까. 지금 1980년대의 흔적이 없다? 있습니다. 단지 어느 것이 주류가 됐는가, 어느 것이 비주류가 되었는가의 차이가 있지요. 어느 시기를 미화할 때 저는 조금 의심이 갑니다. 제가 의심병이 많아서 그럴 수도 있겠지만요.(웃음)

하지만 그 시대를 돌이켜보면 감동을 느끼는 부분도 있습니다. 제게는 김치 파는 조선족 아주머니들이 그렇습니다. 춥든 덥든 간에 김치수레를 밀고 다니며 저 사람은 무슨 희망을 갖고 사는가, 생각했지요. 후에 약삭빠른 기업가들이 김치공장을 만들면서, 그런 아주머니들의 풍경들은 이제 다 사라졌습니다. 제가 말하고 싶은 것은 그런 작은 풍경과 기억입니다.

1980년대에는 '중국이 시장화로 가야 한다'는 게 지식인들의 공통된 목소리였지 않습니까? 좌우파를 나눠 얘기하지만 결국 모두 시장화로 나아가면서 그런 풍경들을 없애버리지 않았나요? 좌에 가서 그 책임을 물어야 합니까? 우에 가서 물어야 합니까? 좌는 권력, 우는 시장이죠. 좌파는 시장화를 반대하기는 했지만 권력으로 규제하려 했지요. 당시 김치 파는 아주머니들은 허가증을 발급받아야 했습니다. 「망종」에 나오는 최순희처럼 허가증이 없으면 김치수레째 모조리 압수당했습니다. 정부의 단속을 피해 숨어 팔던 가장 어려운 사람들이 시장화 속에서 결국은 사라지게 되었죠. 좌한테도 실컷 당하다가, 시장화에 밀려 사라진 거죠. 저도 사유화를 싫어하기 때문에 좌가 사유화를 반대하는 점은 좋아합니다. 자본주의 싫어요. 그렇다고 사회주의가 좋다? 어떤 사회주의를 애기하는 겁니까?

장 률과의 인터뷰는 집요한 숨바꼭질이었다. 중국을 좌우, 주의, 이념의 틀로 이해하려는 질문을 던질 때마다 그는 거기에 붙잡히지 않고 저만큼 달려나갔다. 거대한 역사의 조류에 휩쓸리지 않는 시지에 한없는 애정을 가진 그의 시선은 좌우, 주의, 이념의 틀로는 볼 수 없는 중국을 찾아내고 있었다. 그것은 깃발과 이념에 질린 중국의 어떤 초상화처럼 느껴졌다.

우리의 대화가 1989년 톈안먼에 이르자 장 률의 침묵은 길어지고 대답은 짧아졌다. 그의 얼굴이 어두워지는 것이 느껴졌다. 이야기가 1989년 6월 3일 탱크가 광장을 향해 진입하는 순간에 이르렀을 때, 그의 대답은 고집스럽게 뭔가를 피해갔다.

대담자 톈안먼에서 시위가 한창일 때 감독님도 거기에 있었다고 들었습니다. 어떤 계기로 가게 됐습니까?

장 률 그때는 스물일곱살의 청춘이었죠. 시위가 시작된 4월부터 6월까지 거의 매일 광장에 나갔습니다. 어느날 톈안먼을 지나는 버스를 타고 가는데 제 앞에 시골에서 온 사람이 마오 쩌둥 모자를 쓰고 중산복을 입고 까만 큰 가방을 들고 앉아 있었습니다. 그 사람은 톈안먼광장에서 내렸습니다. 버스 창밖 너머 광장에 사람들이 모여 있는 모습을 보고 저도 따라 내렸습니다. 사실 버스 안과 밖의 느낌

이 완전히 다릅니다. 버스 안은 밖을 바라보는 공간입니다. 그런데 버스에서 내리면 광장의 그 분위기에 확 점령됩니다. 앞서 걷던 그 사람의 발걸음이 광장에 들어서는 순간 확 달라졌습니다. 그 사람은 '인터내셔널가'를 부르면서 광장으로 걸어 들어갔지요. 버스 안에서는 가만히 있던 사람이 그토록 달라질 수 있다니 정말 놀라웠지요. 광장에 들어서면 내 힘이 아니라 다른 사람들 힘에 빨려들어가는 느낌이 들었습니다.

대담자 결국 그뒤로 감독님도 매일 톈안먼광장에 가게 됐는데, 그건 그때의 시위로 세상이 바뀔 것 같은 희망이 있어서 가신 게 아닌가요?

장 률 그때 (시위하는 이들도) 처음에는 세상을 바꾼다는 식으로 생각하지 않았습니다. 초기에는 단순했어요. 부정부패에 반대하는 것으로 시작했습니다. 그것이 나중에는 정치적으로 나아가게 됐지요. 시위에 참가한 사람들 중에는 연기하는 듯한 사람들도 많았습니다. 염세적인 저는 그저 관객이었죠.

대담자 그러다가 6월 3일 밤부터 그 다음날 새벽까지 무시디(톈안먼광장의 서쪽 지역, 당시의 유혈진압으로 가장 많은 희생자가 발생한 곳)에서 참혹한 광경을 보시게 됐지요.

장 룽 (오랜 침묵) 6월 4일 새벽, 그날도 해가 떴습니다. (침묵) 그 날을 어떻게 이야기할 수 있겠습니까. 그래서 이 세상에 시가 필요한 것 아니겠습니까. (오랜 침묵) 어떻게 보면 그때도 젊은 사람들은 격정적이었습니다. 정치개혁을 강렬하게 요구했지요. 하지만 격정은 하루아침에 사라집니다. 그뒤로는 격정을 그리 믿지 않게 됐습니다. 격정이란 비만 오면 확 꺼지게 됩니다. 하루아침에 사라지고 마는 것이지요.

대담자 그때 중국정부와 학생들이 서로 조금씩 물러섰더라면 상황이 달라졌을까라는 아쉬운 가정도 해보게 됩니다. 에즈라 보겔은 『덩샤오핑시대』에서 당시 돌이킬 수 없는 길로 가게 만든 결정적 계기가 미하일 고르바초프의 중국방문이었다고 지적합니다. 학생들이 타협을 거부하자 공산당은 톈안먼광장에서 고르바초프 환영식을 열지 못했고, 그것을 계기로 덩 샤오핑은 학생들에게 큰 배신감을 느끼고 유혈진압을 결정한 것이라고요. 그때 정부와 학생들이 조금씩 물러서서 서로의 체면을 봐주고 양보했더라면 중국의 미래를 위한 변화의 물꼬를 다시 틀 수 있었을 거라는 안타까운 가정을 해봅니다.

장 룡　중국이 1980년대에 어땠으면 지금은 더 잘나갔다, 그때 개혁하지 않았기에 지금 이렇게 됐다는 것은, 알 수 없는 일입니다. 그럼에도 1989년에 학생들이 조금 타협을 했더라면 좀더 부드럽게 될 수도 있지 않았을까, 가끔 그런 생각은 합니다. 하지만 당과 정부가 학생들에게 타협의 기회를 주지 않는 부분도 있지요. 안타깝지요. 그 상처는 다시는 돌이킬 수 없고, 비극은 이어지고 있습니다.

변화와 개혁은 상처를 적게 주면서 이뤄져야 하고, 변화가 온 다음에는 더 엉망이 되지 않도록 잘 추슬러야 합니다. 그래서 우칸을 보면 어떤 감정이 불러일으켜집니다. 농민들의 땅과 권리 문제 같은 구체적인 부분에 대해서는 나서야 합니다. 기본 권리에 대해서는 계속 행동해나가야 사회가 나아질 수 있습니다. 그런데 그걸 이용해 정권을 어쩌자 하면 무슨 판이 벌어질지 모릅니다. 저는 오히려 사람들이 기본 권리에 대해 조금씩 조금씩 따져나가고 바꿔나가는 변화에 믿음이 갑니다.

무산계급에게는 조국이 없다

장 룡은 1986년 등단한 소설가지만 1989년 소설 쓰기를 중단했다. 그후 10년 동안 부인의 월급으로 애 키우고 장 보면서 백수생활을 했다. 2001년 그는 첫 단편영화인 「열한살」을 들고 세상에 나왔다. 영화감독 친구의 부탁으로 시나리오를 써줬는데, 친구가 그것을 검열에 따라 고쳐버리자 말다툼을 한 것이 영화 인생을 시작하는 계기가 됐다. "영화는 아무나 찍는 게 아니고 전문성이 필요하다"라는 친구의 말을 반박하려고 작품을 만들기 시작했다. 그는 지금까지 9편의 영화를 감독했지만 한번도 중국 검열당국의 검열을 받지 않았다. 중국에서 그의 영화는 개봉 불가다. 감독증을 갖고 당국의 기준에 맞춰 영화를 찍어야 하는 중국영화계와 그는 거리를 두고 있다.

대담자 화제를 좀 돌려보지요. 동시대의 중국 6세대 감독들과는 유대감을 느끼십니까? 개혁개방 이후 중국 서민들의 상처와 고통을 묘사한다는 점에서, 리 양의 「망징(盲井)」, 왕 빙의 「티에시취(鐵西區)」, 지아 장커의 「스틸 라이프(三峽好人)」 같은 영화에선 감독님의 이야기와 비슷한 정서가 느껴지는데요.

장 률 외국 영화제에서 가끔 만나기는 하지만, 저는 중국 감독들과는 별로 교류하지 않습니다. 물론 방금 말씀하신 감독들은 저와 같은 세대니까 영화의 시대상은 비슷하겠지만, 제 영화와는 전혀 다릅니다. 배경의 냄새는 같지만, 그것도 세월이 지나봐야 판단할 수 있는 거죠.

대담자 중국 6세대 감독들과 감독님을 다르게 만드는 것은 한족과 조선족이라는 민족적 차이인가요, 개인의 차이인가요?

장 률 민족적 차이는 아니죠. 이전에 중국에서는 영화학교를 가야만 영화를 만들 수 있었습니다. 영화를 찍는 것도 국가가 지정한 촬영소에서만 가능하고 또 감독들은 국가에서 월급을 받는 식이었죠. 국가에서 운영하는 영화학교에 가야만 전문지식을 쌓고 외국 영화들도 볼 수 있었습니다. 그때는 외국영화나 보통 사람들은 볼 수 없는 영화들을 영화학교 내부 사람들만 볼 수 있었기 때문에 '내부영화'라고 했습니다. 그래서 저도 영화를 찍기 전에는 정부의 선전영화와 할리우드 영화밖에 못 봤습니다.

중국 영화감독들은 이렇게 자기들만의 울타리를 쌓았습니다. 중국이 더 심할 뿐 다른 나라도 마찬가지인데 영화는 특수인재들만 한다, 보통사람들은 못한다고 하지요. 천만에요. 누구나 할 수 있는데 그렇게 자기 위치를 높여서 얘기하는 거죠. 중국에서는 감독들이 월급도 받고 현장에 가면 보조금도 받고 다른 사람보다 우월한 대접을 받습니다. 중국 영화판에는 그런 냄새들이 계속 배어 있었습니다. 다들 선후배 관계로 연결돼 있습니다. 6세대 감독들도 영화학교를 나와 그 씨스템에서 성장했죠. 저는 그런 게 없었습니다.

요즘은 분위기가 바뀌었습니다. 불법 DVD가 중국에 영화 민주화를 일으킨 것 같습니다. 누구나 영화를 자유롭게 볼 수 있고, 이를 통해 세상이 이렇게 다 돌아가는구나, 감정은 이렇게 다를 수 있구나 느끼게 됐습니다. 중국영화에서 6세대 이후의 세대는 '불법 DVD 세대'라고 불러야 할 것 같습니다. 물론 불법 DVD 자체가 바람직한 현상은 아니지만, 그 안에는 복잡한 면이 있고 합리적인 부분도 있습니다. 시장경제에서는 내가 영화 찍었으니 나의 노동을 돈으로 계산해야 하고 내 허락 없이 불법 DVD가 나오면 판권을 침해받았다고들 하는데, 정신적 작품에 무슨 판권이 있습니까. 불법 DVD로 작가가 상처를 받을 수는 있지만, 그것도 민주화의 댓가일 수 있습니다.

대담자 국제영화제에서는 많은 상을 받으셨지만 중국 관객들에게 다가가지 못하는 데서 아이러니를 느끼지는 않습니까? 중국인들의 삶은 감독님 작품의 중요한 주제인데, 많은 중국 관객과 만나고 싶다는 생각은 안하시나요?

장 률 제가 파전을 만들었는데 파전을 못 팔게 한다면 제가 할 수 있는 일은 아무것도 없습니다. 저는 파전밖에 못 만드니까요. 이럴 때 감자전을 만드는 식으로 영리하게 타협하는 사람도 있습니다. 타협하며 살아야 하는데 저는 그걸 못하는 거죠. 정치인이나 큰 회사의 사장들은 타협하면서 길을 찾아나가는데, 그런 점에서 저는 구멍가게라고 할까요? 그런데 구멍가게에도 단골손님이 있습니다. 단골손님 중에 조선족뿐 아니라 소통을 갈구하는 중국인들도 있죠. 제 영화가 중국에서 개봉은 못해도 인터넷에서는 찾아볼 수 있지 않습니까. 불법 DVD도 나오고요. 한족 관객이 「두만강」이나 「망종」 같은 영화를 봤을 때, 그 속에 나오는 인물의 운명에 대한 반응은 조선족, 한국인 관객과 거의 같습니다. 그런데 조선족이나 한국인은 그 인물들이 처한 역사를 더 잘 아니까 더 많이 생각하고 그 안의 시지에를 풍부하게 더 많이 찾아낼 수 있죠.

대담자 중국에서 조선족으로 살아간다는 것에 대해서는 어떻게 느끼시나요?

장 률 제가 어떻게 생각하든 조선족으로서 이렇게 살 수밖에 없지 않습니까? 그런데 저도 한족이라면 조선족에 관심 없을 겁니다.

(13억 5000만명의 중국인 가운데) 조선족은 200만명입니다. 비주류의 삶은 어쩔 수 없는 겁니다. 중국만 그런 것도 아닙니다. 한국인들도 (조선족에 대해) 무슨 이슈가 생길 때나 '저렇게 좋은 사람이 있구나' 하거나 아니면 '다 나가라' 하고 반응합니다. 수원에서 조선족이 저지른 살인사건이 나니까 '다 나가라' 하는 여론이 퍼집니다. 그런데 한국 국적을 가진 이들 가운데도 그렇게 잔인하게 사람을 죽인 사람이 있지요. 그런데 저 사람이 비주류라면, 저 부류의 사람들을 다 없애버리고 우리는 더 편하게 살자고 합니다. 중국에서도 마찬가지입니다. 저도 주류에 서면, 반성하지 않으면 그들과 똑같아지는 것입니다.

대담자 민족이란 감독님에게 어떤 의미입니까?

장 률 민족과 조국에 대해 젊은 시절, 20대에 고민 많이 했습니다. 그때 마음에 확 다가온 말이 있습니다. "무산계급에게는 조국이 없다"라는 맑스의 말이죠. 또 '조국은 무엇인가? 할아버지가 묻힌 곳, 종달새가 노래하는 곳이 나의 조국이다'라는 말도 마음을 울렸습니다. 한국말을 할 때면 한국말의 감정이 느껴집니다. 저는 평소에 중국말로 하는데, 고향이나 한국 얘기는 한국말로 합니다. 그게 느낌상 더 가깝습니다. 중국말로 표현 못하는 감정이 있거든요. 김학철* 선생이 죽기 전에 우체국 상자를 사다가, 자신이 죽으면 유골을 여기에 넣어서 두만강에 띄워달라고 했답니다. 두만강가에 가면 많은 노인들이 죽은 뒤 유골을 두만강에 띄워달라고 합니다. 저도 딸에게 그렇게 말합니다.

대담자 감독님은 1995년에 처음으로 한국에 가셨고, 그때 할아버지의 나라는 갈라져 있었구나 하는 느낌을 받았다고 말씀하신 적이 있지요.

장 률 두만강 쪽에서 보면 이쪽(중국)과 저쪽(북한)은 마치 한 나라처럼 이어진 듯합니다. 하지만 한국 특히 휴전선에 가보니, 분단이 공간적으로 느껴졌습니다. 당시 휴전선에서는 북한을 향한 반공방송도 하고 있었고요. 당시 또 깊은 인상을 받은 것은 한국의 지역감정입니다. 중국에는 그런 감정은 거의 없습니다. 중국에서는 '상하이 사람은 어떻다' 하는 식으로 구별하지만 말뿐입니다. 한국은 지역감정이 정권과 얽히는 등 여러가지로 다 얽혀 있는데, 중국은 서로 너무 다릅니다. 그러니 다른 사람에게 관심이 두지 않죠. 고향사람끼리 뭉치기는 하죠. 중국 원저우인(저장성 원저우 사람들, 중국의 대표적인 상인으로 유명하다—대담자)들은 친척끼리 스스럼없이 돈 빌려주고 하는 것으로 유명합니다. 하지만 지연을 넘어 다른 지역 사람들과 교류하는 일은 드뭅니다. 중국은 서로 너무나 달라 서로 관심 없는데, 한국에서는 정말 정이 너무 넘치는 듯합니다.(웃음)

대담자 한국인의 정이 가진 아이러니는, 「망종」에서 주인공 순희가 동포라는 이유로 잠시나마 마음을 열었던 김씨에게 배신을 당하는 장면에서도 드러나지요. 「경계」에서 순희는 오히려 사막에서 홀로 나무를 심으며 살아가는 몽골인 항 가이에게서 위안을 찾고요. 감독님은 한족중심사회에서 소수민족의 삶을 파고들지만 결코 민족을 구원자로 그리지는 않는 듯합니다.

장 률 저는 결코 민족주의자가 아닙니다. 민족에 대한 환상에 대해서는 오히려 경각심을 높이려는 쪽이죠. 우리라고 하면서 해를 입히는 사람들이 얼마나 많습니까.

대담자 다른 소수민족인 티베트나 위구르 문제에 대해서는 어떻게 생각하십니까? 중국의 한족중심주의와 소수민족정책에 문제가 있다고 생각하지만, 외부 특히 제국주의 역사를 가진 서구에서 이를 중국의 약한 고리처럼 비난할 때는 불편해지기도 합니다.

장 률 티베트나 위구르 문제에 대해서는 그저 이야기를 들을 뿐이지 정확히 알지는 못합니다. 그래도 아는 만큼 얘기하자면, 우칸사태˙를 예로 들고 싶습니다. 우칸사태를 해결할 당시 왕 양 광둥성 당서기가 "우칸사태 해결법은 촌민자치법에 비추어 어긋난 게 없다. 모두 기존의 법 안에서 한 것이고, 오히려 과거의 법집행에 문제가 있었던 것"이라고 얘기했습니다. 원래 법에 따라 그렇게 해야 하는데 그렇게 하지 않아서 문제가 생겼다는 거죠.

소수민족정책도 마찬가지입니다. 이미 존재해온 소수민족자치에 관한 법률과 규정을 제대로 준수하는지의 문제인 거죠. 툭 터놓고 얘기하자면 제가 보기에 소수민족지역에서도 완전독립을 요구하는 사람들은 소수일 겁니다. 독립해 떨어져나가서 잘살 수 있습니까? 그건 아닙니다. 달라이 라마도 독립을 요구하지는 않는다고 했습니다. 크게 보면 먼 미래에는 국가도 다 없어질 겁니다. 그런 점에서 민족주의 역시 허무하다고 봅니다.

희망은 '시지에'에 있다

대담자 권력에 대해 끊임없이 회의하고 사회에 대해 통렬하고 예리하게 비판하는 점에서 감독님은 루 쉰과도 닮았습니다. 루 쉰 작품을 어떻게 보시나요?

장 률 저는 그의 발뒤꿈치도 못 따라가지요. 루 쉰 작품들은 지금 읽어도 정곡이 찔리는 느낌입니다. 그의 글에 나오는 현상들이 지금의 현실 속에도 여전히 남아 있기 때문입니다. 그가 이런 말을 했습니다. "어느날 내 작품이 다 사라졌으면 좋겠다"라고요. 자신이 작품 속에서 아프게 묘사한 문제들이 사라지면 아름다운 세상이 올 것이라고 생각한 거죠. 루 쉰의 작품을 읽으면 지금도 딱 제 얘기를 하는 것 같고 저를 꾸지람하는 듯도 해요. 요즘 어떤 사람들은 루 쉰이 너무 정치적으로 나아가서 사회비판만 하다 장편소설 한편도 못 썼다고 비판하기도 합니다. 하지만 그가 살았던 그 시대를 봐야죠. 그는 원래 문학하려 했던 사람이 아니잖아요. 당시 중국은 아시아의 병자로 불렸고, '의학구국론'이 유행하면서 의학을 공부하러 유학 가는 지식인들이 많았습니다. 루 쉰 역시 일본에서 의학을 공부하다 다큐멘터리 필름을 봤지요. 일본인들이 중국사람들을 사형에 처하는 데 죽는 사람도 아무 표정이 없고 현장을 가득 메운 중국인 구경꾼들도 모두 무표정하게 서 있는 장면을 보고 저것은 마음의 문제라고 깨닫게 됐지요. 그뒤 루 쉰은 글을 통해 사회를 바꾸려 합니다.

마오 쩌둥도 루 쉰을 무척 좋아했습니다. 루 쉰이 그런 말도 했죠. "마지막에 가면 문학과 정치는 다른 길이다"라고요. 루 쉰은 절망에 빠져 있었고, 함부로 희망을 주는 사람이 아니었죠. 그 사람 작품을 보면 너무 차갑다는 인상을 받게 됩니다. 그 자신도 "내 마음이 너무 어둡다"라고 말하기도 했고요.

1949년 건국 이후, 마오 쩌둥이 "루 쉰 선생은 중국문화의 깃발" 이라고 말하자 어떤 사람이 "루 쉰 선생이 살아 있으면 어땠을까요" 라고 물었다고 합니다. 마오가 한참 생각하더니 이렇게 말했다지요. "입을 다물든지, 감옥에 있든지."

대담자 마오와 루 쉰은 결국 다른 길로 갈 수밖에 없었지요. 마오는 그런 이치, 권력자로서 자신의 길에 대해 굉장히 솔직한 면도 있었군요.

장 룽 그건 절대권력자의 특징이자 매력이죠. 절대권력자 주변에서 다른 사람들은 모두 거짓말을 해야 하지만 절대권력자만은 솔직하게 말할 수 있습니다. 마오가 에드거 스노우(『중국의 붉은 별』 저자)와 함께 톈안먼 위에 올라가 군중들 앞에서 "이 사람은 외국인 친구"라고 소개한 일이 있죠. 미국을 향해 '미국 사람과도 친구가 될 수 있다. 미국과 수교하고 싶다'라는 뜻을 전하려고 스노우를 부른 거죠. 당시 스노우가 군중들을 보면서 "사람들이 저렇게 당신을 사랑하고 있군요"라고 하니 마오 쩌둥은 "저것은 다 쇼"라고 했답니다.

1972년 중일수교를 하면서 당시 일본의 타나까 카꾸에이* 총리를 만난 마오 쩌둥의 첫마디는 "감사하다. 당신들이 그때 (중국을) 침략

하지 않았으면 장 제스가 벌써 나를 죽였을 것"이었답니다. 이처럼 마오는 자기 자신이 권력이니까 아무 얘기나 할 수 있었던 거죠.

대담자 저희가 처음 중국에 왔을 때는 중국의 사회주의란 껍데기밖에 없고 실체란 아무것도 없다고 생각했습니다. 그런데 설사 껍데기로만 남았더라도 사회주의란 이름이 남았으니 내용이 채워질 수 있고 거기서 변화가 오지 않을까 기대하게 되는 때도 있습니다. 사회주의가 중국의 희망이 될 수 있을까요?

장 룽 자본주의는 제 마음에 와닿지 않습니다. 하지만 사회주의는 이미 경험했지 않습니까? 과연 이것이 사회주의입니까? 무슨 주의라는 이름만 달면, 또 거짓말하고 있구나, 그것으로 조류를 만들어 시지에를 없애버리려고 하는구나 하는 생각이 듭니다. 사회주의라는 이름을 달든, 자본주의라는 이름을 달든 사회의 가장 밑바닥에 있는 사람들을 피곤하게 하지 말고 소중한 기억의 흔적은 보존해주었으면 하는 조그만 희망이 있습니다. 그런데 그런 흔적이 다 사라지고 있지 않습니까.

대담자 우파들은 또 이렇게 말합니다. 중국이 결국 '권귀자본주의'로 와버린 것은 경제개혁은 이뤘는데 정치개혁이 안 되었기 때문이라고요. 이런 주장에 대해서는 어떻게 생각하시는지요?

장 룽 더 넓게 보자면 정치도 사람의 마음과 관계가 있습니다. 시장만 앞서 가고 시장화가 가져온 변화의 세세한 부분들을 차분히 돌아보지 못해, 돈 벌려는 욕심만 남은 거죠. 마음까지 같이 따라가야지요. 이런 것이 수반되는 정치개혁이라면 저는 지지하겠습니다. 저는 정치개혁이 그래야 한다고 봅니다. 그런데 또 하나 의심 가는 것은 그 사람들이 얘기하는 정치개혁이 어떤 것인지, 또 앞으로 어떻게 변질될지입니다. 저는 마음까지 같이 따지며 정치개혁을 해야 한다고 보는데, 그 사람들이 말하는 정치개혁이 도대체 무엇인지는 두고 봐야 알겠죠.

대담자 하지만 지금 아래서부터 올라오고 있는 변화의 요구에 밀려서라도 개혁 쪽으로 갈 수밖에 없지 않겠습니까? 사회 전체가 '이대로는 더이상 갈 수 없다'라는 절박함을 점점 강하게 느끼고 있지 않습니까?

장률 권력을 스스로 내려놓는 사람은 없습니다. 그러면 어떻게 내려놓게 할 수 있는가? 좀 비관적입니다. 권력을 내려놓으라고 하면 그들은 놓지 않습니다. 그러면 그들을 건드려야 하는데, 통치자들은 칼을 쥐고 있습니다. 이미 권력자들은 칼을 써본 경험이 있었습니다. 칼을 휘두를 때 그 칼에 사람들이 다치는 것은 누가 책임집니까? 이라크의 사담 후세인, 얼마나 나쁜 놈입니까. 사람도 많이 죽였고요. 하지만 또 미군의 폭격에 얼마나 많은 사람들이 죽었습니까. 그러면 그들은 누가 책임집니까.

정치하는 사람들은 '눈 딱 감고 얼마만큼은 희생해야 한다'라고 하는데 그런 말을 들을 때마다 그들이 너무 밉습니다. 칼을 빼들지 않고 어떤 방법으로 할지 생각해야죠. 그런 면에서 남아프리카공화국의 넬슨 만델라 같은 사람들을 존경합니다. 거기서도 칼 든 자들이 있었고 많은 희생이 있었지만, 비폭력으로 일관한 만델라가 17년을 감옥에 보낸 뒤에도 상대방을 용서하면서 지금까지 나아가고 있지요. 그 방법이 희생을 더 줄였고요.

대담자 처음 감독님을 만난 날, 감독님은 매일 혁명의 땅 우칸의 소식을 찾아본 뒤 잠든다고 하셨습니다. 모두가 우칸을 잊었을 때 우칸에 들어가 영화를 만들고 싶다고도 하셨고요. 오늘 감독님의 말씀을 들으니, 우칸에서처럼 사람들이 스스로 삶을 구체적으로 변화시켜나가는 '작은 혁명'들이 중국을 진정으로 바꿔나갈 거라고 보시는 듯합니다.

장 률 그 길밖에 없습니다. 우칸 식의 조그만 변화, 진심에서 우러나오는 변화를 믿습니다. (권력자들이나 정부가) 보통사람들의 이익을 너무 심하게 빼앗아갈 때에는 나서서 해결해야죠. 조금씩 조금씩 노력해나가면 큰 사고가 나지 않습니다. 그런 것도 하지 않으면 다 빼앗기게 되고, 그러면 혁명이 터지게 됩니다. 혁명이 나면 혁명이라는 이름 아래 별별 나쁜 일이 저질러집니다.

구체적인 내용을 갖춘 변화들을 점진적으로 만들어가야 합니다. 환경오염 문제를 해결하기 위해 싸우는 운동가들을 존경합니다. 진정성을 갖고 교육운동에 나선 사람들도 있었습니다. 1920~30년대에는 교육구국운동을 벌인 사람들도 있었지요. 우리가 배운 역사교과서에선 '그 사람들은 선량한 사람들이지만 순진했다. 그런 작은 활동만 해서는 나라의 큰 운명이 위태로워진다'라는 식으로 가르쳤습니다. 천만에요. 그들의 유산은 오늘날 민간의 문화 속에 살아남아 있습니다. 지금도 대학생들이 시골에 가서 아이들에게 글을 가르치고 있지 않습니까?

대담자 우칸 농민들의 시위나 량수밍향촌건설센터 같은 작은 노력들은 아름답고 감동적이지만, 역설적으로는 결국 모두 강력한 국가권력 안으로 빨려들어갈 수 있다는 우려가 나올 법합니다. 한국은 국가권력 밖에서 도전하면서 현실을 개선해왔습니다. 이에 반해 중국의 개혁 노력이나 사회운동은 '작은' 변화들만 만들려 하다가 다들 국가의 품 안으로 들어가버리게 되어 결국 현 국가씨스템의 현상을 유지하는 쪽으로 가게 되지 않을까 해서요.

장 룽 그런 노력들이 모두 국가의 품 속으로 들어가진 않을 것입니다. 물론 그 노력들이 권력을 부드럽게 유지시키는 풍경처럼 보일 수도 있죠. 하지만 이 풍경들이 점점 많아지면 그게 변화입니다. 시간을 길게 두고 봐야 합니다. 농민공을 위한 영화관도 없고, 우칸도 없고, 신농촌건설운동도 없으면 결국 혁명이 일어나게 됩니다. 중국에는 신앙도 없으니 사회를 뭘로 유지하겠습니까. 향토의 감정, 교육구국운동으로 현실에서 작은 변화를 만들어내려 했던 노력의 결과가 지금 사람들의 마음을 지탱하고 있습니다. 거대한 이야기들은 다 거짓말이지 않습니까.

제2부

국가, 시장, 그리고 인민

친 후이

秦暉

권력에 도전하는 돈 끼호떼

◆

　중국현대사의 급류는 그 속에서 살아남은 이들의 인생에 깊고 복잡한 흔적을 남겼다.

　1966년 중국 남서부 광시 좡족자치구 난닝의 열세살짜리 소년은 문화대혁명 급진파인 조반파° 조직 '422'의 일원이 되어 혁명 속으로 뛰어들었다. 그는 대자보를 붙이고 자신들의 주장을 담은 인쇄물을 만들어 돌리면서 열성적인 '혁명가'가 되었다. 1969년 당국은 병력을 동원해 이 조직을 참혹하게 진압했다. 외할머니 집으로 피신했다 돌아온 소년은 동료들이 숨겨간 곳, 전쟁터처럼 변해버린 해방구를 정리하는 노역에 동원되었다.

　번민하던 소년은 고등학교 진학을 포기하고, 농촌으로 가기로 결심했다. 그는 하방된 '지식청년(知靑)'°으로서 9년 동안 산골마을에서 농민들과 함께 생활하고 노동했다.

문혁이 끝난 뒤 그는 대학원에 합격했고, 농촌과 농민의 역사를 연구하는 학자가 됐다. '계몽의 시기'를 맞이한 1980년대, 대학교수로 '순탄하게' 학술연구에 전념하던 그의 인생을 1989년 톈안먼시위*가 다시 뒤흔들었다. 그해 5월 19일 계엄이 선포된 뒤, 그는 계엄철회와 당원의 민주적 권리 등을 요구하는 성명을 발표해 파문을 일으켰다. 그는 톈안먼시위가 유혈진압으로 이미 막을 내린 뒤에도 용감하게 체제에 항의했으며, 사람들이 주의(主義)에서 문제로 눈을 돌릴 때 문제에서 주의로 눈을 돌렸다.

그가 바로 학자이자 비평가로 중국 현실의 문제들을 날카롭게 따지며 끈질기게 변화를 요구하고 있는, 중국 자유주의를 대표하는 이론가, 친후이(秦暉) 칭화대 역사학과 교수다.

친 후이는 독재권력을 비판하는 자유주의자이지만, 1994년 '공정논쟁'을 제기한 이후 절대권력이 만들어내는 불평등과 불공정의 문제에도 끊임없이 파고들었다. 그는 중국문제의 핵심이 국가의 권력은 너무 크고 그에 반해 책임은 너무 작은 데 있다고 본다. 여러 차례의 혁명에도 불구하고 중국은 여전히 봉건사회의 속박에서 벗어나지 못했으며, 무소부재(無所不在)의 대공동체(국가권력)로부터 개인이 해방되는 '분가(分家)'를 공정하게 해내는 것이 중국의 과제라고 주장한다. 그는 학자들의 논쟁에 참여할 뿐 아니라, 강연과 기고를 통해 대중들이 중국의 현실에 새롭게 눈을 뜨게 하려는 노력을 멈추지 않는다.

친 후이는 국가권력의 속박으로부터 해방과 자유주의의 실현이라는 원칙('주의')을 일관되게 지키고 있지만, 다른 한편 오늘날 중국에서 벌어지고 있는 수많은 구체적 '문제'들과 끊임없이 씨름하면서 변화를 만들어내야 한다고 강조한다.

　그는 고도경제성장으로 주목받는 중국 성장모델은 인권을 무시하고 환경을 파괴하는 등 열악한 인권상황을 상대우위로 삼고 있을 뿐이라고 비판한다. 이른바 그가 말하는 '열악한 인권(低人權)의 비교우위론'이다. 아울러 중국사회는 부가 불공정하게 분배될 뿐만 아니라, 복지혜택마저 특권층에게 집중돼 복지를 시행할수록 빈부격차가 확대되는 마이너스 복지 상태에 놓여 있다고 일침을 가한다.

문화대혁명에 뛰어든 소년

대담자 선생님께서는 문혁 시기 열세살 나이로 조반파 조직에 참가해 혁명에 뛰어들었고, 잔혹한 진압도 경험했습니다. 당시의 경험은 선생님에게 무엇을 남겼습니까?

친 후이 문혁의 역사는 저 개인에 대해서는 말할 것도 없고, 국가 전체에 매우 깊은 영향을 남겼습니다. 지금도 문혁의 영향을 곳곳에서 볼 수 있습니다. 하지만 이 영향에 대해서는 사람마다 견해가 다릅니다. 덩샤오핑시대에는 문혁의 부정을 강조했고, 저도 거기에 동의합니다. 중국의 이른바 개혁에 대해 많은 면에서 큰 논쟁이 있었지만, 한가지에 대해서만은 당시 중국인민들이 모두 똑같은 생각을 했습니다. 바로 중국이 반드시 문혁에서 벗어나야 한다는 것이지요. 당시 사람들은 중국의 개혁이란 '문혁처럼 해서는 안 되는 것'이라고 한결같이 동의하고 있었습니다. '중국이 최종적으로 어디를 향해 가야 하는가'에 대해서까지는 자세히 생각하지 않았습니다. 이 질문에 대해서는 지금까지도 일치된 의견이 없지요. 하지만 당시에는 '다시는 문혁을 하면 안 된다'라는 생각에 모두 동의했습니다. 문혁 시기의 당권파부터 조반파까지, 한족부터 소수민족까지, 과거에 권세를 누렸던 이들부터 탄압을 당했던 사람들까지 거의 모든 사람이 그렇게 생각했습니다. 그렇기 때문에 중국의 개혁이 초기에 매우 순조롭게 진행될 수 있었습니다. 덩 샤오핑이 초기에 그렇게 명망이 높았던 이유이기도 하고요.

대담자 문혁에 대한 공식 기록에서 조반파는 지식인들을 박해하고 문혁의 혼란을 극심하게 만든 주범으로 지목되고 있습니다. 하지만 다른 한편에서는 조반파들이 당시 특권계층을 비판하면서 사회를 바꾸려 한 혁명적 동력이었다고 기억하기도 합니다. 조반파의 공과를 어떻게 평가해야 할까요?

친 후이 조반파에 대해서는 진지하게 연구해야 합니다. 문혁이 끝난 뒤 덩 샤오핑이 문혁을 부정하는 데 모두가 동의했습니다. 하지만 덩 샤오핑은 당권파의 입장에서 문혁을 부정했습니다. 그가 반복해서 문혁이 나쁘다고 강조한 것은 조반파가 주자파(走資派)를 공격하거나, 당권파를 공격했던 면만 이야기한 것입니다. 즉, 백성이 관리를 혼내주려 한 것이 문제라는 것입니다. 그는 당권파들이 어떻게 고통을 받았고, 백성들, 즉 조반파가 얼마나 함부로 제멋대로 날뛰었는지를 계속 얘기했습니다. 하지만 문혁의 다른 면은 말하지 않았습니다. 오늘날 덩 샤오핑 식으로 문혁을 얘기할수록, 문혁은 점점 더 서민들 마음속에서 낭만적인 기억을 불러일으키게 됩니다. 왜냐하면 오늘날 당권파들은 실제로 부패했고 서민들은 그들에게 큰 불만을 갖고 있기 때문입니다. 이런 상황에서 '문혁은 백성들이 당권파를 공격한 운동'이라고 얘기할수록, 오늘날 문혁이 어떻게 진행되었는지를 모르는 청년들은 더욱더 문혁을 긍정적으로 생각하면서, 다시 한 번 그런 일이 벌어지기를 희망하게 되지요. 현재 적지 않은 대학생들이 그런 생각을 갖고 있습니다.

문제를 뒤집어보면, 현재의 마오주의 좌파 친구들은 문혁 조반파가 주자파에 맞서 싸웠다면서 이를 긍정하기만 합니다. 그들은 또 마오는 조반파를 지지했는데, 나중에 덩 샤오핑이 나서서 조반파를 진압했다고 주장합니다. 마오는 옳은 일을 했는데 덩이 잘못했다는 주장이지요. 덩 샤오핑은 문혁을 부정하려 했고, 신좌파들은 문혁을 긍정하려 합니다. 하지만 그들은 모두 문혁을 조반파와 주자파가 맞서 싸운 것으로 해석한다는 점에서는 똑같습니다. 가장 큰 문제는 이들의 사실 인식이 틀렸다는 것입니다. 문혁에서 가장 흔하게 나타났던 장면은 조반파가 당권파를 숙청한 것이 아닙니다. 핵심은 권력을 잡은 이가 백성들을 억압하고 박해한 것입니다. 조반파도 박해를 당했습니다. 다들 덩 샤오핑이 조반파를 숙청했다고 하는데 실제로는 마오쩌둥시대의 조반파 숙청이 덩샤오핑시대에 비해 훨씬 심했습니다. 마오 쩌둥의 조반파에 대한 숙청은 대도살이었습니다. 얼마나 많은 조반파가 마오 쩌둥의 손에 죽었는지에 대해서는 아무도 말하지 않습니다. 이것이 문혁 연구에서 반드시 주의해야 할 점입니다.

대담자　하지만 문혁에 대한 당의 문헌, 수많은 회고록 등을 보면 한결같이 조반파가 권력자나 지식인들을 끌고 다니며 고깔모자를 씌우고 팻말을 강제로 목에 걸어 모욕하고 괴롭히는 모습이 문혁의 가장 상징적인 장면으로 등장합니다. 권력자가 조반파를 탄압했다는 부분은 거의 조명되지 않고 있는데요.

친 후이　저는 당시 조반파로서 당권파에 의한 숙청을 직접 경험했습니다. 당시 저희 학교에서도 진압으로 죽은 조반파들이 매우 많았습니다. 얼마 전 고향 난닝에 갔을 때 그들의 묘지에 가보았습니다. 그들은 이른바 말하는 조반파끼리의 무장투쟁으로 죽은 것이 절대 아닙니다. 당권파의 진압으로 목숨을 잃었습니다. 그들을 진압할 때 군대가 출동했고 정부가 조직한 민병대도 동원되었습니다. 당시 마오 주석의 신생 홍색정권 격이었던 혁명위원회가 진압의 주체였습니다. 류 샤오치나 덩 샤오핑의 진압이 절대로 아닌, 마오 주석의 진압이었습니다. 체포된 이들도 덩샤오핑시대보다는 마오쩌둥시대에 훨씬 더 오랫동안 감옥에 갇혔습니다.

해외에서는 '3년 문혁' '10년 문혁'의 논쟁이 있습니다. 많은 사람들은 문혁이 10년간 계속된 것이 아니며 실제로는 3년간 벌어졌다고 주장합니다. 문혁 초기 3년 동안은 백성들이 반역[造反]을 할 수 있었으나, 이후에는 백성들이 반역할 수 없게 되었다고 강조하려는 것이지요. 하지만 문혁 초기 3년 가운데 실제로 조반파가 우위를 차지했던 기간은 매우 짧았고, 대부분의 기간 동안 조반파도 진압을 당했습니다. 그 운동에 직접 참가했던 사람으로서 조반파가 '법도 없고 하늘도 두려워하지 않는' 일들, 야만적인 일들을 많이 저지른 것을 알고 있습니다. 하지만 조반파가 함부로 행동했던 시간은 실제로는 전국의 많은 지역을 통틀어 불과 몇 개월 남짓입니다. 저는 조반파의 명예회복을 위해 이런 말을 하는 것이 아니라 실사구시의 입장에서 얘기하고 있습니다. 문혁의 대부분의 기간 동안 당권파는 백성들을 진압했고 조반파에 대해서도 광적인 보복을 벌였습니다. 조반파는 당시 그들에 맞서 싸웠고, 당권파는 조반파를 도살했습니다.

대담자 선생님께서는 소속했던 조반파 조직이 군대에 진압되자 열다섯살 때부터 9년 동안 농촌에서 농민들과 함께 생활했습니다. 학교가 아닌 농촌하방을 선택한 이유는 무엇입니까?

친 후이　당시 농촌에 가게 된 것도 문혁의 상황과 관련이 있습니다. 1966년 중학교에 들어갔는데 처음 2년 동안은 혁명에 참여했고, 마지막 1년은 이미 진압당한 상태여서 학교에서 아무것도 할 수 없었습니다. 학교는 우리에게 노동을 시켰고, 권력자들이 우리 조반파들을 공격하는 회의를 끊임없이 열었습니다. 이런 상황이다보니 매우 우울했고, 더이상 학교에서 계속 버티고 싶지 않았습니다. 그래서 학교를 떠났습니다.

대담자　지식청년[知靑]으로서 농촌에서 지내면서 선생님께는 어떤 변화가 일어났습니까?

친 후이　1969년부터 78년까지, 하방된 지식청년으로 광시성 톈린현의 좡족 산촌마을에서 9년 동안 생활하면서 대규모 하방운동의 전과정을 경험했습니다. 우리가 있었던 핑탕공사는 현성(縣城, 현의 정부 소재지)에서 200리나 떨어진 곳이었고, 자동차가 다니는 큰길까지 나오는 데도 60리를 걸어야 했습니다. 당시 우리의 상황을 요즘 젊은이들은 이해하기 어려울 겁니다. 우리는 반항심을 품거나 소극적으로 어쩔 수 없다는 태도가 아니라, 박해를 받을수록 혁명에 대한 충성심을 더욱 내보이려 노력했습니다. 당시 우리에게는 이상이 절실히 필요했습니다. 스스로를 속이는 이상일지라도 그것이 있어야만 삶의 의미를 찾고, 자신의 일에서 가치를 찾고, 그런 환경에서 타락하지 않을 수 있는 정신적 지주를 가질 수 있었으니까요.

실제 농촌에서 지식청년으로 지내는 내내 저의 사상은 변하지 않

있습니다. 그때 저는 힘겨운 농사일이 위대한 세계혁명 사업의 일부라고 믿을 수밖에 없었습니다. 줄곧 우리가 공산주의 이상을 위해 일하고 있다고 믿었습니다. 이전의 반역(造反)도 공산주의를 위해 한 것이고, 농촌에서의 노동도 공산주의를 위한 것이라고 생각했습니다. 당시에는 그렇게 생각할 수밖에 없었습니다. 그렇지 않으면 우리 생활의 의미가 사라지기 때문이었습니다. 자유주의 같은 것은 접할 수도 없었고, 어떤 다른 사상적 자원도 가질 수 없었으니까요.

제가 진정으로 체제에 대해 반감을 가지게 된 때는 1989년입니다. 1989년의 그 사건(톈안먼시위 유혈진압—대담자)은 제게 매우 큰 전환점이 됐습니다. 그전까지는 계속 좋은 쪽으로만 생각하려 했습니다. 항상, 이 체제에 약간 문제는 있지만 바로잡을 수 있다고 생각했습니다. 특히 (문혁이 끝난) 1978년 이후에는 우리 자신의 상황에도 큰 변화가 생겼고, 국가도 좋은 방향으로 가고 있었습니다. 따라서 우리는 여전히 이 체제하에서 점진적으로 개혁해갈 수 있을 것이라는 큰 희망을 가졌지요. 1989년 이전까지는 현 체제와 대항하려는 생각을 가진 적이 없었습니다. 농촌에서 당에 가입했고, 노동 모범인물로 뽑히기도 했습니다. 물론 저도 당연히 현실에 대해 불만이 많았지요. 당시 농촌 상황은 눈뜨고 볼 수 없을 만큼 참혹했으니까요. 하지만 우리는 당시 이런저런 이유를 찾아내 그래도 여전히 더 나은 방향으로 발전하고 있다고 말하곤 했습니다.

대담자　1978년 마침내 길고 긴 문혁이 끝나고 도시로 돌아왔을 때의 소감은 어땠습니까?

친 후이 산중에서 7일을 보냈더니 세상에서는 이미 천년이 지났더라는 말이 있지 않습니까. 저는 반대로 느꼈습니다. 산중에서 9년을 보냈으나 세상에서는 하루만 흐른 듯하다는 느낌이었습니다. 열다섯살 때부터 스물네살까지 인생 중 가장 소중한 황금시대, 이른바 청춘을 이렇게 보낸 데 대해 후회하지는 않습니다. 지식청년(하방)운동을 부정한다고 해서 지식청년* 자체를 부정하는 것은 아닙니다. 지식청년들이 그 운동을 일으킨 것이 아니니까요. 지식청년들은 어쩔 수 없어서였든, 자부심에서였든 땅 위에서 분투하면서 고통과 대결하는 서사시를 썼습니다. 제가 여기서 말하는 고통이란 자신의 운명을 어찌할 수 없고, 미래가 어디에 있는지도 알 수 없는 데서 오는 괴로움입니다. 하지만 우리가 그런 고통에 대해 장밋빛 색칠을 해서는 안 돼며, 그런 고통을 만들어낸 기제를 찬양해서도 안 됩니다. 항일전쟁을 높이 평가하지만, 일본의 중국 침략에 감사할 수는 없는 것과 마찬가지지요. 고통을 참고 분투한 지식청년들의 정신을 높이 평가하는 것과 황당하고 잘못된 '지식청년운동'을 반성하는 것은 모순이 아닙니다. 그들의 정신을 찬양하는 것은 다시는 그런 황당한 세월을 반복하지 않도록 하려는 것입니다. 당시 하방된 지식청년들이 농촌을 바꾸기 위해 벌였던 많은 노력, 스스로의 처지를 바꾸려 했던 적극적인 표현, 이후 자신의 운명을 스스로 개척하기 위해 조직했던 도시귀환 청원운동 등은 서사시 같은 장한 행동들이었으며 소중한 정신적 유산을 남겼습니다.

대담자 중국 새 지도부 중에는 시 진핑을 비롯해 과거 문혁 시절 지식청년으로 활동했던 이들이 많습니다. 이들 세대가 중국을 이끌어가게 된 것은 중국 역사에 어떤 영향을 미치게 될까요?

친 후이   분명 영향이 있겠지만, 어떤 영향일지는 예상하기 어렵습니다. 홍위병이든 지식청년이든 그들의 경험은 다양합니다. 당시에도 지금도 그들 사이에는 큰 차이가 있습니다. 홍위병이라는 말은 쓰지 마십시오. 홍위병 안에도 각양각색의 홍위병이 있었으니까요. 조반파 홍위병이 있고 팔기자제(八旗子弟) 홍위병(고위간부 자제들이 주축이 된 홍위병)도 있었으며 이들 사이의 차이는 매우 큽니다. 하방을 경험한 지식청년에도 각양각색의 사람이 있습니다. 중국에 농민 출신 관리들이 얼마나 많습니까. 하지만 그들 가운데 관리가 된 뒤 누구보다도 흉악하게 행동하는 사람들이 있습니다. 다시 말해, 관건은 제도에 있습니다. 누가 무슨 출신이기 때문에 어떻다는 식으로 판단해서는 안 됩니다.

1989년, 거대한 전환점

9년 동안의 농민생활을 마치고 친 후이는 역사 속의 농민을 연구하는 학자가 되었다. 여기서도 그가 파고든 것은 중국 역사에서 수천년 동안 반복되어온 전제국가와 농민의 문제다. 그는 중국 역사에서 농민들은 지주의 수탈로 고통받기보다는 전제국가의 수탈과 폭정 때문에 괴로움을 겪었으며, 중국 역사상 수없이 일어난 농민전쟁은 지주에 대항한 것이 아니라 권력자와 권력 없는 자의 충돌이었다고 지적한다. 그는 봉건적 종법공동체와 국가권력이 개인을 억압하고 착취하는 이런 구도는 현재까지도 변하지 않았으며, 중국문제는 농민문제이고 중국문화는 농민

문화라고 선언한다. 겉보기엔 안온한 종법질서 속에서 국가권력이 개인을 압도하는 '전원시(田園詩)적인 농업문명'에서 빠져나와, 중국농민과 중국인들이 개인의 권리를 확보하고 자유롭게 개성을 발휘하며 '중국 현대화의 광시곡'을 써내는 것이 시대적 요청이라고 그는 주장한다.

농촌연구를 통해 중국의 역사와 사회를 다시 읽어내고 있었지만, 그는 1980년대 내내 지식인들의 사상·문화논쟁에도 참여하지 않고 역사학 연구에 온 힘을 쏟았다. 하지만 1989년 봄 톈안먼시위*가 몰고 온 거센 파도가 그의 행로를 바꿔놓았다. 그해 5월 19일 계엄이 선포됐고 그는 그 다음날 공산당원의 민주적 권리를 요구하는 성명을 발표했다.

대담자 톈안먼사건은 선생님의 사상에서 매우 중요한 분기점이었다고 하셨는데요. 농촌사를 연구하는 학자로 한창 주목받고 있던 선생님께서는 계엄령이 선포되고 다들 몸을 사리고 있을 때 성명을 발표하고, 계엄철회와 민주적 권리, 반독재를 요구했지요. 시위에 적극 참여하지도 않았는데, 왜 뒤늦게 위험을 무릅쓰고 성명을 발표했습니까?

친 후이 원래는 개입하지 않으려 했습니다. 하지만 계엄이 선포됐고, 당에서는 모든 당원은 반드시 태도를 밝히라고 요구했습니다. 당은 우리에게 억지로 태도를 밝히라고 했고, 청년 교수들은 당국이 우리에게 원했던 그런 방식으로는 밝히고 싶어하지 않았습니다. 오히려 동료들은 성명 초안을 써 와서 제게 서명하라고 했습니다. 그들이 써온 성명은 제가 이후에 쓴 것보다 훨씬 급진적이었습니다. 그래서 저는 당신들이 탈당을 하겠다면 아무 말 않겠지만 당을 나가려는 것이 아닌데 이렇게 쓰는 것은 적절하지 않다, 당신들은 그래도 공산당원의 입장에서 이 문제를 논의해야 한다, 태도를 밝힐 수는 있지만 이렇게 쓰면 안 된다고 했습니다. 그들은 그렇다면 당신이 초안을 하나 써보라고 했습니다. 결국 제가 성명 초안을 썼고 그들은 서명했습니다. 결과적으로 저는 이 일의 주모자가 되었습니다. 당연히 그 사건(1989년 계엄과 진압 — 대담자)에 대해 큰 불만을 갖고 있었고, 그런 식으로 하는 것은 공산당의 기율, 당장(黨章), 종지(宗旨)에 맞지 않다고 생각했습니다. 이렇게 군중을 진압하는 것, 그리고 몇몇 노인들이 집에서 쑥덕거리는 궁정정변 같은 방식으로 총서기를 어떤 절차도 없이 제거하는 것(덩 샤오핑 등 당 원로들이 규정된 절차를 밟지 않고 자오 쯔양 총서기 해임을 결정한 것 — 대담자)은 그 자체가 당장을 심각하게 위반하는 행위였습니다. 당연히 저는 당시 그런 식의 방법에 대해 극도로 반감을 느꼈고, 당시 작성한 초안에도 이런 내용을 담았습니다.

대담자   선생님께서는 문혁도 겪었고, 9년 동안의 농촌하방도 경험했습니다. 그런데 왜 1989년이 되어서야 현재의 제도로는 희망이 없다고 느끼게 되었습니까?

친 후이   희망이 없다고 말한 것은 아닙니다. 하지만 중국의 제도가 근본적으로 바뀌어야 한다고 생각했고 지금도 그러합니다. 현재 중국의 체제는 분명 1989년의 사건에서 나왔습니다. 그 사건은 너무나 비인도적이었고, 저는 그에 대해 계속 비판적 입장을 갖고 있습니다. 그전까지는 역사유물론을 수용해 이 체제가 역사 진보의 한 단계라고 생각했지만 그후에는 그렇게 생각하지 않게 됐습니다. 역사적인 관점에서 말하면, 어떤 체제가 형성되는 것은 필연적이지 않으며 당시의 수많은 조건에 따라 만들어진 산물이라고 인식하게 된 것입니다.

체제에 대해 희망이 없다는 것과 체제 내의 사람들에 대해 희망이 없다는 것은 전혀 다른 이야기입니다. 체제 내의 사람이든 체제 밖의 사람이든 변화의 필요성은 반드시 인식해야 합니다. 개혁은 평화롭고 점진적이어야 하며, 국가 전체에 너무 큰 재난을 일으킬 정도까지 나아가면 안 된다는 것을 인식할 수 있기를 바랍니다.

대담자   중국의 1980년대는 '계몽의 시대'로 기억되고 있고, 그 계몽은 1989년 톈안먼시위로 이어졌습니다. 1980년대의 계몽사조와 1989년 광장의 시위는 중국에서 종법(宗法)과도 같았던 구속이 약화되고 독립된 개인이 등장하는 계기가 될 수 있었을 것으로 보였습니다. 하지만 왜 그렇게 되지 못했을까요?

친 후이   어떤 시대의 일들이 필연적으로 벌어졌다고는 말하기 어렵습니다. 여러 원인이 있게 마련이지요. 예를 들어 지금 어떤 사람들은 1989년 학생들이 좀더 일찍 광장에서 철수했다면 사태가 더 나아졌을 것이라고 말하기도 하고, 계엄이 선포되기 전에 자오 쯔양˚ 등의 설득을 듣고 물러났다면 결과가 크게 달라졌을 것이라고 말합니다. 저도 이에 동의합니다. 누구나 이후에 벌어진 그런 결과를 원치 않으니까요. 하지만 역사적인 시각에서 보면, 학생들이 좀더 빨리 철수했다면 결과가 완전히 달라졌겠는가, 그렇다고 말하기는 매우 어렵습니다. 예를 들면 1968년 체코의 '프라하의 봄'˚˚은 거의가 그들이 말하는 방식으로 이뤄졌습니다. 1968년 소련이 체코에 군대를 보냈을 때 처음에는 체코 국민들이 거국적으로 나서서 저항했습니다. 체코공산당 내부의 개혁파도 14차 당대회를 열어 전국민에게 소련군에 저항하라고 요청했습니다. 이후 쌍방이 양보했지요. 소련이 둡체크*를 물러나게 하지 않고 보수파가 권력을 잡게 하지도 않는다는 조건으로, 체코는 이를 받아들여 저항하지 않기로 했습니다. 그 뒤 소련은 후사크*를 이용했습니다. 후사크는 개혁파로 알려져 있었고 둡체크와는 동향 사람이자 친구였지요. 스딸린 시대에 감옥에 투옥된 적도 있습니다. 체코 사람들은 후사크라면 받아들일 수 있는 인물이라고 생각했고, 후사크도 집권하고 얼마간은 숙청을 벌이지 않았습니다. 사람들이 흩어지고 난 뒤, 1969년 이후 후사크는 결국 체코공산당원의 40퍼센트를 제명하는 극악무도한 상황까지 나아갔습니다. 중국의 표현으로는 '사태가 끝나길 기다려 보복한다'는 상황이 된 것이지요. 중국정치에서 자주 일어나던 상황이 체코에서도 벌어진 것입니다. 그러므로 중국에서 당시 학생들이 (톈안먼광장에서) 물러났다고 해도, 반드시 좋은 결과가 있었을 것이라고 말하기 힘듭니다. 저는 당시 극단적인 방법을 지지하지 않았고, 사태가 조속히 수습되기를 희망했습니다. 하지만 당시 학생들의 행동은 잘못되었고 또한 그렇게 하지 않았다면 상황이 훨씬 나았을 거라는 가정에는 동의하지 않습니다. 만일 현재 그 일이 다시 벌어진다면 저는 이성적으로 행동하고 되도록 갈등을 줄여야 한다고 주장하겠지만, 그 사람들을 비난하거나 욕하지는 않을 겁니다.

대담자 그런데 선생님께서는 언제부터 다당제 선거를 지지하는 입장을 갖게 되었습니까?

친 후이 1989년 이후부터지요. 그 직후 동유럽 사회주의정권이 붕괴했고, 저는 공산당 일당체제가 반대파의 존재를 허용하지 않는 것은 절대로 옳지 않다고 생각했습니다.

하지만 공산당을 탈당하지는 않았습니다. 중국에서는 탈당이 불가능합니다. 중국의 당은 다른 당과 다릅니다. 당신이 탈당하면 당은 당신을 적으로 삼습니다. 팡 리즈* 같은 사람은 탈당한 것이 아니고, 당에서 제명되었습니다. 우리 당의 기이한 점은 탈당하려 하면 당은 탈당을 허용하지 않고 이후 결의를 통해 그 사람을 제명해버립니다. 당은 당신을 제명할 수 있지만 당신이 탈당하도록 허용하지는 않습니다. 그래서 저 역시도 지금까지 공산당원입니다. 실은 저뿐 아니라 현재 대부분의 자유주의자들도 여전히 당원입니다. 왜냐하면 우리는 아직 당국이 우리를 제명해야겠다고 여길 만큼 '나쁘지는' 않기 때문입니다. 우리가 자발적으로 탈당하는 것도 현 체제에서는 상상할 수 없습니다.

대담자 톈안먼시위가 진압되고 난 뒤 1992년 덩 샤오핑의 남순강화*를 신호탄으로 중국에서 본격적으로 시장화개혁이 추진되었습니다. 톈안먼사건 이후 정치민주화의 길이 막힌 상태에서 모두들 경제개혁도 후퇴할 것이라고 생각하고 있을 때, 중국 지도부는 정치적으로는 강력한 통제를 유지하면서 예상보다 빠른 경제개혁에 나섰지요. 선생님께서는 이런 상황을 어떻게 보는지요?

친 후이 스똘리삔˚ 시대와 비슷하다는 느낌이 가장 먼저 들었습니다. 당시 러시아도 민주화운동을 진압한 이후 시장화로 나아갔습니다. 민주화는 할 수 없지만 시장화는 할 수 있는 이런 상황은 역사에서 드물지 않습니다.

당시 많은 친구들은 이런 대규모 진압 이후에는 당연히 경제도 거꾸로 후퇴하는 방향으로 갈 것으로 생각했고, 그 때문에 남순강화˚를 의외의 조치로 받아들였습니다. 하지만 제게 남순강화는 의외가 아니었습니다. 아내가 소련과 동유럽을 연구하며 이전부터 스똘리삔과 관련한 많은 글을 써왔던 터라 저는 이런 상황에 대해 예상하고 있었습니다. 스똘리삔의 토지개혁도 무슨 특별하고 기괴한 상황이 아닙니다. 다른 한편 당시 독일의 맑스주의자들도 우선 시장경제에서 자본주의를 발전시키는 것은 옳은 일이라고 말했지요. 하지만 그들은 모두 스똘리삔의 개혁이 불공평하고 국민들에 대한 착취라는 점을 인식했습니다.

중국모델? 열악한 인권의 비교우위

대담자 중국은 지난 30년간 지속적인 고도성장을 거쳐 G2의 일원이 되었습니다. 이런 상황에서 많은 이들이 중국모델을 이야기하는 것도 놀랍지 않습니다. 그런데 선생님은 이른바 중국모델의 비결이 만약 존재한다면 그건 노동권 등 인권을 억누르고 환경파괴를 용인하여 비용을 낮추는 것을 비교우위로 삼았을 뿐이라고 지적해오셨습니다. 선생님은 이러한 '열악한 인권의 비교우위론'을 바탕으로 중국모델을 지지하는 야오 양 베이징대 교수 등과 논쟁을 벌이기도

했는데요. 선생님은 지금도 개혁개방 이후 중국 고속성장의 비결이 '열악한 인권의 비교우위'에 있다고 보십니까?

친 후이 중국의 경제성장이 '열악한 인권의 비교우위'에 기반하고 있다는 생각은 여전합니다. 이 문제는 곧 북한에서도 나타날 것입니다. 김정은(金正恩)이 경제개혁을 추진하면서도 정치적으로는 독재체제를 고수한다면 어떻게 될까요? 한국에 매우 심각한 충격을 미치게 될 것입니다. 얼마 전 저는 독일에서 '호네커(에리히 호네커*)의 우화'라는 가설에 대해 얘기한 적이 있습니다. 김정은이 북한에서 독재정치를 유지하는 조건으로 시장경제를 도입한다면 그것이야말로 '호네커의 우화'가 될 겁니다.

제가 독일에 갔을 때, 동독이 서독으로부터 민주주의, 노동조합제도, 높은 수준의 사회복지제도를 도입하는 것을 보았습니다. 동독 사람들은 현재의 독일이 이전의 동독시대보다 더 공산주의적이라고 농담하기도 합니다. 과거 사회주의 시절 동독은 노동에 따라 분배했지요. 이는 사회주의적 원칙이지요. 그에 반해 현재 복지사회의 원칙에선 필요에 따라 분배합니다.

현재 동독지역에는 매우 심각한 문제가 있습니다. 제조업이 발달하지 못하고 있는 겁니다. 공산당 시기에 있던 제조업은 무너졌고, 새로운 제조업은 발달하지 못했습니다. 동독지역은 주로 써비스업과 여행산업 등 3차 산업에 의존해 경제를 유지하고 있습니다. 독일정부는 서부의 자본이 동부에 투자되도록 끊임없이 권하고 있지만 효과는 별로 없습니다. 서부의 자본가들은 동독지역에 투자하길 원하지 않으며, 중국이나 터키에 투자하거나 서독지역 내에서 외국인 노동자를 고용합니다. 마치 중국에서 농민공을 고용하는 것과 마찬가지입니다. 투자자들은 복지수준이 높고 강력한 노조가 있는 민주적인 지역에서는 새 사업을 시작하지 않습니다. 현재 동독의 제조업은 문제가 있고 실업률도 높습니다. 동독의 좌파들은 이런 상황을 원망합니다.

저는 동독의 마지막 공산당 출신 총리였던 한스 모드로프를 압니다. 동서독이 통일할 때 그는 이미 총리직에서 물러난 상태였고, 지금은 야당 정치인으로 남아 이런 현실을 강하게 비판하고 있습니다. 그는 중국이야말로 제대로 했다며, 동독이 당시 그렇게 한 것은 잘못이었다고 비판합니다. 저는 그에게 "서독이 동독을 흡수통일한 데 대해 당신들이 기분 나쁜 것은 알겠다. 하지만 당신들은 동독이 서독을 흡수하는 것을 생각해본 적이 있느냐"라고 물었습니다. 모드로프는 그런 일은 근본적으로 불가능하다고 대답했습니다. "원래 우리의 제도로는 잘못될 수밖에 없었고, 서독 인구는 6000만명, 동독은 1600만명이니 민주적 투표로도 우리가 그들을 이길 수가 없다"라고 말이지요.

저는 이렇게 반문했습니다. "당신들, 제3의 가능성에 대해서 생각해보지는 않았는가? 만일 당시 베를린장벽이 무너지지 않았고 동독은 여전히 독재통치를 유지했는데, 호네커가 라스베이거스나 물랭루즈를 둘러보고 갑자기 서방의 화려한 세계에 대해 흥미를 느끼게 됐다고 생각해보자. 무슨 거창한 이상 때문이 아니라 돈을 벌고 싶어져서 말이다. 그래서 호네커가 서독사람들에게 이렇게 말했다고 상상해보라. 즉, 동독에는 진정한 노조도 없고, 지도자가 원하는 대로 무엇이든 할 수 있으므로 당신들의 자본을 여기 투자해서 값싼 상품을 대량으로 생산해 자유무역을 통해 가져가라. 호네커는 분명 독재적 수단을 써서 어떤 민주국가도 제공할 수 없는 가장 유리한 투자조건을 제공했을 것이다"라고 말입니다.

대담자 동독이 가지 않은 길, 즉 중국의 길을 비유해 말씀하시는 것이군요. 동독이 민주와 복지를 얻은 대신 초고속 경제성장의 기회는 잃었지만, 반대로 중국은 인민의 권리를 억누르며 '열악한 인권의 비교우위'를 통해 투자자를 끌어들여 경제 기적을 이뤘고, 이것이 오늘날 우리가 찬탄하는 '중국모델'의 본질이라는 비유로 들립니다.

친 후이 중국 각지에 기업과 투자를 유치하는 표어가 휘날리고 있습니다. 중국의 많은 도시들, 특히 중소도시들에서는 여전히 이런 구호들을 볼 수 있습니다. '기업과 투자유치에 방해가 되는 이는 곧 적이다. 그런 사람은 진압해야 한다' '당신이 투자하러 오기만 하면 환영이다' 하는 식이죠. 투자자가 마음에 드는 토지에 울타리만 치면

농민들을 쫓아주겠다고, 마음대로 노동자를 해고할 수 있고 노동자들이 투자자를 귀찮게 하지도 못하게 할 것이라고 합니다. 환경운동단체가 투자자를 귀찮게 하지도 않을 것이고 NGO가 항의에 나서지도 않을 것이라는 말을 들을 수 있습니다.

만약 동독도 이렇게 된다면 어떤 상황이 나타나겠습니까? 동독의 제조업이 현재에 비해 적어도 100배는 번영할 겁니다. 서독지역 자본가는 중국에 투자하지 않고 벌떼처럼 동독으로 몰려갈 것이며 서독의 제조업은 모두 동독으로 이전할 것이고 동독에서는 경제기적이 일어날 겁니다. 이후 동독 전체가 피땀을 착취하는 공장이 될 것이고 동독사람 모두가 농민공이 될 겁니다. 그리고 대량의 저가상품을 생산해 서독시장을 뒤덮겠지요. 동독지역의 제조업 몰락은 거꾸로 서독지역에서 일어날 겁니다. 서독의 노조도 무너질 겁니다. 자본가들이 다들 다른 곳으로 떠났는데 단체협상 할 능력이 어디 있겠습니까? 복지제도도 없어질 겁니다. 제조업이 외부로 옮겨가고 세수도 없어질 텐데, 높은 수준의 복지로는 동독과 경쟁할 수 없지요.

이런 상황에서 서독은 세가지 선택 방안밖에 없습니다. 첫째, 경제상의 베를린장벽을 쌓는 것입니다. 서독의 자본이 넘어가지 못하게, 동독의 상품이 넘어오지 못하게 하는 것입니다. 하지만 스스로 자유무역을 주장해오다가 이렇게 한다면 체면이 크게 손상되겠지요. 둘째, 베를린장벽을 쌓지 않는다면 동독을 따라 배워야 할 겁니다. 복지수준도 낮추고 자유도 줄이고 피땀을 착취하는 공장도 세우고요. 복지국가는 더이상 불가능하게 되겠지요. 이렇게 된다면 이는 서독이 동독에 의해 '화평연변(和平演變)'° 된 것과 마찬가지입니다. 실제로는 동독에 의한 통일입니다. 중국공산당은 항상 서방이 중국을 화평연변시킬까봐 걱정해왔지만, 중국이 서방을 화평연변시킬 수 있다고는 생각해본 적이 없습니다. 이전에는 그런 조건이 성립되지 않았지만, 현재는 중국이 서방에 영향을 주고 있습니다. (중국의) 피땀을 착취하는 공장이 (서방의) 복지국가를 굴복시키고 있습니다. 셋째, 민주국가인 서독이 이런 식으로 한다면 분명 심각한 사회적 충돌이 일어날 겁니다. 복지를 철폐하든 노조를 폐지하든 분명 격렬한 혼란이 벌어질 겁니다. 서독이 통제불능 상태에 빠지게 되면, 동독이 무력을 사용해 서독을 통일할 수도 있지요.

하지만 이 말을 하고 나서, 저는 모드로프 전 총리에게 또다른 질문을 던졌습니다. 만일 동독이 이런 식으로 승리를 거둔다면, 최종적으로 동독이 서독을 통일한다면 당신들은 기쁠 것인가? 모드로프 전 총리는 여전히 좌파정당의 지도자이고, 좌파정당은 항상 자유주의를 비난하고 복지수준이 더 높아져야 하고 노조가 더 강해져야 한다고 합니다. 그런데 만약 제가 방금 말한 대로라면 동독이 승리한 것이겠지만, 사회주의의 승리는 아닙니다. 사회민주주의의 승리도 아닙니다. 스딸린주의의 승리도 아닙니다. 피땀을 착취하는 공장의 승리, 즉 야만적 자본주의의 승리입니다. 야만적 자본주의가 문명자본주의에 승리를 거둔 것입니다. 17세기 자본주의가 20세기 자본주의를 이겼다고 말할 수도 있지요. 당신이 좌파라면 이런 상황을 바라겠습니까?

모드로프는 이 질문에 대답하지 않았습니다. 이런 일이 불가능하다고만 말했습니다. 당연히 독일에서는 이런 일이 일어날 수 없습니다. 하지만 다른 곳에서는 이미 이런 일이 일어난 것 아닌가요?

대담자 '열악한 인권의 비교우위'를 내세운 중국모델의 승리는 곧 야만적 자본주의의 승리라는 말씀이군요. 선생님께서는 아울러 중국의 복지정책이 특권층에 유리하고 가난한 이들에 불리하게 되어 있어 복지정책을 펼칠수록 빈부격차가 오히려 확대되는 마이너스 복지 상태라고 지적합니다. 중국민중이 '시혜에 감사하는 복지관념〔感恩型的福利觀〕'에서 탈피해 '정부의 책임을 묻는 복지관념〔問責型的福利觀〕'으로 전환해야 한다고 주장하고 계시지요. 마이너스 복지라는 상황이 권력층에 부가 편중된 중국의 현실을 상징하고 있으며, 이 구체적 '문제'를 해결함으로써 중국의 전제주의적 상황에 변화가 나타나기를 바라시는 것으로 보입니다.

친 후이 중국의 마이너스 복지가 최근 발생한 문제는 아닙니다. 마오쩌둥시대야말로 심각한 마이너스 복지 상태였지요. 개혁개방 이후 30년 동안은 그나마 나아졌지만 여전히 해결되지 않았다고 봐야 합니다. 과거 중국의 마이너스 복지는 완전히 특권에 따라 형성된 것으로, 특권 있는 사람은 복지혜택을 받고 특권이 없는 사람은 그럴 수 없었습니다. 현재는 특권 없는 사람도 미흡하게나마 복지를 누리기 시작했지만, 여전히 마이너스 복지 상태입니다. 앞에서 제가 중국이 세계를 변화시킬 수도 있다고 말했는데요, 하지만 세계도 중국을 변화시킬 수 있습니다. 중국인은 이전보다 많은 자유를 누리게 됐고, 복지혜택도 늘기 시작했습니다. 여기서 말하는 복지는 약자들, 서민들의 복지를 말하는 것이지 관리들의 복지를 말하는 것이 아니지요. 관리들의 복지는 항상 매우 풍족했습니다. 중국은 현재 서방으로부터 자유주의를 배우며 동시에 사회주의도 배우고 있습니다. 중국의 사회주의는 자기 고유의 것이 아니고, 서방에서 배워온 것입니다. 과거 중국에는 사회주의가 없었고 전제주의만 있었을 뿐입니다.

현재 최소한의 사회보장, 신농촌합작사, 저소득층 임대주택 등은 서방에서 배워온 것입니다. 과거 중국에서 저소득층에게 집을 지어주는 제도가 언제 있었습니까? 과거에는 주택을 모두 등급에 따라 분배했습니다. 청장은 청장급의 집에 살고, 노동자들은 등급순으로 기다리라는 이야길 들었지만, 기다려도 순서는 돌아오지 않았습니다. 직접 집을 짓는 일은 법에 어긋나는 일이고요. 유럽의 좌파 국가들은 복지제도를 훨씬 많이 실시하고 있지요. 미국은 스스로 저복지국가, 자유방임국가라고 말합니다. 공공주택은 매우 적고 신청조건도 매우 엄격합니다. 미국 대부분 주에서는 실업자만 공공아파트를 신청할 수 있습니다. 하지만 중국의 실업자는 주택 분배는 꿈도 못 꾸고, 집도 지을 수 없습니다. 중국은 빈민굴을 허용하지 않는데, 이것은 중국이 빈민이 생기지 않도록 애쓴다는 의미가 아닙니다. 중국의 빈민은 빈민굴조차 가질 수 없는 게 현실입니다. 중국의 빈민은 국가로부터 집을 제공받지 못하고, 형편없는 집이라도 지으려 하면 금지당하고 쫓겨납니다.

대담자 하지만 중국정부도 2012년 12·5계획을 발표해 저소득층에 대한 공공주택 공급을 확대하고 최저임금도 대폭 인상하는 등의 계획을 발표했습니다. 이런 점에서 중국 지도부도 문제를 인식하고 이를 바꾸지 않으면 안 된다는 인식을 갖고 있다고 봐야 하지 않을까요?

친 후이 　저도 그런 점을 긍정적으로 평가하지만 아직은 많이 부족하다고 봅니다. 중국인민은 정부가 이런 조처를 더 많이 내놓도록 압박해야 합니다. 독재국가에서 자유주의자는 요람에서 무덤까지 정부가 책임지도록 요구해야 합니다. 헌정민주(憲政民主, 헌법에 의거한 민주적 통치) 상황에서는 이렇게 하면 안 되겠지요. 헌정체제에서는 통치자와 피통치자가 거래를 할 수 있으니까요. 당신에게 이만큼의 권력을 줄 테니 당신도 나에게 이만큼의 써비스를 해달라, 이런 것을 논의할 수 있습니다. 이런 협상을 할 수 없는 상황에서 무제한적인 권력을 가진 국가는 무제한적인 책임을 져야 합니다. 요람에서 무덤까지 모두 책임져야 합니다. 통치자가 더이상 이를 견딜 수 없다면 개혁에 나서야 하고요.

대담자 　중국처럼 거대한 국가, 국가권력이 강력한 체제에서 국민들이 독립적 개인으로서 국가에 책임을 묻는 방법은 정치개혁을 통한 1인1표제 선거와 정권의 성적에 따라 책임을 묻는 다당제가 가장 현실적인 것 아닌가요? 하지만 현재 중국체제는 정치개혁을 계속 미루고 있고, 다당제 논의를 허용하지 않지요. 현 중국의 현실에서 인민들이 국가에 책임을 묻고, 공정한 권리를 누리게 할 수 있는 방안은 무엇입니까?

친 후이 　최근 베이징에서 폭우가 내려 37명이 숨졌습니다. 그런데도 정부는 여전히 자기가 얼마나 위대하게 백성들을 구해냈는지만 자랑하려 합니다. 이것은 정말 황당한 상황 아닙니까? 2010년 저는 대만에서 6개월 동안 객원교수로 머문 적이 있습니다. 당시 태풍

파나피가 대만을 덮쳐 2명이 숨졌습니다. 대만인들은 관리들을 격렬하게 비판했습니다. 정부가 책임을 다하지 않아 2명이 숨졌다면서요. 가오슝 시장이 태풍이 오던 날 낮잠을 잤다는 소식이 폭로되자, 시장은 낮잠을 자지 않았다고 반박하면서 그날 이런저런 일을 했다고 해명했습니다. 11시에는 무엇을 했고, 그다음에는 무엇을 했다고. 그러자 언론에서는 그럼 12시 30분에는 뭘 했냐는 식으로 계속 따져 물었고, 그는 결국 어쩔 수 없이 그날 사무실에서 잠시 낮잠을 잤다고 인정하고 사과하면서 눈물을 흘렸습니다. 당시 이 태풍은 대만에 이어 중국에 도착했고, 한 성에서만 136명이 숨졌습니다. 하지만 중국정부는 사망자가 136명밖에 안 될 정도로 정부가 뛰어나게 일을 처리했으니 인민들은 정부에 감사해야 한다는 태도를 보였습니다. 이런 상황에서 어떻게 중국인들이 복지를 누릴 수 있겠습니까?

지금 가장 중요하게 추구해야 하는 것은 헌정민주입니다. 하지만 우리가 이것을 이야기하는 것을 그들이 금지한다면, 우리는 두가지 방면에서 끊임없이 압력을 행사해야 합니다. 우리가 말하는 헌정민주는 당신들이 우리와 협상·거래하는 것이다. 우리가 당신에게 권력을 주는 것이니 당신도 그에 걸맞은 써비스를 하라, 두가지는 서로 상응한다라고요. 그렇다면 어떻게 이것을 해낼 것인가? 그들이 나와 협상하도록 압박하는 것, 즉 국가가 더 책임지도록 끊임없이 요구하고, 모든 상황에서 모든 수단을 동원해 그들의 권력을 견제하는 겁니다. 국가가 마음대로 사람들을 체포했다면, 이제는 더이상 그것을 용납해서는 안 됩니다. 이런 요구는 다당제와는 크게 관련이 없습니다. 당신들이 현재 다당제를 말하는 것은 허용하지 않으니 나도 그것을 말하지는 않겠지만, 당신들이 쑨 즈강˚을 체포하고 천 광청을 감시하는 것은 옳지 않다고 말해야 한다는 것이지요. 그리고 당신들이 이렇게 많은 세금을 걷어가는 것은 옳지 않다, 그렇다면 우리는 당신들에게 복지를 요구해야겠다고요.

이렇게 두 방향에서 쉬지 않고 압력을 행사하면서 결국은 그들이 압박을 받아 국민들과 거래에 나서도록 하는 것입니다. 이 문제에 대해서는 좌우파 모두 할 수 있습니다. 당신이 좌파라면 큰 국가, 큰 정부를 강조하고 있으니, 정부가 더 큰 책임을 지도록 추궁해야 합니다. 당신이 우파라면 작은 정부를 주장하니, 국가의 권력을 제한하고 세금 걷는 것을 제한해야 합니다. 이렇게 양방향에서 요구하고 압박한다면, 정부도 결국에는 어쩔 수 없이 헌정에 나서게 될 것입니다. 하지만 현재 우리의 좌우파는 모두 거꾸로 행동하고 있습니다. 이것이 큰 문제입니다. 좌파는 정부가 세금을 더 많이 걷도록 지원하고, 우파는 국민들이 죽든 살든 정부는 국민들을 위해 돈을 쓰지 않아도 된다고 말합니다. 좌파는 자유주의에 반대하고, 우파는 복지국가에 반대합니다. 그렇다면 중국의 자유와 복지는 점점 더 줄어들게 됩니다. 이렇게 하면 할수록 좌파는 통치자가 권력을 확대하는 데, 우파는 통치자가 책임에서 벗어나는 데 도움을 줍니다. 결국 우리는 목표로부터 점점 더 멀어지게 됩니다.

중국은 자유주의와 사회민주주의가 모두 필요하다

대담자 중국의 지식계에서 많은 이들이 선생님을 '우파 자유주의자'라고 부릅니다. 하지만 선생님은 좌우파 모두에게 비판적이지요. 과거 우파의 시장주의 개혁이 주도적이었다면, 2000년대 중반 이후에는 불평등을 비판하는 신좌파의 목소리에 공감하는 사람이 많습니다.

친 후이 제가 비판하는 좌우파는 현재 세력을 가진 이들입니다. 현재 중국의 체제에서는 통치자들을 위해 발언하기만 하면 좌파건 우파건 모두 세력을 가질 수 있습니다. 하지만 좌파로서 관건은 통치자들을 위해 발언하느냐 여부입니다. 반면, 좌파로서 통치자에게 책임을 묻고 우파로서 통치자의 권력을 제한하려 할 수도 있습니다. 이렇게 하면 세력을 가질 수 없을 뿐이지요. 그래서 나 같은 사람은 세력을 얻을 수 없습니다. 더욱 중요한 것은 국민들이 알도록 하는 것입니다. 헌정민주는 몇몇 지식인들이 해낼 수 있는 것이 절대 아닙니다. 현재 국민들은 정부에 책임을 묻는 법을 익히는 데 적극적입니다. 많은 사람들이 중국국민이 헌정민주를 이해하지 못하고 있다고 말하는 데, 어불성설입니다. 많은 세금을 내길 원하는 국민도 없고, 복지를 요구하지 않는 국민도 없습니다. 국민들은 이 모두를 요구할 수 있습니다.

대담자 말씀하신 것처럼 인터넷을 통해 분출되는 일반인들의 목소리는 최근 중국사회에서 가장 두드러진 역할을 하고 있습니다. 웨이보(중국판 트위터)를 통해 신속하게 생성되고 전파되는 여론은 당국에 매우 강력한 압력이 되고 있습니다. 인터넷 여론의 역할에 대해 어떻게 보십니까?

친 후이 지금은 분명 인터넷 시대입니다. 과거에 비해 공간이 많아졌습니다. 이쪽을 누르면 저쪽에서 분출합니다. 각양각색의 공간이 생겼습니다. 중요한 것은 우리 스스로 이 문제를 분명히 이해하는 것입니다. 현재의 문제는 (당국이) 당신이 뭘 말할지를 허용하지 않는 데 있는 것이 아닙니다. 어떤 말은 금지돼 있지 않은데도 많은 사람들이 그 말을 하길 꺼리는 데 문제가 있습니다. 예를 들면 복지에 대해 책임을 묻는 것은 당국의 사상과 기본원칙에 위배되지 않습니다. 사회주의건 자본주의건 국민들이 정부에 복지를 요구하지 못한다고 규정하지는 않습니다. 그런데 왜 이 문제를 얘기하지 않습니까? 게다가 어떤 친구는 이런 말은 하면 안 된다고 해요. 현재 시장경제를 하고 있는데 정부를 귀찮게 하면 안 된다는 것이지요. 어처구니가 없어요. 시장경제에서는 정부가 우리를 귀찮게 하면 안 되는 것입니다. 계획경제에서는 정부가 '이렇게 하라, 저렇게 하라' 지시할 수도 있습니다. 시장(市場)경제에서는 시장(市長, 정부를 비유)이 우리를 제 멋대로 귀찮게 해서는 안 되나 우리는 시장(市長)이 우리에게 써비스를 제공하도록 요구할 수 있습니다.

대담자 선생님은 자유롭고 민주적인 질서를 강조하시면서, 불평등과 부의 독점도 비판합니다. 현재 전세계적으로 시장만능주의적 신자유주의 또는 영미식 자본주의가 위기에 빠지고 새로운 사회주의에 대한 관심도 커지고 있습니다. 좌와 우, 두가지 길 가운데 선생님이 지향하는 중국의 미래는 자유주의입니까? 사회민주주의입니까?

친 후이 많은 사람들이 제게 '당신은 자유주의자인가 아니면 사회민주주의자인가'를 묻습니다. 저는 이에 대한 대답을 이미 오래전에 찾았습니다. 현재 중국이 해야 할 일은 사회민주주의자든 자유민주주의자든 모두 동의할 수 있는 일입니다. 제가 반대하는 것은 사회민주주의자와 자유민주주의자가 모두 반대할 일들입니다. 사회민주주의자가 찬성하고 자유민주주의자가 반대하는 일, 혹은 자유민주주의자가 찬성하고 사회민주주의자가 반대하는 문제들은 현재의 중국에서는 아직 나타나지 않았습니다. 예를 들면 중국에는 아직 진정한 의미의 노조가 없습니다. 진정한 의미의 노조가 생긴다면 세력을 얼마만큼 가져야 하는지를 논쟁할 수 있습니다. 내가 자유주의자라면 노조가 단체협상의 독점권을 가져야 한다고 주장하지 않을 수 있습니다. 사회민주주의자라면 강력한 노조에 찬성할 겁니다. 하지만 현재의 문제는 중국에는 강하건 약하건 진정한 노조 자체가 없다는 점입니다.

자유주의자라면 낮은 수준의 복지에 찬성할 수도 있습니다. 내가 사회민주주의자라면 높은 수준의 복지를 요구하겠지요. 하지만 현재 중국에는 오직 마이너스 복지만 존재합니다. 제로 복지조차 아니에요. 장래에 중국이 헌정을 실현한 이후에 이 문제들은 진정한 문제가 될 것이며 우리는 스스로가 어느 입장인지를 선택할 수 있을 겁니다. 중국이 극단적으로 불공평한 조건에서 원시적 축적을 이어가 민주화 이후에도 빈부 차가 매우 심각하고 사회모순이 첨예하다면, 혁명을 해서 이를 전복시키든지, 사후보상의 방법을 사용해 높은 수준의 복지, 높은 세금, 2차 분배의 방식으로 이 문제를 완화해야 할 겁니다. 이런 상황이라면 가장 전형적인 자유주의자라도 아마 2차 분배의 방식을 취하는 데 반대하지 않을 것입니다. 그러므로 이 문제는 이후의 상황을 보고 결정할 문제입니다. 내가 자유주의자이기 때문에 어떤 상황에서라도 복지제도에 반대한다는 식의 주장은 성립하지 않습니다.

19세기 유럽에서도 당시 사회민주주의자는 모두 철저한 자유주의자였습니다. 맑스는 자유방임보다 국가의 (중상주의적) 간섭에 더 비판적이었습니다. 물론 그는 자유방임을 비판했지만, 국가의 간섭을 주장하는 사람에 대해서는 훨씬 더 강하게 비판했습니다. 당시의 국가주의, 국가의 간섭과 독점은 자유주의에 비해 더 반동적이고 더 부패한 것이었고, 맑스는 이를 더욱 용납할 수 없었던 거죠. 현재 중국의 일부 이른바 좌파들은 독재국가의 통제를 지지해야 한다고 하는데, 이들은 거짓 좌파이며 파시스트입니다. 맑스가 가장 혐오했던 것은 독일의 역사학파(歷史學派) 경제학자 프리드리히 리스트˚였습니다. 맑스가 애덤 스미스를 비판하기는 했지만, 리스트는 훨씬 더 혐오했습니다. 하지만 우리의 일부 좌파는 리스트를 떠받들면서 리스트가 애덤 스미스보다 훨씬 훌륭하다고 인식하고 있습니다.

대담자 선생님께서는 전통공동체를 해체하고 개성화된 시민사회를 수립하는 '구식 대가정의 분가'가 중국의 역사적 과제라고 주장해왔습니다. 아울러 '어떻게 공정하게 분가할 것인가'가 핵심과제라고 강조해왔지요. 또한 역사연구를 통해 중국에선 고대부터 현재까지 전제국가와 민간사회의 모순이 쭉 있어왔고, 유럽과 같은 의미의 상업경제나 민간상인이 존재하지 않으며 권력과 결탁한 관상(官商)이 매점매석으로 돈을 벌고 민간상인의 상업은 억압당해왔다고 분석했습니다. 이 분석은 현재 국가와 국유기업이 대부분의 부와 자원을 독점하고 있어 '시장경제'가 제대로 작동하지 못한다는 비판과도 연결돼 있는 듯합니다. '국진민퇴'(國進民退, 국유경제의 강화와 민영경제의 쇠퇴) 논란에 대해서는 어떻게 보십니까?

친 후이 '분가'의 문제는 분명 아직 해결되지 않았습니다. 중국에는 서유럽이나 동유럽과는 매우 다른 현상이 있기 때문입니다. 어떤 사람들은 동유럽 국가들이 충격요법으로 급격한 시장화개혁을 추진해 혼란을 빚은 반면 중국은 점진적으로 개혁했다고 주장합니다. 하지만 저는 그렇지 않다고 생각합니다. 주목해야 할 것은 동유럽이 사유화를 해냈다는 사실입니다. 이 사유화가 옳았든 틀렸든, 너무 빨랐든 느렸든 간에, 그들은 사유화를 달성했기 때문에 다시 국유화하는 일은 일어나지 않을 것입니다.

하지만 중국은 국유화와 동시에 사유화를 추진했고, 두가지 모두 독재적인 방식으로 진행했습니다. 즉 독재의 수단을 통해 국민들의 재산을 국고로 집어넣는 '국유화'를 진행하는 동시에, 그렇게 국유화된 자산을 권력을 이용해 자신들의 주머니에 집어넣는 '사유화'를 감행해온 것이지요. 그 결과 표면적으로 중국의 국유자산은 축소되지 않았고 점점 더 커지고 있지만, 우리는 중국의 사유화가 동유럽의 사유화에 비해 더 온건하게 진행되었다고 결코 말할 수 없습니다.

국민들이 민주적인 방식으로 문제를 제기할 수 없는 중국에서는 공공의 자산을 자기 주머니에 착복하기에 유리한 조건이 존재합니다. 따라서 국유부문이 팽창하고 민간부문이 위축된다는 이른바 국진민퇴 현상과 사유화는 전혀 서로 모순되는 현상이 아닙니다.

오늘날 중국의 많은 이들이 이런 점을 제대로 간파하지 못하고 있습니다. 그들은 국진민퇴 현상이 나타나고 있으므로, 사유화의 문제는 없으리라고 생각합니다. 하지만 누군가는 국유화를 추진하면서, 국가의 자산을 자신에게 돌릴 수 있습니다. 양쪽으로 돈을 벌 수 있는 것이지요. 권력도 있고 재산도 있으니 나쁠 게 뭐 있겠습니까? 권력자는 국가의 자산을 자기 호주머니에 넣을 수 있기 때문에 국유화는 곧 이익이 됩니다.

따라서 중국에서는 한쪽 문제에만 반대해서는 안 됩니다. 국유화에 반대하는 이들은 어떤 식의 사유화든 다 받아들일 수 있다고 합니다. 반대로 사유화에 반대하는 일부 좌파인사들은 국유화에 대해 찬가를 부릅니다. 저는 이 모두를 단호하게 반대합니다. 중국에는 사유화와 국유화의 대립이 아니라, 공평과 불평등의 대립이 있을 뿐입니다.

대담자 중국이 필요로 하는 정치개혁은 좁은 의미의 당이나 선거 문제가 아니라, 통치자의 권력을 제한하고 책임을 묻는 것, 민주를 위해 권력을 제한하고 복지를 위해 책임을 묻는 것이라고 지적하신데 공감합니다. 하지만 중국에서 정치개혁은 너무나 오래 지체되었고, 중국공산당은 서구식 민주는 절대 받아들일 수 없다는 주장을 되풀이하고 있습니다.

친 후이 중국공산당이 1949년 이전에 주장했던 것은 서방 식의 민주였습니다. 공산당이 1949년 이전에 썼던 글들을 읽어보신 적 있습니까? 당시 그들은 모두 다당제를 주장했고 미국·영국 같은 정치를 주장했습니다. 2차대전 시기에 중국공산당 중앙은 심지어 중국에 있는 미군이 민주의 선전원이 되어야 한다고 말하기도 했습니다. 미군 병사들이 선전하는 민주가 어떤 민주겠습니까? 서구식 민주 아닙니까? 중국 특색의 민주겠습니까? 역설적인 것은 당시에는 국민당이 중국의 특색을 강조하면서 민주를 실현하는 것은 불가능하다고 강조했다는 점입니다.

대담자 그런 점에서 공산당 일당통치 종식을 요구하고 서구식 다당제와 삼권분립을 주장한 08헌장˚ 같은 움직임은 어떻게 평가하십니까?

친 후이 08헌장 참여자에 대한 박해에 대해서는 줄곧 반대해왔습니다. 그들을 위한 호소에는 모두 서명했습니다. 하지만 08헌장˚ 자체에는 서명하지 않았습니다. 서명 주도자들은 저에게 08헌장 서명에 동참하라고 했는데, 저는 그들이 제기한 요구에는 동의했지만 그 방법에는 동의하지 않았습니다. 아울러 모든 사람이 스스로 원하는 문건을 발표할 수 있도록 하는 것이 그 문건을 지지하는 것보다 더 중요하다고 생각합니다. 또 여러 이유 때문에 이런 서명운동이 현재로서는 아직 부적절하다고 생각하기도 했습니다. 그 내용 자체에도 동의하지 않는 부분이 있습니다. 예를 들면 중국에서 연방제를 실시해야 한다는 주장에는 전혀 찬성하지 않습니다. 아울러 08헌장이 주로 시민권과 정치권리를 강조하면서 경제·사회 권리를 요구하지 않은 점도 유감입니다. 하지만 이런 글을 발표할 권리는 최소한의 시민권입니다. 저는 그 글에 비록 동의하지 않더라도, 그들의 권리를 지지합니다.

08헌장은 체코의 '77헌장'을 본뜬 것으로 그 뜻은 훌륭하지만, 그

두 헌장의 배경에는 큰 차이가 있습니다. 체코는 애초부터 중국에 비해 훨씬 풍부한 민주화의 토양을 갖고 있습니다. 체코는 2차대전 이전부터 동유럽에서 가장 성숙한 헌정민주국가였고, 중국은 청조 말 이래 지금까지도 헌정민주를 달성하지 못했습니다.

체코에서 77헌장이 발표될 당시 장애물은 탄압에 대한 공포뿐이었습니다. 하지만 중국에서는 시장경제와 세계화가 만들어낸 경제기적과 그로 인한 불평등이 사회인식을 분열시켰습니다. 경제개혁으로 이익을 본 세력은 권력을 이용해 부를 쌓았고 민주를 원하지 않습니다. 개혁에서 손해를 본 계층 가운데에서도 개혁에 반대하는 종교원리주의 같은 정서가 나타났고, 이들은 민주주의가 문혁식으로 이뤄져야 한다고 생각합니다. 따라서 오늘날 중국인들이 08헌장*을 지지하는 데 나서는 장애물은 탄압에 대한 공포만이 아닙니다. 일부 용감한 이들이 태도를 밝히는 것만으로는 민주운동의 사기를 고취시킬 수 없습니다. 오늘날 중국에 필요한 것은 진지한 사상논쟁이며, 이는 한번의 서명보다 훨씬 큰 일입니다.

심각한 경제위기에 빠진 오늘날 세계는 1929년 대공황 당시와도 비슷해 보입니다. 이런 상황에서 사람들은 강력한 철권통치로 세상을 구하자는 주장에 기울게 마련이며, 민주와 자유는 퇴조하고 극좌와 극우의 두 전제세력이 득세하게 됩니다. 따라서 지금 최우선 과제는 민주와 인권의 사상으로 이 위기를 해석하고 정확한 극복방안을 제시해 파시스트화 현상이 출현하는 것을 막는 것입니다.

대담자 중국은 근대 이후 신해혁명과 사회주의혁명을 경험했습니다. 선생님은 그 두번의 혁명이 중국의 전통사회부터 내려온 뿌리 깊은 공동체의 속박을 없애지 못했다고 하셨습니다. 그렇다면 그 두 번의 혁명은 의미가 없었던 것일까요?

친 후이　중국은 신해혁명이 제기한 임무도 아직 완수하지 못했습니다. 1949년의 혁명은 또다른 종류의 혁명이고, 그 이론적 기초와 여러 방면에 대해서는 반성이 필요합니다. 물론 그 혁명이 일부 나쁜 사람들이 일으킨 나쁜 일이라고 간단히 치부해버릴 수는 없습니다. 당시 혁명 전후의 중국사회에는 여러가지 사정이 있었습니다. 중국인들이 100여년 동안 시도하고 탐색해온 과정 중의 하나이지요. 하지만 이와 같은 시도와 탐색에 대해 우리는 깊이 반성해야 합니다. 그 반성은 신해혁명에 대한 반성보다 더 중요합니다.

추이 즈위안

崔之元

21세기에 사회주의를 실험하다

◆

추이 즈위안(崔之元)은 중국 신좌파 지식인 그룹의 대표적 이론가다. 개혁개방이 본격화되고 신자유주의적 시장론이 중국 주류 지식계를 휩쓸던 1990년대에 그는 중국적 사회주의 시장경제의 제도적 혁신에 관한 글을 차례차례 발표하며 중국 좌파 지식계의 총아로 등장했다.

그의 활동은 지적 탐구에만 머물지 않는다. 보 시라이 전 충칭 당서기의 '충칭모델 실험'에도 직접 뛰어들었다. 포퓰리스트적인 야심가인 보 시라이는 황 치판(黃奇帆) 충칭시장과 함께 국유자산과 시장원리의 창조적인 결합, 혁신적인 토지정책, 도시·농촌 통합발전 등 일련의 혁신적 정책을 펼치면서 이른바 '충칭모델'을 이끌었다. 시장개혁론에 입각한 것으로 평가되는 '광둥모델'과 대비되면서, 충칭모델은 중국의 미래 발전모델에 대한 활발한 모색과 논쟁을 낳았다.

충칭실험에서 중국적 사회주의의 희망을 발견한 추이 즈위안은 충칭으로 가 그곳의 경험으로부터 미래의 교훈을 도출하는 작업과 정책혁신에 참여했다. 2012년 보 시라이 사건이 중국을 뒤흔들고 보 시라이가 실각한 후에도 그의 충칭모델에 대한 신뢰는 변함이 없다.

백과전서적 지식의 소유자 추이 즈위안은 다양한 사상적·이론적 자원을 바탕으로 자신의 이론과 사상을 구축해왔다. 그는 분석적 맑스주의와 게임이론의 대가인 시카고대학의 셰보르스끼 교수 지도 아래 1990년대 중반에 정치학 박사학위를 받은 후, MIT대학 정치학 교수를 거쳐 2005년에 귀국하여 칭화대 공공관리학원 교수로 재직 중이다. 분석적 맑스주의를 바탕으로 신(新)진화론과 비판법학 등의 이론적 자원을 흡수한 그는 미국 등 선진자본주의국가의 제도에 대한 해박한 지식을 바탕으로 현대 경제체제에 대한 분석을 진행한다. 뿐만 아니라 마오 쩌둥, 구 준(顧准)*, 페이 샤오퉁(費孝通) 등 중국 현대 사상가들에 대한 깊은 이해를 바탕으로 현대 중국의 농촌 토지소유제도, 향촌기업, 국유기업 제도 등에서 새로운 사회주의의 싹을 발견해내고자 한다.

추이 즈위안은 중국이 이미 자본주의화되었다거나 혹은 자본주의화되고 있다는 견해를 거부하며 정치적 구호로 치부되어온 '중국 특색의 사회주의 시장경제'에 이론적이고 실천적인 의미를 부여한다. 하지만 그는 정통 맑스주의의 프리즘으로 중국 사회주의 시장경제를 설명하지 않는다. 맑스가 공상적 사회주의자라고 비판했던 프루동(Pierre J. Proudhon)의 소생산자 협동조합론, 제임스 미드(James Meade)*의 자유사회주의론(liberal socialism), 헨리 조지(Henry George)의 토지이론을 동원해 그는 현대 중국의 기업조직, 토지제도 및 소유권 제도가 자본주의와는 다른 대안적 질서를 만들어가고 있음을 설명해왔다.

충칭에서 자신이 주창해온 쁘띠부르주아 사회주의의 모습을 발견하고, 그 완성을 위해 거대한 실험에 몰두해 있는 그를 충칭시 국유자산관리위원회 사무실에서 만났다.

대담자 1990년대 이후 선생님은 중국적 사회주의의 이론적·실천적 가능성에 천착하며 문제작들을 발표해왔습니다. 90년대는 소련을 비롯한 동구권의 몰락이라는 충격적인 사태를 배경으로 시장개혁의 물결이 중국사회를 휩쓸던 시기입니다. 그런 물결을 거슬러 사회주의의 가능성을 모색하던 선생님과 동료들의 목소리는 그야말로 변방의 외로운 외침에 불과했습니다. 하지만 그 영향력은 2000년대 이후 사상계를 넘어서 현실세계로까지 확산된 듯합니다. 본격적으로 오늘날의 중국을 이야기하기 전에 먼저 선생님의 지적 성장기에 대해서 말씀해주시지요.

추이 즈위안 1970년대 중반 베이징 제3중학에 다녔는데, 같은 반 친구의 아버지가 중앙음악학원에서 화성학을 가르치던 자오 숭꽝(趙宋光) 교수였어요. 이분은 1950년대에 동독에서 음악이론과 맑스주의를 공부했는데, 맑스의『자본』을 독일어 원전으로 제대로 연구한 당시 몇 안 되던 대가였어요. 1958년에 우파로 몰려 고생도 많이 하셨던 이분의 영향을 많이 받았어요.
고등학교 2학년 때 자오 교수의 소개로 당대 가장 유명한 철학자이자 사상사가였던 리 쩌허우(李澤厚)˚ 선생과 만나게 되었어요. 리 선생님과의 만남은 저의 지적 성장에 많은 영향을 끼쳤는데, 당시 리 교수님의『비판철학의 비판: 칸트평론』을 읽으면서 철학에 매료되었지요. 리 선생님은 제가 대학 2학년때 쓴「역사유물론은 맑스주의 철학의 핵심이다」라는 논문을 학회지에 실어주기도 했습니다. 그 논문

은 소련에서 수입된 맑스레닌주의가 변증법적 유물론이라는 전(前)
칸트적인 철학관을 기초로 한 이론에 불과하다고 비판하는 논문이
었어요.

대담자 선생님은 대학 시절 공학을 공부했습니다. 그런데 어떻게
사회과학으로 진로를 바꾸어 미국으로 유학을 가게 되었는지요?

추이 즈위안 당시 중국에는 공학 공부를 권장하는 분위기가 상당
히 강했지요. 부모님도 그런 의견이었고요. 그래서 씨스템공학과 응
용수학을 전공하게 되었습니다. 하지만 인문사회과학에 대한 관심은
계속 갖고 있었어요.

사실 제가 대학에 다니던 1980년대는 매우 특별한 변화의 시대였
어요. 특히 80년대 초 중국에는 제도와 문화 혁신에 대한 희망으로
활력이 넘치고 있었거든요.

동시에 당시 대학생들은, 현실적으로도 매우 독특한 상황에 놓여
있었어요. 정부가 일자리를 지정해주던 시절이라서 대학을 졸업하면
바로 일자리가 주어졌고, 자유화의 바람이 불어 대학에서는 많은 것
을 자유롭게 읽고 토론할 수 있었지요. 그래서 취직 걱정 없이 마음
껏 공부하고 여러 사회문제들에 대해 고민할 수 있었던 거예요. 이런
80년대 초반 분위기 속에서 학부를 졸업하고 사회과학원으로 가게
된 겁니다.

그러다 1986년 우연히 시카고대학의 저명한 학자였던 쩌우 탕
(Zou Tang) 교수의 강연회에 참석하게 되었어요. 쩌우 교수의 아버
님은 쑨 중산(孫中山, 쑨 원)의 친구이자 중산대학 초대총장을 역임

했던 유명인사였어요. 쩌우 교수의 강연회에서 저는 민주주의의 조
건과 한계를 논한 애로우(K. Arrow)의 불가능성 공리(impossibility
theorem)에 관한 질문을 했는데, 쩌우 교수는 당시 그런 질문을 할
수 있는 중국 학생이 있다는 것에 깜짝 놀랐던 모양이에요. 결국 그
분 소개로 시카고대학으로 유학을 가서 게임이론 및 분석적 맑스주
의의 대가인 셰보르스키(A. Przeworski) 교수와 엘스터(J. Elster) 교
수 밑에서 정치학을 공부하게 된 겁니다. 이후 MIT대학의 웅거(R.
Unger)* 교수와 교류하면서 '비판법학'에 영향을 받게 되었고, 또 나
중에는 '신진화론'에도 영향을 받았습니다.

분석적 맑스주의를 공부하면서 정통 맑스주의 이론에 대해서 비
판적인 태도를 취하게 되었습니다. 동시에 모든 사회체제가 자본주
의 시장경제로 수렴할 것이라는 당시 지식계에 유행하던 논의에도
동의할 수 없었습니다. 1994년에 웅거 교수와 함께 쓴 글에도 잘 나
타나 있듯이 당시 저는 중국을 전환경제(transition economy)라고 부
르는 것이 못마땅했어요. 그런 명칭의 기저에는 모든 사회가 서구와
같은 자본주의 시장경제로 전환될 수밖에 없을 것이라는 전제가 깔
려 있기 때문이지요.

추이 즈위안은 1994년 「제도혁신과 제2차 사상해방」이라는 논쟁적인
글을 발표했다. 이 글에서 그는 1978년 개혁개방과 함께 진행된 제1차
사상해방에 이어 제2차 사상해방이 필요하다고 역설했다. 사유와 국유,
시장경제와 계획경제, 자본주의와 사회주의라는 이분법을 넘어 상상력
을 갖고 경제민주와 정치민주를 위해 제도를 혁신해야 한다는 것이 그
의 핵심 주장이었다. 이 글에서 그는 당시 중국 농촌의 향진기업에서 볼

수 있는 주식제도와 합작제도의 결합 양상 및 촌민위원회 선거가 바로 그러한 제도혁신의 요소들을 지니고 있다고 주장했다. 같은 맥락에서 그는 농촌 인민공사를 폐지한 이후 중국 농촌에서 자본주의적 생산관계가 회복되고 있다고 보는 서양학자들의 견해를 반박했다. 중국 농촌의 토지는 국가 소유도 아니고 개인 소유도 아닌 촌(村)의 집체소유(集體所有)인데, 이런 소유제는 일종의 프루동식의 쁘띠부르주아 사회주의와 유사하다는 것이 그의 분석이다.

대담자 1990년대에 선생님은 쁘띠부르주아 사회주의를 주창했습니다. 쁘띠부르주아와 사회주의의 결합은 언뜻 형용모순이라는 생각이 드는데요. 선생님의 쁘띠부르주아 사회주의는 무엇을 의미합니까?

추이 즈위안 잘 알다시피 쁘띠부르주아 사회주의라는 용어는 맑스가 프루동 등 당시의 사회주의자들을 비판하기 위해 만들어낸 말이지요. 하지만 하나의 역설은 사회주의혁명 이후에 프롤레타리아는 그전의 프롤레타리아가 아니게 된다는 점입니다. 사실 맑스도 혁명이 자본가를 없앨 뿐 아니라 노동자계급도 없앨 것이라고 일찍이 설파했죠. 사회주의는 노동자계급의 무산계급적인 지위를 영구화하지 말아야 합니다. 쁘띠부르주아의 보편화를 지향해야 한다고 생각해요. 제가 말하는 쁘띠부르주아 사회주의는 덩 샤오핑이 제창한 샤오캉사회론*과도 연결됩니다. 샤오캉사회는 계급적 대립 없이 모든 시민이 공동의 부를 향유할 수 있는 사회를 말하는 것이거든요.

충칭 실험과 사회주의 시장경제

대담자 많은 사람들은 '중국 특색의 사회주의 시장경제'라는 표현을 일종의 정치적 구호로 간주합니다. 20세기 사회주의 프로젝트가 소련과 동유럽 사회주의 붕괴로 막을 내리면서 이제 자본주의 시장경제가 승리했고 중국도 다르지 않다는 것이지요. 프랜시스 후쿠야마의 『역사의 종언』이 이런 사고를 극명하게 드러내지요. 이들과 달리 선생님은 '사회주의' 시장경제라는 표현을 상당히 진지하게 받아들이고 있는 듯합니다. 선생님에게 사회주의는 무엇을 의미합니까? 또 중국 특색의 사회주의 시장경제 속에서 어떤 대안을 발견하는지 궁금합니다.

추이 즈위안 서구에서는 물론 중국에서도 많은 사람들이 사회주의 시장경제를 단순히 하나의 구호라고 치부해버립니다. 공산당 집권 때문에 어쩔 수 없이 시장경제 앞에 사회주의를 덧붙인 것에 불과하다고 말이지요. 또 많은 이들은 중국이 이미 '자본주의'로 변했다고 말합니다. 저는 이런 견해에 동의하지 않습니다. 중국은 동유럽 나라들이 1970년대 이후 지향했던 시장사회주의(market socialism)와도 다르고 또 북유럽식의 사회민주주의(social democracy)와도 다른 사회주의 시장경제를 구축했다고 생각합니다.

먼저 시장사회주의와 비교해봅시다. 시장사회주의 이론의 효시는 오스트리아의 랑게(O. Lange)입니다. 그는 1938년 하이에크와의 논쟁과정에서 시장사회주의를 제창했습니다. 랑게 주장의 핵심은 사회주의국가의 중앙계획부처는 한계비용 계산을 통해 시장가격을 모방

(simulation)할 수 있고, 그렇게 계산된 가격을 계획경제 아래서 생산된 제품에 적용할 수 있다는 것이었어요.

하지만 중국의 사회주의 시장경제는 이런 식으로 시장가격을 모방하는 것이 아니라, 가격이 실제로 시장에서 결정됩니다. 1980년대 후반 이중가격제도(이른바 쌍궤제도)가 해제되자 95퍼센트 이상의 상품 가격이 시장에 의해 결정되었지요. 즉, 중국의 사회주의 시장경제는 랑게 류의 시장사회주의와는 다른 사회주의 '시장경제'입니다.

또한 중국은 유럽식 사회민주주의와도 다릅니다. 유럽식 사회민주주의는 고율의 세금과 소득이전을 통해 분배의 공정성을 이루는 이차적인 재분배 씨스템이지만, 중국은 일차적 분배에 기반을 둔 씨스템이라고 할 수 있습니다. 국가가 국유자산의 가치증식을 통해, 통상적인 세금 및 국채와는 별도로 정부 재원을 만들어 전반적인 감세정책을 시행해 성장동력을 마련함과 동시에 민생지원을 할 수 있습니다. 이런 접근방식을 가장 잘 보여주는 것이 충칭입니다.

대담자 최근 몇년간 중국에서 시장주의적인 우파와 신좌파 사이에 가장 커다란 논쟁점이 되었던 것이 이른바 '국진민퇴(國進民退)'입니다. 즉, 시장주의자들은 2000년대 들어 국가의 영향력 및 국유기업의 독점적 지배력은 커지고 민간부문의 활력이 축소되고 있다고 비판합니다. 충칭의 경험은 이런 '국진민퇴' 논쟁에서 어떤 의미를 지닙니까?

추이 즈위안 요즈음 항간에서 얘기되는 '국진민퇴'라는 표현에 저는 동의할 수 없습니다. 오늘날 중국에서 민간기업의 수는 압도적입니다. 충칭에서도 GDP의 62퍼센트가 민간기업에 의해 창출됩니다.

저는 국유기업의 민영화를 찬성하는 쪽은 아닙니다. 그렇다고 국유기업 개혁의 필요성을 부인하지도 않습니다. 중앙정부 산하의 독점적 국유기업은 부단히 개혁되어야 합니다. 저는 이전부터 중앙정부 통제 아래 있는 자원 및 전력 관련 회사들이 사회배당금을 정부에 더 많이 내놓는 방식으로 사회에 환원해야 한다고 주장해왔습니다.

우리는 중앙정부 통제 아래 있는 국유기업과 지방정부가 통제하는 국유기업을 구분할 필요가 있습니다. 중앙이 통제하는 국유기업의 대다수가 자원, 전력 및 통신 등 전략산업 분야의 독점기업이라면, 지방정부가 관할하는 국유기업들은 경쟁에 노출되어 있고 독점적 지위를 누리고 있지 않거든요.

충칭의 경험은 국진민퇴가 아니라 국유자산의 가치 상승과 민간의 부 축적이 공존하는 방식[國進民也進]을 잘 보여줍니다. 즉, 국가자산의 가치 상승이 민간의 부의 축적을 방해하는 것이 아니라 촉진한다는 것이지요.

국가소유의 토지자산을 시장에서 효율적으로 운용하면서 나온 수익과 국유기업이 산출하는 수익을 사회배당금(social dividends)으로 배분하는 것이 충칭실험의 핵심입니다.

추이 즈위안은 2001년에 1700억 위안이던 충칭의 국유자산 총액이 2010년에는 1조 2000억 위안으로 증가해 전국 성과 직할시 들 중에서 4위로 도약했다고 지적한다. 이처럼 증식된 국유자산을 기반으로 2011년부터 충칭시는 국유자본 수익의 30퍼센트를 재정으로 끌어들여 민생과 사회써비스에 사용하고, 이를 통해 국유기업의 사회적 성격을 완전히 구현한다는 방침을 채택했다. 사실 공유자산의 시장수익을 사회에 배당한다는 정책이 충칭만의 것은 아니다. 중앙정부도 2000년대 후반부터 국유기업 수익을 사회배당금으로 전환하는 정책을 채택하기 시작했다. 다만 그 폭과 깊이에서 충칭은 훨씬 앞서나가고 있으며, 추이 즈위안은 자유사회주의라는 틀로 이에 대해 적극적인 의의를 부여하고 있다는 점이 다를 뿐이다.

추이 즈위안　이처럼 충칭시는 '공유자산의 시장수익은 반드시 사회로 배당한다'라는 원칙에 입각해 민생정책을 펼치고 있습니다. 예를 들면 실업자, 대졸자, 농촌으로 돌아간 농민공, 장애인 등의 창업을 지원하기 위해 시 재정에서 매년 3억 위안을 출자하고 있습니다. 이런 지원은 20명 이하를 고용하고 최초 자본금이 10만 위안 이하인 소기업에 집중적으로 주어지는데 최초 자본금의 50퍼센트를 국가가 지원합니다. 이 지원금은 국유기업이 창출한 이윤에서 충당합니다.

다른 예를 하나 들어보지요. 중앙정부는 낙후된 중국 서부지역을 개발하기 위해 충칭시 및 서부의 12개 성에 각종 우대조치를 해주었습니다. 그중 하나가 전국적으로 유지되고 있는 33퍼센트의 기업소득세를, 서부지역에서는 15퍼센트까지 내릴 수 있다는 것이었습니다. 그런데 나머지 12개 성은 여전히 33퍼센트의 기업소득세를 부과하고 있는데 반해, 충칭만 15퍼센트로 세율을 인하했습니다. 이는 충칭 시정부가 국유자산의 가치상승을 실현했기 때문에 가능했던 겁니다. 국유기업의 경영수익으로 국고를 채우자 감세할 수 있는 여력이 생겨난 거지요. 낮은 기업소득세를 유인책으로 민간기업과 외자기업을 유치하게 되면 충칭시 재정은 더욱 튼튼해지겠지요.

충칭의 이러한 경험은 1977년에 노벨경제학상을 수상한 미드(J. Meade)*의 '자유사회주의' 이론과 일맥상통하는 부분이 많습니다. 미드는 공유자산이 시장수익을 창출할 수 있다면 정부가 세수나 국채에 지나치게 의존하지 않아도 된다고 생각했습니다. 세율이 지나치게 높으면 개인과 기업의 혁신 의욕을 떨어뜨리고, 국채 이율이 너무 높으면 생산적 투자에 불리하게 작용하게 되지요. 그러니 공유자산의 시장수익을 제3의 재정수입으로 활용해서 세수와 국채에 대한 의존도를 줄일 수 있다면 경제적 효율성을 높일 수 있는 것이지요.

높은 세율을 통해 재분배를 도모하는 '사회민주주의'와 달리 미드식의 자유사회주의는 낮은 세율과 공유자산의 시장수익에 의존하여 효율성과 공정성을 동시에 달성할 수 있습니다. 그리고 이것이 바로 충칭 경험의 핵심이고요. 다양한 소유제도가 병존하는 이점을 강조하는 미드의 이론은 충칭에서 실험한 국유 및 민간자본의 동시성장 경험을 훌륭하게 설명할 수 있습니다.

2012년 중국공산당 정치국원이자 충칭시 당서기였던 보 시라이의 실각은 1989년 톈안먼사건* 이후 가장 극적인 정치적 사건이었다. 실각하기 이전 그는 중국 최고지도부인 정치국 상무위원 진입이 유력시되고 있었다. 랴오닝성 당서기, 상무부 장관을 역임한 그는 인민들과 언론에 직접 호소하는 스타일로 국민적 인기가 높은 정치인이었을 뿐만 아니라, 충칭모델의 실험을 통해 신좌파의 정치적 대표자로 간주되고 있었다. 2012년 2월 그의 심복이었던 왕 리쥔 충칭시 공안국장의 미국 망명 시도가 보 시라이 아내 구 카라이의 영국인 사업가 닐 헤이우드(Neil Heywood) 독살사건, 보 시라이 일가의 권력 남용과 어마어마한 부정축재의 의혹 제기로 이어지면서 중국 정치권과 사회를 뒤흔들었다. 보 시라이는 당직을 포함한 모든 공직에서 축출되었고, 사건의 여진은 지금도 계속되고 있다.

대담자 요즘도 충칭에 세간의 이목이 집중되어 있지요. 한동안은 충칭의 사회·경제정책 실험이 사람들의 관심을 끌었는데, 지금은 그 실험을 추진했던 보 시라이의 극적인 몰락이 관심을 끌지요.

추이 즈위안 충칭모델 하면 대부분 보 시라이 전 충칭 당서기를 떠올립니다. 하지만 정말로 충칭모델을 만든 사람은 황 치판 시장입니다. 솔직히 말하면 2007년 11월에 충칭시 당서기로 부임한 보 시라이가 충칭모델 발전에 가장 크게 공헌한 일이 있다면 황 치판을 시장으로 승진시킨 것입니다. 2001년 충칭시 부시장으로 부임한 황 부시장은 2010년 연령 정년에 걸려 곧 은퇴할 운명이었습니다. 그런데 보 시라이가 임기가 2년 남아 있던 당시 시장을 조기 퇴직시킨 후 황 치판을 시장으로 발탁했거든요. 황 치판은 이론가가 아니라 실천가입니다. 그에게는 좌냐 우냐는 중요하지 않습니다.

충칭시 부시장으로 부임하기 전에 황 치판은 상하이시 경제위원회 총책임자로서 1990년대 상하이 푸동(浦東)지구 개발에 주요한 역할을 했다. 상하이의 고도성장을 상징하는 푸동지구는 공공시설에 대한 통상적인 재정투자가 아닌 국가가 소유한 토지자산을 시장에서 운용해 얻은 수익을 근거로 개발했다는 점에 그 특징이 있다. 토지공유제를 기초로, 재정투자에 의존할 필요 없이 임대토지 사용권 미래 수입을 추산해서 푸동지구 개발회사들의 국유주식을 발행했다. 이렇게 발행한 국유주식을 기반으로 개발회사들은 은행에서 대출을 받고 외자유치에 성공했다. 아무것도 없는 허허벌판에서 출발했지만 일단 개발이 이루어지자 토지가격이 상승했다. 지가상승으로 인한 수익의 대부분은 지가상승의 결과 상승한 국유주식의 이익배당을 통해 그 대부분이 사회화되었고, 이를 다시 개발에 재투자함으로써 푸동 신도시 조성이 완수되었다. 황 치판의 푸동개발 경험이 이후 충칭모델 발전에 많은 참고가 되었다.

대담자 공유 토지자산을 활용해 국부를 늘리고 그 국부를 사회화한다는 황 시장의 접근은 분명히 대단한 의미가 있다고 보입니다. 특히 이론적인 차원에서 머물지 않고, 상하이와 충칭에서 대규모로 시행되었으니까요. 하지만 요즈음 중국에서 가장 문제가 되는 것이 토지와 주택 가격의 폭등이지 않습니까? 특히 국가가 소유한 토지를 개발하면서 민간개발자들에게 개발권이 넘어가고 이에 따라 토지가격 폭등에 따른 이익을 일부 민간 부동산회사들이 독점하는 것이 중국의 가장 심각한 사회·경제적 문제 중의 하나가 아닌가요?

추이 즈위안 확실히 심각하긴 하지요. 하지만 우선 토지재정이 중국 각 지방정부 재정 수입의 50퍼센트 이상을 차지하고 있고 그래서 기업과 개인의 세금 부담이 더이상 커지지 않는다는 현실도 인정해야 합니다.

문제는 어떻게 부동산가격 폭등을 억제함과 동시에 개발이익을 공적으로 환수할 수 있을까입니다. 2003년 황 치판 시장은 충칭부동산그룹을 세워서, 시정부의 자본투입을 통해 토지비축 공급씨스템을 만들었습니다. 미래에 개발될 토지를 계획적으로 비축·관리해서 집값이 높아질 경우 일정 면적의 토지를 공급함으로써 집값을 억제하고, 땅값과 집값 상승으로 발생한 수익을 공공이익으로 환수하는 조치를 취한 것이지요. 이렇게 충분히 비축된 토지를 기반으로 전국에서 가장 큰 규모의 공공임대주택을 건설할 수 있었고, 그 주된 수혜자는 농민공을 도시에 통합시키는 충칭시의 정책에 힘입어 도시 호적을 취득하게 된 농민공들이었습니다.

사실 이런 정책은 미국의 토지개혁이론가 헨리 조지가 이미 100여년 전에 제시한 바 있습니다. 그는 토지가격이 오를 경우 그 수익은 공공에 귀속되어야 한다고 했습니다. 그렇게 되면 개인은 영원히 별도의 세금을 낼 필요가 없다고 했죠. 중국의 국부 쑨 중산(쑨 원)이 민생주의를 주창하면서 내세운 개발이익 환수제도 바로 헨리 조지의 이론에 바탕으로 두고 있었어요.

사실 토지가격의 상승은 그 토지를 소유한 개인의 노력과는 무관하게 발생하지 않습니까? 토지가격의 상승은 수많은 개별적인 소유자들뿐만 아니라 정부의 공적 투자, 즉 도로·전기·수도·지하철 같은 공공투자 등으로 발생하는 것이기 때문에 그 이익을 개별 소유자가 전유하는 것은 말도 안 되는 겁니다.

하지만 우리는 국가에 의한 토지공유제 그 자체가 새로운 가치를 만들어내지는 못한다는 점도 분명히 인식하고 있습니다. 우리가 경험했듯이 시장 없는 사회주의 아래서 공유된 토지는 아무런 가치를 갖지 못합니다. 오로지 공유자산을 시장경제 속에서 효율적으로 운용할 때 가치증식은 실현됩니다. 그리고 그렇게 증식된 가치를 국가가 미래를 위한 투자와 사회배당금으로 활용한다는 것이지요.

황 치판 시장은 자신의 정책이 맑스주의와 레이건주의의 결합이라고 말한 바 있습니다.(웃음) 즉, 국유자산의 전략적·계획적 활용이라는 맑스주의 노선과 감세를 통한 민간부문 활성화라는 레이건주의 노선을 결합했다고요. 그래서 제가 이렇게 이야기했지요. 바로 그것이 제임스 미드가 말하는 자유사회주의라고요! 또 제가 1990년대부터 주장해온 쁘띠부르주아 사회주의와 일맥상통한다고요.

대담자 충칭 토지정책의 또다른 측면인 도시·농촌 통합 토지개발권거래소에 대해서 묻고 싶습니다. 토지개발 이익의 사회화 및 공유라는 점에서 충칭 토지개발권거래소는 중국을 넘어 전세계적으로도 매우 유의미한 실험이라고 생각됩니다만.

추이 즈위안 충칭 토지개발권거래소의 중요성은 중국 토지정책의 두가지 기본원칙을 알아야만 이해할 수 있습니다. 우선, 중국정부는 도시화와 공업화의 달성을 우선목표로 내세우고 있지요. 이런 관점에서 볼 때 일부 경작지가 개발용지로 전환되는 것은 피할 수 없게 되지요. 그런데 정부는 또 식량안보라는 관점에서 전국적으로 19억묘(畝, 666.66평방미터)의 경작지를 절대적으로 확보해야 한다는 두번째의 정책원칙을 견지하고 있습니다. 이 두가지 기본원칙은 얼핏 상호 모순되는 듯이 보일 수도 있습니다.

2008년 전국 최초로 설립된 충칭 농촌토지개발권거래소는 이런 두가지 정책목표를 동시에 실현하기 위해 탄생했습니다.

중국뿐만 아니라 많은 나라들에서 도시화가 진행되면 도시 근교 농촌은 토지가치 상승으로 인한 이익을 얻게 되지요. 하지만 도시에서 멀리 떨어진 농촌 주민들은 개발의 이익을 누리지 못합니다. 그러나 충칭에서는 그렇지 않습니다. 충칭이 창안해낸 '지표'씨스템 덕분에 그렇습니다. 원리는 이렇습니다.

도시에서 멀리 떨어진 농촌에 살던 농민들이 도시로 이농하면서 방치될 운명에 놓인 비경작지(농촌주택용지, 부대용지, 농촌기업이나 공공시설)를 경작용지로 전환하면 농촌토지개발거래소는 경작용지로 전환된 만큼 '지표'를 발급해줍니다. 다른 한편 계속 팽창해가는 도시 근교 농촌의 개발을 원하는 부동산업자들은 위와 같이 원격지 이주 농민들이 비경작지를 경작지로 전환함으로써 발급된 '지표'를 토지개발권거래소에서 구입해야만, 그 '지표'의 면적만큼 도시근교의 경작지를 용도전환하여 개발할 수 있습니다. 이처럼 '지표'는 원격지 농촌 경작지와 도시로 편입되어가는 근교 농경지를 연결해주게 됩니다.

그 결과 도시에서 멀리 떨어진 농촌 주민도 개발에 따른 토지가격 상승의 이익을 향유할 수 있게 되었습니다. 충칭에서는 도시화가 진행되면서도 전체 경지면적이 감소되기는커녕 오히려 다소 늘어나는 성과가 있었을 정도입니다.

대담자 위와 같은 창조적인 실험에 이끌려 충칭에 오게 된 건가요?

추이 즈위안 2008년에 중국경제학회 연례학회가 충칭에서 열렸는데, 첫날 회의가 끝나고 보 시라이 당서기와 황 치판 시장이 경제학회 대표들 다섯명을 초청해서 만찬을 함께했습니다. 그때 저는 보

시라이 서기와는 한시간가량 이야기를 나누었고, 그가 떠난 후에 황 치판 시장과는 무려 서너시간에 걸쳐 토론했는데, 그 자리에서 우리 는 뜻이 맞았어요.

사실 저는 1990년대 중반부터 중국 사회주의 시장경제의 몇몇 제도들에서 제가 주장해온 쁘띠부르주아 사회주의의 일부 특질을 발견하긴 했습니다. 하지만 충칭에서처럼 쁘띠부르주아 사회주의 혹은 자유사회주의가 하나의 씨스템으로 전개될 가능성을 발견한 적은 없었습니다. 그런 점에서 충칭의 실험은 제게 무척이나 흥미로웠습니다.

얼마 지나지 않아 황 시장이 제안을 했습니다. 충칭에 와서 일을 한번 해보지 않겠느냐고. 그래서 2010년 5월에는 아예 짐을 싸서 충칭으로 내려와 충칭시 국유자산관리감독위원회에서 일하게 된 겁니다. 황 시장의 개인 요청에 따라 온 겁니다. 시의 정책을 결정하는 모든 회의에 참가할 수 있고 발언할 수 있는 권한을 갖고 있습니다만, 주로 듣는 편입니다. 물론 정책개발에 제 생각을 내놓기도 하지요.

1990년대 말 중국은 국유기업 개혁과 부실채권 처리에 골머리를 앓고 있었습니다. 충칭의 경우 1997년과 98년 말에 불량채권을 처리하면서 동팡자산관리위원회 등 네개의 자산관리회사를 만들었습니다. 불량채권을 이들 자산관리회사가 사들여 민간업자들에게 엄청나게 싼값으로 팔아넘긴 거지요. 이런 식으로 민영화가 진행되었고, 민간업자들은 싼값에 자산을 사들였지요. 이런 식의 민영화는 충칭뿐만 아니라 모든 곳에서 진행되고 있었어요. 이런 상황에서 2001년 황치판이 충칭시 부시장으로 왔습니다. 그는 금융문제에 정통한 사람이었죠.

부임한 지 얼마 안 되어 황 치판은 동팡자산관리위원회가 충칭철강의 부실채권을 민간인에게 팔 계획을 세우고는 이를 헐값에 넘겨주는 상황을 지켜보게 됩니다. 사실 충칭철강이 계획경제시대 관료주의 등 역사적 이유로 많은 부실채권을 떠안고 있었지만, 회사 자체의 경영이나 기술이 나쁜 상태는 아니었거든요. 그러니 황 치판은 스스로 질문하게 된 겁니다. 왜 정부는 이렇게 값싼 자산을 사들이면 안 되는가라고요. 그러고는 공적자금을 모아 부실채권을 매입할 수 있는 회사를 세우기로 했습니다. 그렇게 해서 2004년에 위푸공사(裕富公司)가 탄생한 겁니다.

위푸공사는 충칭 소재 1000여개의 국유기업에 대한 중국 공상은행의 부실채권을 사들였습니다. 당시 위푸공사는 장부 가격의 20퍼센트로 부채를 사들였는데 나중에 상황이 호전되고 나서 공상은행은 더 높은 가격에 팔 수도 있었다고 후회했을지도 모릅니다. 그런데 위푸공사든 공상은행이든 모두 국유기업이기 때문에 결국 돈을 한 사람의 왼쪽 주머니에서 오른쪽 주머니로 옮기는 일과 마찬가지였지요. 이렇게 해서 불량자산의 가격을 정하는 까다롭고 어려운 문제에서 벗어나 부실채권을 신속하게 정리할 수 있었던 겁니다.

이 위푸공사는 1932년 대공황 초기에 설립된 미국의 재건금융공사와 유사한 점이 있습니다. 최근 2008년 월가의 금융위기를 해결하기 위해 부시정권이 만든 TARP(Troubled Asset Relief Program)와도 비슷합니다. 당시 폴슨 미국 재무장관은 금융시장 구제를 위해 7000억 달러를 투입해 은행의 악성부채를 사들이자는 계획을 발표했습니다. 하지만 대다수 미국민들은 국민의 혈세로 월가의 부자들을 구해주는 불공평한 조치라고 생각했습니다. 그래서 조지 쏘로스는 공공자금으로 은행 주식들을 사들여야만, 즉 부분적인 국유화를 진행해야만 공평하고도 효율적인 시장구제 방안이 될 수 있다고 제안했습니다. 그래야만 국유주식에 수익이 발생하면 국민들에게 돌려줄 수 있고 전적으로 부자들만 보조해주는 것은 아니라는 것이죠. 이런 조치에 대해서 사회주의화라는 비난이 쏟아져 주춤거리기는 했지만 결국은 AIG 같은 거대금융회사의 주식 중 79퍼센트가 국가소유로 귀결되지 않았습니까?

얼마 전에 쏘로스와 만났을 때, 중국의 위푸공사 사례 등을 들면서 미드의 자유사회주의 이론을 설명해주었더니 상당한 관심을 보이더군요. 이런 식의 국유화 조치를 통해 다양한 소유형태가 공존할 수 있게 되고, 공유자산의 시장수익을 늘림으로써 정부는 세수와 국채에 대한 과도한 의존을 줄이고 전체 경제효율을 높일 수 있게 되는 겁니다.

노동의 민주화

대담자 충칭모델의 사회정책적인 측면에 대해 잠깐 이야기를 나누어볼까요? 충칭이 전국적인 주목을 끌게 된 또 하나의 이유는 민생공정(民生工程)이라 불리는 민생정책 때문이지요. 특히 중국사회의 가장 커다란 문제인 이른바 '농민공'의 지위를 개선하고 이들에게 도시주민과 동등한 권리와 혜택을 부여하는 실험에서도 가장 앞서 있지 않습니까?

추이 즈위안 농민공의 지위를 개선하고 그들에게 도시주민과 동일한 혜택을 부여하는 것은 중앙정부의 정책이기도 합니다. 충칭은 이러한 정책을 선구적으로 실시하고 있습니다. 공유자산을 창조적으로 활용하는 정책, 특히 충칭 특유의 토지정책에 힘입어 농민공 통합을 다른 어떤 곳보다 적극적으로 추진할 수 있었습니다.

2010년 8월 15일 전국 최대 규모로 단행된 농민공 후커우제도[*] 개혁의 결과, 일정 기간 이상 도시에서 일한 농민공에게 조건 없이 충칭시의 후커우를 부여할 수 있게 되었습니다. 이미 300만 가까운 농민공이 도시 후커우를 취득했습니다. 그 결과 양로, 주거, 의료, 취업, 자녀교육에서 원래 충칭시 후커우를 가진 주민과 완전히 동등한 대우를 받을 수 있게 되었지요.

대담자 노동문제에 대해 잠깐 이야기를 나누고 싶습니다. 선생님은 앞서 고소득자에게 높은 세금을 물림으로써 재분배를 실현하는 유럽 사회민주주의와 중국 사회주의 시장경제가 어떻게 다른지 설명한 바 있습니다.

하지만 유럽 사회민주주의가 소득이전을 통한 재분배에만 성공한 것으로 보는 건 좀 일면적이라는 생각입니다. 왜냐하면 북유럽 사회민주주의의 경우 강력한 노동조합이 사용자단체와 전국적 차원 혹은 산업별로 임금교섭을 함으로써 이미 이윤과 임금의 1차배분 단계에서부터 개입하고 있기 때문이지요. 주요 선진국 임금배분과 노사관계를 분석해보면, 노조 조직률이 높고 산별 혹은 전국 차원의 단체협상이 이루어지는 나라일수록 노동과 자본 간의 소득배분 및 노동자계급 내부의 임금불평등도 상대적으로 적은 것을 알 수 있습니다.

추이 즈위안 중국에서 노동자의 힘이 약한 것은 사실이지요. 그런 점에서 독립적인 노조가 필요하다는 데 공감합니다. 다만 미국 같은 자유주의 시장국가에서 노조 조직률이 현저하게 하락하고 있다는 점도 함께 지적하고 싶습니다. 미국 대공황 직후 뉴딜시대 1935년 와그너법이 도입된 이후 노조 조직률이 급격히 상승했지만 1960년대 이후 계속 하락하여 이제는 겨우 10퍼센트 정도의 미국 노동자들만 노동조합에 소속되어 있습니다.

노동조합 개혁이라는 측면에서 최근 브라질 룰라정권의 시도는 흥미로운 점이 있습니다. 1990년대 저와 함께 이론작업을 했던 웅거 교수가 룰라정권의 전략부 장관으로 임명되어 노사관계 개혁에도 중요한 역할을 했습니다.

결사의 자유를 완벽하게 보장한다는 것은 동시에 사용자들에게도 노동조합을 반대할 수 있는 권리를 보장한다는 뜻이기도 합니다. 미국이 그런 사례인데요. 이런 자유주의적 접근은 사용자들이 노조조직화에 반대할 유인을 제공함으로써 노조를 조직하는 데 드는 사회적 비용과 갈등을 높이게 마련이에요. 다른 한편에 남미의 전통적인 조합주의(corporatism) 모델이 있지요. 예를 들어 브라질에서는 정부가 노조 설립을 의무화하고 정치적으로 통제하려고 했는데, 그 결과 노동조합은 본연의 활력을 상실할 위험에 처하게 됩니다.

브라질 룰라정부의 노사관계 개혁은 자유주의적인 접근의 사회적 비용을 낮추면서 동시에 조합주의적 모델의 한계를 어떻게 극복할 것인가라는 문제의식에서 출발해 양자 사이의 타협을 모색한 결과입니다. 정부가 사업장마다 노조 설립을 의무화하고 재정적으로 지원하는 기존의 조합주의 모델의 틀은 그대로 유지한 채, 각 산업 내부에서 다수의 노조가 경합하도록 허용함으로써 민주적 경쟁의 요소를 도입하려 한 것이 룰라 노사관계 개혁의 요체이거든요. 완전한 자유노조를 허용할 수 있는 상황이 아닌 중국 실정에서 볼 때 룰라의 실험은 흥미롭고 중국에 시사하는 바도 있습니다. 왜냐하면 중국은 노동조합에 노동자들의 자발적 조직의 성격을 부여하면서도, 다른 한편으로는 노동자들이 총공회의 대표권을 받아들일 것을 의무화하고 있으니까요.

대담자 중국의 노동 상황에도 서서히 변화가 일어나고 있는 듯합니다. 적어도 공식 통계수치만을 본다면 노조 조직률도 최근에 매우 높은 수준에 접근하고 있고요, 단체협약도 급속하게 확산되고 있습니다. 물론 아직도 노조가 사용자들의 영향권 아래 놓여 있다든가, 많은 경우 단체협상이 지나치게 형식적이어서 실제적인 근로조건 개선에 큰 도움이 되지 않는다든가 하는 문제는 있지만요.

추이 즈위안   그렇지요. 중국에도 나름대로 의미있는 변화가 없는 것은 아니지요. 반노조 기업으로 유명한 월마트에 최초로 노조를 조직하는 데 성공한 나라가 중국이었습니다. 2006년 여름 월마트가 끝까지 노조 결성에 반대하자 중화총공회는 자신들의 조직력을 동원해 밑바닥에서부터 노동자들을 설득하고 조직하는 새로운 전술을 채택해 월마트 경영진이 결국에는 노조를 인정하게끔 만들었거든요. 이전까지 총공회는 경영진과 적당히 타협해 경영진 마음대로 통제할 수 있는 노조를 설립해왔는데, 월마트에서는 전혀 다른 풀뿌리 조직전략을 구사한 것이지요. 이는 매우 중요한 진보입니다.

또 얼마 전에 중앙의 6개 부처가 합동으로 「기업 민주관리에 관한 조례」를 발표했어요. 칭다오 항구 관리공사의 경험 등 중국적 경험을 바탕으로 마련된 기업민주관리 조례는 기업 차원에서 노동자들이 경영에 참여할 근거를 강화했다는 점에서 중요한 진전입니다.

대담자   충칭의 노동정책 영역에서는 어떤 변화가 있었나요?

추이 즈위안   글쎄요. 2008년 11월 택시 기사들의 파업이 발생하자 보 시라이가 적극적으로 나서서 택시노조를 조직한 일을 일단 들 수 있겠네요. 이전까지 기사들에게 의료보험 등을 일절 제공하지 않던 택시회사들이 노조 조직화 이후에는 달라지기 시작했지요. 때문에 보 시라이의 인기가 충칭 택시기사들 사이에서 특히 높은 겁니다.

충칭에서는 공동부유를 실현하기 위한 여러 조치들이 취해지고 있어요. 이런 점에서 황 치판 시장이 2011년에 충칭시 당위원회 회의에서 내놓은, 공동부유를 위한 12개 정책은 매우 중요합니다. 이런 일련의 진보적인 조치들이 구 카이라이 사건으로 영향받지 않기를 바랍니다. 그 사건은 형사사건으로 사법부에서 처리하면 될 문제이지 정책에 영향을 끼쳐서는 곤란하지 않겠습니까.

공동부유를 위한 12개 정책의 핵심은 경제민주화와 관련이 있습니다. 특히 노동자들의 주식 소유를 권장하는 7번째 정책이 중요한데, 그 조항은 기본적으로 저의 건의를 받아들인 겁니다. 저는 국가가 관리하는 연금과는 별도로 노동자들의 퇴직금으로 연금기금을 만들자는 제안을 했습니다. 이는 피터 드러커가 이야기했던 연금사회주의와 유사한 발상이에요. 기업이 이윤 중 일부를 기업연금으로 적립하고, 그걸 통해서 노동자들이 기업 이윤의 일부를 향유하도록 하자는 것이지요. 여기서 한걸음 더 나아가 기업연금을 시장에 투자하기 시작하면 드러커가 이야기하는 연금사회주의가 작동하게 됩니다. 노동자들은 연금을 기반으로 주주로서 기업운영에 참여할 수 있게 되니까요. 이렇게 되면 기업 거버넌스 구조 자체가 변하게 되지요.

우려되는 것은 보 시라이 실각 이후 열린 2012년 충칭시 4차 당대회에서 공동부유를 위한 12개 정책에 대한 이야기가 별로 힘을 받지 못했다는 점이에요. 아무래도 그 사건의 영향을 피할 수 없는 모양입니다.

보 시라이를 둘러싼 사건을 언급할 때마다 추이 교수는 '구 카이라이 사건'이라고 표현하면서, 보 시라이 몰락의 도화선이 된 부인 구 카이라이의 살인혐의는 공정하고 공개된 재판을 통해 밝혀져야 할 형사사건이라고 강조했다. 또 이런 사건이 충칭의 정책에 영향을 주어서는 안 된다고도 강조하면서도, 그 사건의 영향으로 충칭실험이 위축될 것에 대한 염려가 가득했다.

보 시라이 사건과 충칭모델의 미래

대담자 보 시라이의 실각 이전에도 충칭모델의 유효성에 대한 회의적인 시각은 있었습니다. 일각에서는 충칭모델은 중앙정부가 서부대개발을 위해 제공한 보조금에 의존한 모델에 불과하다든가 혹은 겉만 번지르르하지 엄청난 빚더미에 기댄 고속성장일 뿐이라고 말합니다.

추이 즈위안 뭐라고 해야 할지 모르겠네요. 한가지 예를 들어보죠. 보 시라이가 실각하고 장 더장(張德江)* 국무원 부총리가 임시로 충칭시 당서기를 맡았습니다. 얼마 전에 열린 충칭시 4차 당대회에서 장 더장 당서기는 지난 5년간의 충칭시정에 대한 보고연설을 했습니다. 그런데 그 보고에는 한가지 큰 특징이 있었습니다. 그는 지난 5년간의 시정에 대한 보고를 하면서 단 한 건의 수치도 제시하지 않았습니다. 일인당 국민소득이든, 외자유치 실적이든 말이지요. 왜 그랬을까요? 만약 수치를 밝히게 되면 지난 5년간의 충칭의 업적이 드러날 테니까요.(웃음)

물론 서부지역이 동부지역에 비해 훨씬 낙후되어 있었고, 그래서 이미 성숙단계에 들어선 동부지역보다 뒤늦게 개발을 시작한 서부지역의 발전속도가 빠른 것은 당연하지요. 그런데 충칭은 서부지역 중에서도 많은 지표에서 1등을 차지하고 있습니다. 이런 수치들이 공개되면, 역시 보 시라이가 일은 잘 했구나, 라는 평판이 나올 거 아닙니까.

대담자 충칭의 경험이 그렇게 성공적이라면, 다른 지방으로 확산될 가능성이 있는지요?

추이 즈위안 충칭의 경험을 연구하러 시찰을 오는 이들은 지금도 많습니다. 쿤밍(昆明)시가 2009년 채택한 토지거래 방식도 충칭 경험에서 배워간 겁니다. 물론 충칭은 충칭만의 특수성이 있지요. 충칭시는 '시'지만 동시에 베이징, 상하이, 톈진과 마찬가지로 직할시입니다. 중국 토지관리 씨스템에 따르면 성(省)이 아닌 시 정부가 토지관리 및 계획을 집행할 권한을 갖고 있는데, 이처럼 직할시라는 독특한 지위 때문에 충칭시는 토지정책 혁신이 가능했던 것이지요. 이런 특성이 있긴 하지만, 각 지방이 각자의 사정에 따라 충칭 경험의 핵심적인 요소들을 적용할 수 있다고 봅니다.

만약 구 카이라이 사건이 없었다면 국유자산의 시장운용, 도농 간의 통합 등이 충칭을 넘어 중국 곳곳에 더 빨리 확산될 수 있었을 겁니다. 하지만 너무 비관하지는 맙시다. 왜냐하면 중앙과 지방 정부들이 이미 유사한 정책을 채택하고 있거든요.

사실 구 카이라이 사건 같은 일은 결코 예측할 수가 없는 거죠. 실천 중에 맞부딪히게 되는 많은 문제들은 미리 예측할 수 없어요. 이래서 저는 맑스주의의 사전결정론적인 성격을 싫어합니다. 물론 신자유주의도 싫어하지만요. 예를 들어 조지 쏘로스라든가 앨런 그린스펀(전 미국연방준비제도이사회 의장)은 경제위기에 봉착했을 때 임시 국유화 같은 조치를 생각해내지만, 맑스주의자들은 그런 것들은 아무 의미없다고 치부해버리고 생산과잉 위기 등 자본주의 본질론만 반복해 지적할 뿐이거든요. 이런 경향은 중국에도 있습니다. 사회과학원이나 공산당중앙당교의 학자들은 충칭모델이 국유기업에 의존하는 국가주의에 불과하다고 이야기합니다. 하지만 그렇게 말하기 전에 충칭의 발전에서 민영기업 특히 소기업들이 어떤 역할을 하는지를 살펴봐야지요.

대담자 국가와 국유기업이 상대적으로 강조되는 충칭모델과 시장과 민영기업이 중심을 차지하는 광둥모델이 대비되곤 하는데요. 광둥모델에 대해서는 어떻게 생각하십니까?

추이 즈위안 광둥에 대해서는 제대로 공부해보지 않아 뭐라 말하기 힘듭니다. 하지만 최근 광둥성에서는 우칸사태 같은 사회적 충돌이 발생하고 있잖습니까? 그것도 상당히 대규모 충돌 말이에요. 이는 곧 사회적 모순이 광둥에서 제대로 해소되거나 관리되지 않고 있음을 반증하는 게 아닐까요? 물론 충칭의 경우에도 민중을 정치의 주인으로 만드는 민주주의 문제를 해결하고 있지는 못합니다. 그러나 보 시라이는 당정 간부가 인민군중을 위해 일해야 한다는 원칙을 강조했고, 간부들과 인민 사이의 거리를 좁히려고 노력했어요.

정치개혁과 문화대혁명의 유산

대담자 국유자산의 가치증식을 통해 민간경제를 발전시키고 농민공을 포함해 인민에게 복지를 가져올 수 있다는 선생님의 논리와 충칭의 실험은 매력적입니다. 하지만 선생님의 논리와 충칭의 실제 실험과정에서 인민 혹은 시민이 어떤 주도적인 역할을 하고 있다고는 보이지 않는데요.

추이 즈위안 솔직히 말해 그 부분에 대해서는 아직 분명한 답이 없습니다. 여전히 그 대답을 찾기 위해 탐색 중이에요. 분명 몇가지 측면에서 진전이 없었던 것은 아니지만요. 예를 들면, 충칭시 인민대표대회(의회)의 역할이 강화되었습니다. 도시와 농촌의 통합, 농민공지위의 향상과 관련된 입법조치들이 충칭시 인민대표대회에서 이루어졌고요. 물론 한계는 있지요. 게다가 충칭시만 독자적으로 공개적이고 경쟁적인 선거를 통해 인민대표를 뽑는 것은 쉽지 않을 것입니다. 이런 결정은 공산당 중앙 차원에서만 내릴 수 있으니까요.

보 시라이가 주창한 '삼진삼동(三進三同)' 캠페인도 정부와 인민 간의 관계를 변화시키는 데 유의미했다고 봅니다. 삼진은 당과 정부의 간부들이 하층조직과 농촌마을에 들어가고, 농부의 집에 들어가 농촌의 현실을 배우는 것을 의미합니다. 삼동은 농민들과 함께 먹고 자고 노동하는 것을 말합니다. 이런 방침에 따라 모든 당정 간부들은 의무적으로 일년에 최소한 1주일, 신임 간부들의 경우에는 3주간 인민들과 같이 먹고 자고 일해야 합니다. 저는 이런 조치들이 민주주의를 가져오지는 못하더라도 최소한 간부들이 빠질 수 있는 관료적 관성에 제동을 걸 수 있다고 생각하거든요. 이런 노력은 간부들이 인민에게 봉사하도록 하는 새로운 대중노선이라고 할 수 있지요.

대담자 선생님은 1990년대 이후 중국 사회주의 시장경제가 제도 혁신을 통해 창조적으로 경제민주와 정치민주를 이루어야 한다고 강조해왔습니다. 특히 90년대에 쓴 글에서는 "조만간 민주를 심화하지 않는다면 중국은 엘리뜨주의적이고 엘리뜨 간에 상호유착하는 방식의 강한 정부 혹은 정치적 권위주의에서 점차 탈피하되 엘리뜨의 이익과 거래를 허용하고 공직을 개인의 특권으로 변화시키는 것을 용인하는 약한 정부 가운데 하나를 선택할 수밖에 없게 된다"라고 경고한 바 있습니다. 그런 관점에서 오늘날 중국의 정치개혁은 어떻게 보십니까?

추이 즈위안 조금 전에 이야기한 대로 정치분야의 진전은 만족스럽지 않고 매우 더딥니다. 다만 중국적 특색에 대해 한마디만 덧붙이고 싶습니다. 1982년 헌법을 기점으로 중국에서 국가의 헌법과 공산당의 헌장을 주축으로 하는 독특한 헌정질서와 법치주의가 확립되었습니다. 펜실베니아 주립대학의 법학자 베이커(L. Baker) 교수에 따르면 이러한 중국의 1982년 헌정체제는 구미와 일본의 헌정질서와는 구분되는, 오히려 1979년 이슬람혁명 이후 이란의 헌정질서와 유사한 측면을 갖고 있다고 합니다. 나름대로 재미있는 분석이에요.

이란의 경우, 직선으로 선출되는 대통령과 이슬람 최고 성직자들로 주로 구성된 혁명수호위원회라는 두 축을 중심으로 한 이중적 헌정질서를 갖고 있습니다. 혁명수호위원회는 신학적 가치와 혁명의 전통을 수호하는 역할을 하지요. 과학적 발전관과 3개 대표론으로 대표되는 국가 정치적 가치를 수호하는 공산당과 구체적인 정책을 입안하고 실행하는 정부로 이루어진 중국의 헌정질서와도 유사한 측면이 있습니다. 물론 제가 베이커 교수의 이런 관점에 완전히 동의하는 것은 아니지만요.

하나 더 덧붙이자면 2000년대 중반 이후 공산당원들의 당에 대한 권리와 권한을 확대해왔다는 점입니다. 이전에는 잠깐 열리는 당대회를 제외하고는 일반당원들이 당에 대한 감독권을 행사할 통로가 없었습니다. 그런데 2006년 이후 이런 부분에서 많은 개선이 있었습니다. 현재 중국에서 당원들은 적극적인 정치적 시민권을 갖고 있고, 비당원들은 사회적·경제적 시민권만을 갖고 있는 상황이라고도 할 수 있지요. 저는 공산당적을 갖고 있지 않습니다.

대담자 2012년 3월 전인대 폐막식에서 원 자바오 총리는 문혁이 다시 발생할 수 있는 가능성에 대해 강력히 경고하는 발언을 했습니다. 많은 사람을 놀라게 했던 그의 발언은 명백히 보 시라이 당서기 밑에서 충칭에서 진행되던 일련의 움직임에 대한 비판이었는데, 어떻게 생각하는지요?

추이 즈위안 원 총리가 충칭을 가리키며 문혁의 위험을 이야기했다면, 저로서는 동의하기가 어렵습니다. 보 시라이 서기가 문혁을 기도했다는 것은 말도 되지 않습니다. 혁명가요 부르기[唱紅] 대회가 열리는 것을 두고 문혁과 연관짓는 경우가 많은 것 같은데, 저로서는 그런 주장은 받아들이기 힘듭니다. 혁명가요 부르기가 진행되던 그때 저도 충칭에 있었지만, 어느 누구도 다른 사람한테 혁명가요 부르기를 강요한 적이 없었습니다. 혁명가요 부르기는 애초 퇴직한 분들을 대상으로 진행되고 있었습니다. 나중에 혁명가요 부르기 대회가 조직되니까 좀더 많은 사람들이 참가하게 된 것은 사실이지만요.

때마침(2011년) 공산당 창건 90주년이 되어, 전국 각지에서 혁명가요 부르기가 진행되고 있었어요. 장시성(江西省) 징강산(井岡山)에서 전국 혁명가요 부르기 대회가 제일 먼저 개최되었고, 그다음 2차 전국대회가 충칭에서 하기로 되어 있었던 거예요. 그래서 많은 사람들이 그 대회에 참가하러 충칭으로 몰려오는 바람에 그런 장대한 분위기가 연출되었을 뿐인데 그걸 문혁과 연결시키는 것은 무리라고 생각합니다.

대담자 문혁이 끝난 지 30년도 더 되었는데 문혁에 대해서는 여전히 엇갈리는 평가들이 존재합니다. 문혁에 대해서는 어떻게 생각하는지요?

추이 즈위안 문혁은 분명 실패한 경험이지만 문혁이 지닌 여러가지 측면들을 잘 살펴보고 평가해야 합니다. 마오가 문혁 시기에 말한 '대민주'라는 사상은 중요합니다. 현재 중국정치는 점점 더 엘리뜨주의화되고 있는데, 이런 점에서 기존 권위를 타파하려고 했던 문혁의 의의를 과소 평가해서는 안 됩니다. 물론 문혁이 지나치게 나아갔던 것은 사실이지만요.

2008년 충칭에 왔을 때 저희 일행은 보 시라이, 황 치판과 함께 마오 쩌둥과 장 제스가 내전을 종식시키기 위해 회담을 가졌던 역사적 유적을 관람한 적이 있습니다. 그때 그곳에 걸린 여러 사진들 중에서 해방 직후에 중국 서남부 공산당의 총책임자였던 덩 샤오핑이 포함된 단체사진이 눈에 들어왔습니다. 그는 당시 이 지역 최고지도자임에도 불구하고 그 사진의 한구석에 자리하고 있었어요. 요즘 같으면 상상할 수 없는 일이지요. 심지어는 학교에서조차도 지도자들이 가운데 앉는 것이 너무나도 당연하게 되었어요. 즉, 모든 것이 관료화·위계화되었어요. 이건 당내 민주주의와 사회의 민주주의가 후퇴했음을 보여줍니다.

추이 즈위안은 중국혁명 초기부터 마오주의와 정통 맑스레닌주의 사이에 존재했던 긴장과 모순이라는 맥락에서 문혁을 해석한다. 당시 최선진국이던 영국을 모델로 탄생한 맑스주의는 산업프롤레타리아가 장차 인구의 대다수를 차지할 것으로 보았고, 그 결과 소농은 결국 자본주의적 대농에 의해 소멸할 것으로 간주했다.

이러한 고전적 맑스주의는 산업노동자는 극소수이고 농민이 압도적 다수를 차지하고 있던 중국에서 혁명운동을 시작한 마오에게 아주 힘든 이론적 도전으로 다가왔다. 마오와 일련의 지식인들이 현실에서 출발해서 농촌으로 도시를 포위하는 농민혁명전쟁의 길을 걷기로 한 것은 마오가 지닌 이단주의와 현실주의를 보여준다. 그럼에도 불구하고 마오도 1940년대까지는 정통 맑스레닌주의에 의해 제약받고 있었다고 추이 즈위안은 지적한다. 마오가 1940년에 발표한 '신민주주의론'은 자본주의를 거쳐야만 비로소 사회주의에 진입할 수 있다는 전제 위에 있었다.

1952년 이후 마오는 서서히 정통 맑스레닌주의의 역사발전의 필연적 단계론을 넘어서서 새로운 생각을 하게 된다. 마오는 "낙후된 농업과 공업, 낮은 문화·과학 수준은 가장 새롭고 아름다운 그림을 그릴 수 있는 상황"이라고 하면서 정통 맑스주의의 필연론·단계론과 고별하게 되는데, 그 결과가 가장 이단적 실험이었던 문혁이었다는 것이다. 이처럼 추이 즈위안은 청년 마오의 비맑스주의적 사상이 만년의 문혁 이론과 실천으로 이어진다고 파악한다. 만년의 마오는 생산수단의 공유제만으로는 노동대중이 주인이 되는 사회주의의 방향을 결코 보증할 수 없다고 보았다. 문혁 시기에 마오는 오로지 '대민주'와 '생산수단의 공유제'의 결합만이 사회주의에 이르는 길이라고 강조했다.

대담자   문혁과 마오는 떼려야 뗄 수 없는 관계입니다. 마오에 대한 평가 역시 극단적으로 엇갈리는 듯합니다. 마오에 대해서는 어떻게 생각하는지요?

추이 즈위안   마오는 대단히 흥미로운 인물입니다. 그는 인민의 주체성이 발휘되기를 바라면서, 당조직이 이미 인민을 억압하는 기구로 변해버렸기 때문에 인민들이 당위원회를 공격하고 혁명을 해야 한다는 극단적인 주장까지 펼쳤습니다. 그러나 마오는 그후 인민 가운데 파벌 간 투쟁이 너무 격렬해져서 무장투쟁으로 번지는 것을 보고, 이렇게 돼서는 곤란하다는 판단을 합니다. 그래서 마오는 조반파, 군중, 그리고 '개조된' 간부 등 세가지 세력이 함께 참여하는 혁명위원회를 만들어 사태를 진정시키려고 하게 되지요.
그런데 이런 혁명위원회에는 상하이 방직공장 노조 기층활동가 출신인 왕 훙원(王洪文)* 같은 인물도 있었습니다. 조반파였던 왕은 공장노동자들을 이끌고 철로에 드러누워 광저우에서 베이징으로 향하는 기차 운행을 마비시키는 행동까지 한 인물이었어요. 나중에 4인방*의 한 사람인 장 춘차오가 회고록에서 이야기했듯이 왕 훙원은 바로 이러한 과격한 행위 때문에 마오의 눈에 들었던 거지요. 마오는 인민군중의 힘을 발휘시켜야만 체제문제를 해결할 수 있다고 생각했거든요.

마오는 빠리꼬뮌의 경험을 당시의 혁명위원회가 배워야 한다고도 생각했습니다. 그런데 정작 상하이꼬뮌이라는 명칭이 등장하자, 마오는 이것이 너무 지나치다고 생각했고 상하이꼬뮌을 정부조직으로 인정하지 않습니다.

물론 문혁은 실패한 경험입니다. 하지만 당시 마오와 군중들이 모색했던 인민주체성의 발휘에 대해서는 긍정적으로 봐야 한다고 생각해요. 임시직 노동자, 농민공 등이 상하이시의 시장, 부시장이 되었거든요. 물론 이들도 지도자가 되자마자 부패하기 시작했지요. 이들은 모두 캉핑루로 이사했습니다. 캉핑루는 원래 상하이 자본가계급의 호화주택이 있던 곳인데, 문혁 시기에는 혁명위원회 인물들이 차지했지요. 미국의 역사학자 엘리자베스 페리(E. Perry)가 묘사했듯이, 문혁 당시 왕 홍원이 상하이의 영화관에 등장하면 영화관 안의 모든 사람들이 박수로 환영했습니다. 왕 일파가 부패한 것을 모두 알고 있었는데도 노동자들이 박수를 친 까닭은 자신들도 당간부가 될 수 있으리라는 희망이 있었기 때문입니다. 이처럼 문혁은 매우 다면적인 성격을 갖고 있어 간단하게 설명할 수 없습니다. 단지 10년간의 동란 혹은 10년간의 악몽으로만 치부될 수는 없다고 봅니다.

대담자 선생님을 필두로 하는 신좌파는 1990년대 중국에서 모두가 신자유주의적인 시장개혁만을 이야기하는 분위기 속에서 자본주의 시장경제가 가지는 위험, 그리고 신자유주의 세계화의 위험에 대해 경고해왔습니다. 그런데 2000년대 이후 일부 사람들은 신좌파가 민주주의에 대해 이야기하지 않고 너무 국가와 가까워지고 있다고 비판합니다.

추이 즈위안 신좌파와 국가가 긴밀한 관계를 맺고 있다고 이야기하는 것은 조금 부당합니다. 솔직히 자유주의 경제학자들이 국가와 맺고 있는 끈끈한 관계가 더 심각하지 않을까요. 단지 오늘만이 아니라 앞으로도 말이에요.

솔직히 신좌파라는 규정은 매우 작위적입니다. 학계에서 말하는 좌, 우와 현실 사이에는 괴리가 크고, 학계나 언론에서 흔히 이야기하는 좌우의 대립은 현실에서는 거의 의미가 없습니다. 황 치판 같은 정책가 혹은 실천가를 좌와 우로 분류하는 것은 문제가 있습니다.

충칭의 혁신적인 실험을 주도해온 황 치판 같은 사람들의 정책은 수십년의 경험 속에서 형성되어온 겁니다. 이론이 중요하지 않다는 말을 하는 것이 아니에요. 다만 우리가 현재 직면하고 있는 과제들이 매우 복잡하고 미묘해서 단순하게 좌와 우로 나눌 수 없다는 겁니다. 그리고 충칭실험은 여전히 진행형이거든요.

헤겔은 언젠가 이렇게 말했습니다. 진실은 총체성에 존재하지만, 우리의 관찰은 부분적이라고요. 이론적으로 충칭실험을 설명하는 것과 여기서 실시간으로 진화하는 충칭실험을 진행해가는 것 사이에는 거리가 있습니다.

야오 양

姚洋

'착한' 국가 만들기, 민주주의 만들기

◆

'시장이냐 국가냐'라는 질문이 점점 더 무겁게 중국을 짓누르고 있다.

중국은 사회주의 시장경제라는 구호를 내걸고 경이로운 경제성장을 이루고 강대국으로 부상했지만 부정부패와 빈부격차, 성장모델의 한계에 대한 고민은 점점 깊어져간다. 옛길로는 더이상 갈 수 없고 새 길은 아직 찾지 못한 위기감 속에서, 시장과 민간의 힘을 확대하는 새 지도를 그려야 한다고 주장하는 우파와 국가의 역할을 강화해 문제를 풀어야 한다고 주장하는 좌파의 논쟁이 벌어지고 있다.

야오 양(姚洋) 베이징대 교수(베이징대 국가발전연구원 원장)는 이 논쟁의 스타 논객이다. 그는 개혁개방 30년을 넘긴 중국이 국가와 시장 양면에서 위기에 직면해 있다고 진단한다. 국가가 자원을 통제하고 경제에 간섭하는 것을 일관되게 비판하면서도, 중국이 현재의 위기에서 벗어나려면 국가가 나서서 국민들이 공정하게 능력을 발휘할 수 있는 평등한 환경을 마련해야 한다고 주장한다. 그는 "자유로운 사회에는 최소한의 평등이 있어야 하며, 평등이 없으면 자유를 말할 수 없다"고 강조한다.

야오 양은 1964년 산시성 시안에서 태어났다. 어린 시절 친가가 있는 장시성의 농촌에서 8년 동안 지냈고 이후 베이징대에서 지리학과 경제학을 공부했다. 세계은행 부총재를 지낸 린 이푸가 그의 지도교수다. 1990년대 초 미국 위스콘신대에 유학해 농업경제학 연구로 박사학위를 받았다.

자유주의자이면서도 평등을 강조하는 야오 교수의 견해는 미국 진보파 경제학의 산실인 위스콘신대학 유학 경험, 노벨경제학상을 받은 아마티아 센(Amartya Kumar Sen)의 사상 등에 영향을 받았을 뿐만 아니라, 꾸준한 현장조사의 경험에 기반을 두고 있다.

그는 '중성정부(中性政府)' 이론을 주장해 학계를 넘어 사회적 주목을 받고 논란의 한복판에 서게 되었다. 그는 중성정부란 이익집단과 결탁하거나 이익집단에 좌우되지 않고, 사회의 장기적 이익을 목표로 하는 정부라고 설명한다. 개혁개방 이후 중국이 이러한 중성정부를 지향했기 때문에 경제발전에 성공할 수 있었다고 그는 말한다.

그는 개혁개방 이후 중국의 경험에 긍정적인 요소들이 있었으며 특유의 '중국모델'이 존재한다고 본다. 하지만 그것이 미국식 발전모델인 '워싱턴 컨센서스'와 대립하는 것은 아니라고 덧붙인다.

중국 건국 60주년을 앞둔 2009년 6월 그는 「할아버지의 영정 앞에서」라는 글을 발표했다. 고향집에 걸려 있는 영정 속 그의 할아버지는 스물한살이다. 공산혁명에 뛰어든 이 열혈청년은 1927년 국민당 당국에 붙잡혀 처형됐다. 하지만 할아버지가 살아남아 혁명 뒤 문화대혁명 등의 혼란을 경험했다면 곤혹스러워 했을 것이며 아울러 오늘날의 중국을 본다면 더더욱 이해할 수 없었으리라. 할아버지와 동지들이 혁명에 온몸을 던진 것은 평등한 사회를 건설하겠다는 열망 때문이었는데, 왜 지금의 중국은 혁명 이전과 다를 바 없는 불평등한 상태로 되돌아갔는가, 혁명은 불필요한 것이었는가? 야오 교수는 할아버지를 대신해 이 질문을 던진다.

그의 대답은 "혁명은 필요했다"는 것. 그는 중국이 혁명을 통해 '천하'가 아닌 '국가'를 건설했고, 사회주의 시기 동안 평등을 강조하고 여성의 지위를 높이고 기본적 교육·의료를 제공했으며, 개혁개방 이후 30년 고속성장의 기초를 마련했다고 강조한다.

야오 양은 할아버지가 남긴 거대한 과제를 곱씹으면서, 오늘날 중국에서 국가에 짓눌린 경제, 심각한 불평등, 지체된 민주라는 문제와 씨름 중이다.

중국에서 국가란 무엇인가

대담자 시장주의자들은 국가의 개입이 자원분배를 왜곡시켜 소득분배를 악화시키고 경제효율을 저해한다고 비판합니다. 반대로 좌파들은 시장지배가 확대되면서 부와 자원이 소수에 집중되고 빈부격차가 악화되었다고 말합니다. 중국의 '국진민퇴(國進民退)' 현상에 대해 어떻게 평가하십니까?

야오 양 국진민퇴는 현 중국의 현실을 설명하는 정확한 표현이 아닙니다. 통계수치를 보면 '민퇴', 즉 민간경제가 퇴보하고 있다는 주장을 뒷받침하는 뚜렷한 징후는 없으니까요. 최근 몇년 동안 국유경제의 성장속도가 빨라지기는 했어도, 민간경제 또한 계속 성장하고 있습니다. 하지만 분명 '국진'이라고 할 만한 현상은 존재합니다.

국가가 장악하는 자원이 점점 더 많아졌습니다. 국내총생산(GDP) 총량 가운데 정부가 장악한 부분이 대략 4분의 1 정도입니다. 즉, 정부의 수입이 GDP의 4분의 1을 차지합니다. 여기에 토지 관련 수입, 사회보험 수입 등을 더하면 대략 36퍼센트쯤 될 것입니다. 이것만 해도 매우 큰 수치입니다. 게다가 지방정부는 은행으로부터 빌린 대량의 부채를 갖고 있지요. 지방정부들은 은행의 자원을 통제하고 있고, 국유기업들은 GDP의 3분의 1을 차지하고 있지요. 이를 모두 합하면 경제에서 국가가 직·간접적으로 통제하는 부분이 약 60퍼센트 정도 됩니다. 최근 몇년 동안 경제에 대한 국가의 통제가 강해지고 있는 것은 분명합니다. 1994년 이전과는 상반되는 상황입니다. 1994년 분세제(分稅制)개혁* 이후 국가의 통제력은 꾸준히 강화되었고 2008년 금융위기 이후에는 이런 추세가 좀더 분명해졌습니다.

GDP에서 국유기업이 차지하는 비율은 지난 20년 동안 계속 줄어들다가 이제는 30퍼센트 정도에서 더는 줄지 않고 그대로 유지되고 있습니다. 이는 금융위기 이전과 뚜렷하게 달라진 점입니다. 하지만 더욱 중요한 계기는 방금 전에 말한 1994년의 분세제 재정체제 개혁입니다. 모든 수치를 보면, 이를 계기로 정부가 장악하는 자원이 점점 많아졌지요. 2008년 금융위기 이후에는 이런 상황이 더욱 두드러졌습니다. 정부 관계자들과 일부 학자들은 정부가 자원을 장악하는 것이 중국의 장점이라고 말합니다. 그들은 다른 국가들은 상황이 다 나쁜데 중국만 위기를 극복했다고 하지요. 하지만 이는 다른 국가들의 상황이 너무 나쁘기 때문이지 중국이 강해졌기 때문은 아닙니다. 일례로 경제위기 이후 정부가 대규모 부양정책을 실시하는 과정에서 지방정부 부채는 빠르게 증가했습니다.

대담자 선생님께서는 국가의 역할을 분석하는 과정에서 중앙정부와 지방정부를 구별하고, 특히 지방정부가 상업화·기업화하는 데 강한 우려를 제기해왔습니다. 경제의 국가화 또는 국진민퇴라는 면에서 중앙정부와 지방정부는 어떤 차이가 있습니까?

야오 양 저는 이 문제를 '정부의 상업화'라고 표현하는데요, 중국의 지방정부들은 기업과 비슷한 기능을 하는 존재로 변했습니다. 지방정부 운영의 기본은 기업과 마찬가지입니다. 통상적인 의미의 공공재적 성격의 정부가 아닙니다. 다른 국가에서 정부는 돈을 걷어 국민에게 어떻게 쓸 것인가를 우선적으로 고려하지만, 중국정부는 어떻게 돈을 걷어 투자할 것인가만을 따집니다. 지방관리들은 어떻게 기업과 투자를 유치하고, 어떻게 GDP 성장률을 높일 것인지에만 혈안이 되어 있습니다.

예를 들면, 제 고향인 산시성 시안시는 최근 삼성과 대규모 계약을 맺었습니다. 삼성이 약 70억 달러를 투자해 시안에 대규모 반도체공장을 건설하는 프로젝트입니다. 일부에서는 시안시가 이 투자를 유치하려고 향후 10년 동안 삼성에 약 2000억 위안의 각종 보조금과 혜택을 약속했으리라고 보고 있습니다. 물론 보조금과 혜택이 그 정도로 크지는 않을 것이라는 주장도 있지만, 어쨌든 시안시 정부는 삼성에 주기로 한 혜택이 어느정도 규모인지 공표하지 않았습니다. 하지만 추정해보건대 토지 임대료는 공짜고 시안시가 삼성의 공장 건설도 지원할 것이며 이후 10년 간 소득세를 면제할 것으로 보입니다. 소득세는 이윤의 25퍼센트입니다. 이런 상황을 봐도 지방정부가 성장제일주의에 빠져 나머지는 모두 부차적 문제로 보는 현실이 드러납니다.

중성정부란 존재하는가

대담자 선생님은 현재 중국정부의 역할에는 비판적이지만, '개혁개방 초기에 정부가 중국의 경제발전에 중요한 역할을 했다'는 '중성정부' 이론을 제기해 큰 주목을 받았습니다. 한 국가가 성공적인 경제발전을 이루려면 이익집단과 결탁하지 않고 사회의 장기적 이익을 목표로 추구하는, 상대적으로 중립적인 정부의 역할이 중요한데 개혁개방 초기 중국정부는 이런 '중성정부'의 성격을 갖고 있었다는 주장이지요. 이에 대해 당시 중국정부는 그런 이상적인 모습이 아니었다고 반박하는 의견도 많습니다.

　야오 양　제가 제기한 '중성정부'라는 개념은 사리사욕 없는 이상적 정부를 얘기하는 것이 아닙니다. 중성정부도 사리를 취하기도 하지만 중요한 것은 사회의 특정 집단과 결탁하지 않는다는 점입니다. 사회 집단들과 어느정도 거리를 유지하면서 정부의 의지를 토대로 통치해 이익을 극대화하고 경제를 부흥할 방법을 생각합니다. 경제가 좋아져야 국민들의 지지를 얻을 수 있고, 그런 다음에야 부정한 행위를 저질러 이익도 얻을 수 있어 결국 자신들의 수익도 커질 것이기 때문이지요. 이런 상황에서 중성정부의 생각은 사회 전체와 비교적 상통하게 됩니다. 바로 사회학자 맨슈어 올슨(Mancur Olson)이 제창한 포괄적 조직(encompassing organization) 같은 상황이지요. 장 제스의 예를 들어보면, 그는 대만으로 간 뒤 대륙에서 해내지 못했던 많은 일을 해냈습니다. 토지개혁도 해냈지요. 그런데 장 제스가 대만에 간 뒤에 갑자기 그런 영감이 떠오른 것은 아닙니다. 그는 1930년대부터 중국대륙에서 토지개혁을 실시하려 했지만 해내지 못했습니다. 왜 못했느냐? 그가 중국의 지주계급에 의지하고 있었기 때문이지요. 토지개혁을 하려면 자신의 계급적 기초를 뒤흔들어야 하기 때문에 할 수가 없었습니다. 하지만 대만에서 그는 외부인이었기에 대만 토착세력과 아무런 관계가 없었지요. 그래서 쉽게 토지개혁 같은 일들을 할 수 있었습니다.

　대담자　1970, 80년대 한국에도 유사한 논의가 있었습니다. 당시에는 '국가는 지배계급의 도구'라는 고전적 맑스주의의 이론을 비판하면서, 특정한 조건 속에서 국가는 각 계급으로부터 상대적 자율성을 가질 수 있다는 논의가 주였습니다.

야오 양   저도 중성정부의 개념을 도출할 때, 중국뿐 아니라 한국·대만·일본의 경험 등을 참고했습니다. 1980년대 자율국가(autonomous state)와 개발국가(developmental state)에 대한 논쟁이 있었지요. 자율국가는 국가가 스스로의 행위논리, 개념, 행동논리, 발전의 궤적을 갖고 있다는 이론이지요. 하지만 이 이론은 국가가 무엇을 해야 하는지에 대해서는 말하지 않습니다. 예를 들어 이 자율국가가 나쁜 선택을 할 수 있지요. 많은 독재국가에서 그런 일이 일어납니다. 독재자들은 특정 세력과 결탁해 그들의 대리자가 됩니다. 인도네시아의 수하르토나 이집트의 무바라크 같은 경우지요. 수에즈운하 수입의 40퍼센트가 모두 무바라크에게로 돌아갔습니다. 그는 자율적이었지만, 오로지 자기 자신을 위해 행동했지요.

개발국가론은 이와 상반됩니다. 국가는 발전을 위해 움직인다는 개념입니다. 동아시아의 발전을 살펴보면 분명 이런 식의 국가관이 존재했습니다. 예를 들어 박정희는 비교적 젊었던 시절, 한국을 위해 좋은 일을 했다고 생각합니다. 쿠데타로 대통령 자리에 오른 뒤 그는 『우리 민족이 나아갈 길』이란 책을 썼지요. 저는 이 책을 끝까지 읽은 뒤, 박정희를 마오 쩌둥으로 바꾸고 한국을 중국으로 바꾸면 아마 마오 쩌둥이 쓴 책이라고도 생각할 수 있겠구나 하는 느낌을 받았습니다. 또는 장 제스가 쓴 책이라고 할 수도 있고요. 박정희가 '한민족이 이 지경까지 쇠퇴했다'라고 말했는데, 박정희도 마오 쩌둥도 장 제스도 모두 식민지의 상황을 겪었고, 그런 이유로 민족을 부흥시켜야 한다, 국가와 민족을 위해 공헌해야 한다는 열망을 갖고 있었습니다. 물론 그뒤로 박정희는 매우 부패한 인물로 변했지요.

개발국가론은 이처럼 일부 아시아, 특히 동아시아 국가들의 경험을 설명하는 데 도움이 되지만, 전체를 다 설명할 수 있는 것은 아닙니다. 개발국가는 모든 지도자가 공적인 대의를 위해 일하고 사심이 없음을 전제로 하지만, 실제로 모든 지도자가 그렇게 훌륭할 수는 없습니다. 그래서 저는 조금 더 넓게 적용 가능한 개념을 만들려고 고민했는데, 그래서 도출해낸 개념이 중성정부 개념입니다.

대담자　설사 개혁개방 초기의 중국정부가 사회 내의 이익·특권 집단들과 비교적 거리를 둔 중성정부였고 이것이 중국 경제성장의 중요한 비결이었다고 인정하더라도, 이제는 중국정부가 특권 집단과 결탁하고 있다는 비판이 곳곳에서 제기되고 있습니다. 당과 정부 고위관리들의 가족이 주요 산업을 장악하고 권력을 이용해 막대한 부를 쌓고 있으며, 지방정부가 기업들과 결탁하는 사례 등이 여론의 분노를 사고 있고요. 그렇다면, 한때 중국 경제성장의 긍정적 요소였다고 선생님이 주장하는 정부는 이제 중국의 걸림돌이 됐다고 볼 수 있지 않을까요?

야오 양　과거 30년을 되돌아보면 중국의 이익집단이 매우 강력했다고 할 수는 없습니다. 하지만 점점 강대해지고 있습니다. 세계 어느 국가에서나 이익집단은 나타날 수밖에 없습니다. 중요한 점은 이런 이익집단들 사이에서 정부가 정치적 균형을 유지할 수 있느냐입니다. 현재 중국의 상황을 보면 권력을 쥔 일부 집단들이 경제를 통제하고 있을 뿐 아니라, 어느정도 정치도 통제하고 있습니다. 이런 상황에서 정부가 사심없는 태도를 취하기란 쉽지 않지요. 이익집단들이 이미 정부 안으로 깊이 침투해 있으니까요. 정부는 알지 못하는 사이에 이런 이익집단의 대변자가 됩니다. 특히 국유기업이나 권력자들과 긴밀하게 연결된, 민간기업 같은 이익집단이 등장했습니다. 지방으로, 말단 행정조직으로 갈수록 그런 상황은 더욱 뚜렷해집니다. 이익집단이 중앙정부를 통제하는 것은 쉽지 않지만, 현(縣)급 정부를 통제하는 것은 상대적으로 훨씬 쉽기 때문이지요. 이들은 지방정부가 계속 경제성장을 추구함으로써 자신들을 위해 일하도록 만들고 있습니다.

대담자   그럼 중국정부는 이미 중성정부가 아니란 말인가요?

야오 양   현재 중국은 중성정부에서 벗어날 위험에 처해 있습니다. 강력한 집단이 한꺼번에 등장하고 있고, 중국정부는 부지불식간에 이런 강력한 집단과 결탁하고 있는 상황입니다.

대담자   그렇다면 이런 상황에서 어떤 해결책이 있지요?

야오 양   더 많은 민중의 참여가 필요하다고 생각합니다. 이익집단이 생기는 것은 피할 수 없지만, 더 많은 민주주의, 더 많은 민중의 참여가 있다면 이익집단의 힘이 강해지는 것은 막을 수 있습니다. 한국도 마찬가지입니다. 과거에는 삼성, 현대 같은 재벌들이 실제로 정부를 어느정도 통제했지요. 하지만 현재는 그들의 권력이 점점 작아지고 있습니다. 왜냐하면 민주화가 진전됐기 때문이지요. 어쨌든 한국에서는 현대자동차 그룹의 회장이 잘못을 저질렀을 때 감옥에 가두기도 했습니다. 물론 한국사회에서는 재벌의 힘을 둘러싼 논란이 여전하지만, 1970년대보다는 많이 나아졌다고 생각합니다. 그때는 몇개의 주요 재벌들이 은행의 돈을 독차지했었지요.

대담자 선생님은 중국 개혁개방 성공의 요인으로 중성정부와 함께 재정분권, 즉 중앙정부와 지방정부의 재정분권을 통해 지방정부가 스스로 경제발전에 나서도록 이끌었던 점을 꼽습니다. 하지만 이제 지방정부들은 경제성장률 높이기 경쟁에 몰두하면서 과잉투자, 환경오염, 토지몰수 등 온갖 문제를 일으켜 민중의 반발을 불러일으키고 있습니다. 중성정부와 함께 재정분권도 변질되어 과거의 성공요인이 거꾸로 위기의 요인이 되고 있는 것으로 보이기도 합니다.

야오 양 분명 그렇습니다. 세상에 공짜는 없지요. 좋은 점만 있고 나쁜 점은 없는 발전모델은 없습니다. 방금 말한 것처럼 1960, 70년대 박정희 통치기에 한국경제는 급속히 발전했지만, 70년대 말과 80년대 초에 이르러서는 권위적 체제가 많은 문제를 드러냈습니다. 민중이 불만을 갖게 된 것이지요. 1980년 광주민주화운동은 그 가운데 가장 큰 사건이었지요. 중국도 마찬가지입니다. 이전의 발전모델이 어느 단계에 이르면 부정적 영향이 점점 더 많이 나타나게 됩니다. 환경의 위기, 소득분배의 악화, 국민들의 복지개선을 소홀히 하는 것 등의 문제가 드러나고 있습니다.

우리가 앞으로도 계속 이렇게 갈 수는 없다고 봅니다. 중국의 1인당 GDP는 이미 5500달러를 넘어 중등소득 국가 대열에 들어섰습니다. 일반 국민들의 복지를 반드시 개선해야 할 단계입니다. 이런 시기에 여전히 경제성장에만 몰두하면 역효과가 납니다. 1980년대 일본에도 이런 문제가 있었지요. 당시 일본의 자산은 급속히 증가해, 마치 오늘날의 중국처럼 사방에 돈이 넘쳤습니다. 정부도 수많은 대규모 투자에 나섰지요. 예를 들면 당시 대규모 신깐센 공사를 했는데, 오늘날에 와서는 그 노선들이 대부분 이윤을 내지 못하고 있습니다. 당시 일본정부는 끊임없이 투자했습니다. 첨단과학에 많은 돈을 투자했고 미국과도 경쟁했지만 다 실패했지요. 지금 중국정부는 일본이 1980년대에 벌인 일들을 그대로 답습하고 있습니다. 이른바 국가 핵심산업에 보조금을 비롯한 거금을 투입하고 있지요. 한국에서도 마찬가지 현상이 있었지요. 기업에 보조금을 주면 기업의 효율이 떨어지고 국가가 보조금을 주기만 바라게 됩니다.

대담자 선생께서는 많은 문제를 지적하고는 있지만, 그래도 중국이 개혁개방 이후 비교적 성공적으로 발전해왔다고 보고 계신 듯합니다. 중국경제가 성공을 거둔 비결은 인권을 억압함으로써 경쟁력을 갖춘 '열악한 인권의 비교우위'일 뿐이라고 비판하는 친 후이 칭화대 교수와 논쟁을 벌이기도 했고요. 선생님은 '중국모델'이 존재한다고 생각합니까?

야오 양 개인적으로 '중국모델'이라는 단어를 그리 좋아하지는 않습니다. 다만 중국이 지난 30년 혹은 60년 심지어 100년 동안 걸어온 길을 총괄해보면, '중국의 길은 있다'라고 말할 수 있지요. 이 길의 많은 부분은 아마 중국 특유의 것, 중국의 역사가 만들어낸 것입니다. 하지만 중국이 100년간 걸어온 길에서 다른 개발도상국의 경제발전, 정치 전환에도 도움이 될 수 있는 공통적인 부분을 찾을 수 있습니다. 이런 의미에서 저는 좌파의 생각에 비교적 공감합니다. 예를 들어 왕 후이*에 대해서는 매우 탄복하는 부분이 있습니다. 그는 중국의 이른바 특수성 가운데서 보편적인 부분을 찾고 있습니다. 중국 혹은 한국의 학자들은 이런 자신감을 가져야 합니다. 즉, 한국의 경험에서도 보편적 가치를 지닌 부분을 찾아야 합니다. 이것은 우파가 주목하지 못한 부분입니다. 우파는 여전히 외국에서 뭔가를 가져와 중국에 적용하려 합니다. 남들이 걸어간 길이 맞으니 중국에도 적용하면 잘 될거라는 식이지요. 이런 점에서 많은 서구 학자들도 문제가 있습니다. 우리가 이미 다 가본 길이니 당신들은 시키는 대로 하면 된다는 태도입니다. 하지만 그들은 이미 자신의 역사를 잊었습니다. 서구의 민주화 과정이 수백년이나 걸렸음에도 개발도상국들에게는 10년 만에 또는 하룻밤 사이에 바뀌어야 한다고 요구합니다. 이는 매우 어리석은 주장입니다.

보 시라이는 왜 실패했는가

대담자 중국 좌파지식인들은 빈부격차와 소수가 부를 독점한 상황에 대한 해법이 국가의 역할을 강화하는 데 있다고 강조해왔습니다. 이런 중국 좌파의 이론은 충칭에서 일부 실험되었고, 이는 '충칭 모델'로 국내외에서 큰 주목을 받았지요. 하지만 결국 보시라이사건으로 충칭모델은 큰 위기에 처했고 중국 좌파의 이념 자체가 커다란 도전을 맞게 됐습니다. 선생님은 충칭모델을 어떻게 평가합니까?

　야오 양　충칭에서 실행된 사업 가운데 긍정적인 부분도 있습니다. 예를 들면 서민들을 위한 공공임대주택〔公租房〕건설이나 도시-농촌 통합발전은 긍정할 만한 일들입니다. 충칭이 당시에 추진했던 도시농촌종합개혁실험구〔城鄕綜合改革實驗區〕는 후커우제도*를 타파하고, 도시-농촌을 통합한 사회보험·의료보험 등을 통해 도시-농촌 통합을 실험했습니다. 하지만 이런 정책들은 중앙정부가 요구한 것으로, 충칭만의 정책이라고 말할 수는 없습니다.

　충칭의 많은 일들은 보 시라이와 관련돼 있습니다. 보 시라이는 야심가입니다. 중국의 속담에 '겉에는 화려한 수가 놓여 있지만 속은 형편없는 베개'(繡花枕頭)라는 말이 있지요. 보 시라이가 바로 이런 인물입니다. 머릿속에 봉건적 의식이 가득 차 있어 '내가 제왕이고 세상을 바꿀 수 있다' '당신들은 임금인 내가 자식처럼 여기는 백성〔子民〕일 뿐이다'라고 착각했지요. 스스로를 마오 쩌둥이라고 생각했던 거죠. 저는 이런 인물을 몹시 싫어합니다. 만일 이런 인물이 권력을 쥐게 되면 중국은 후퇴하게 되고, 무시무시한 상황에 처하게 됩니다. 이유가 무엇이든 이번에 그가 실각한 것은 중국에 다행스러운 일입니다. 그런 인물은 중국에 커다란 위협이 될 테니까요.

　대담자　하지만 충칭모델의 이론적 기반을 제공한 추이 즈위안 칭화대 교수는 '사회의 공공자산을 시장경제적으로 운영하는' 충칭의 실험이 중국 사회주의 시장경제의 핵심이라고 강조합니다. 국유기업과 공공토지에서 나오는 수익을 시장에서 운영해, 세금을 낮추고 민간경제도 함께 발전시킬 수 있다는 '국진민진(國進民也進)' 이론이지요.

야오 양 저는 그렇게 생각하지 않습니다. 추이 교수는 국유기업이 많을수록 정부의 세수가 늘어나고, 그 결과 민간기업으로부터 세금을 덜 걷어도 된다고 말합니다. 하지만 현실은 그렇게 돌아가지 않아요. 간단한 예로 충칭 옆에 있는 청두(成都)와 비교해보면, 실제로 청두의 민간경제가 훨씬 더 발달해 있어요. 즉, 국유경제가 발전하면 민간경제도 발전하는(國進民也進) 그런 현상은 일어나지 않았습니다. 충칭정부의 통제 아래 있는 이른바 '8대 국유투자회사'는 은행으로부터 상당한 자금을 대출받았고, 은행들은 민간기업에 대한 대출을 그만큼 줄였습니다. 또 도리에 어긋나는 일들도 많이 일어났습니다. 많은 민간기업들을 도산시키고, 기업가들에게 해를 입히고 죽이기도 했지요. 이런 상황에 대해 어떻게 '국유경제가 발전하면 민간경제도 발전한다'라고 말할 수 있습니까.

추이 즈위안은 충칭의 경험을 너무 이상화하고 있습니다. 분명한 것은 국유기업의 비중이 높은 지역에서는 민간기업의 비중이 낮다는 점입니다. 국유경제가 발전하면 민간경제도 발전하는 현상은 나타나지 않았습니다.

대담자 하지만 지난 몇년 동안 충칭의 성장률은 매우 높았고, 국내외 많은 기업들의 대규모 투자가 몰려들었습니다.

야오 양 외국기업들이 충칭에 투자하길 원했던 이유는 충칭의 공업 인프라가 원래부터 탄탄했기 때문입니다. 2차대전 동안 충칭은 전시 수도였고 2차대전 이후에는 중공업 기지였습니다. 고등교육기관이 많고 인력자원도 풍부합니다. 또한 직할시로서 정부로부터 많은 우대정책과 재정을 지원받고 있습니다. 이런 여러가지 요인이 더해져 성장률과 투자율이 높았던 것뿐이지, 보 시라이의 정책 때문에 급속히 발전했다고 말할 수는 없습니다. 충칭은 전체적으로 보면 여전히 매우 낙후된 지역입니다. 1인당 평균소득이 매우 낮습니다. 전국을 통틀어 하위 30퍼센트 안에 들지요. 지금까지의 많은 연구 결과, 국유기업의 비중이 큰 지역에서 주민들의 소득은 대체로 매우 낮습니다. 충칭 외에 동북지역, 서부의 간쑤, 칭하이 등을 보십시오. 이것은 매우 명백한 사실입니다.

현재 중국경제에서 국가가 통제하는 부분은 이미 너무 많은데도 점점 더 늘어나고 있습니다. 이미 직간접적으로 경제의 60퍼센트를 국가가 통제하고 있다고 말씀드렸지요. 국유기업을 개혁하지 않고 정부권력을 제한하지 않는다면 이 비중은 더 커질 겁니다. 이렇게 된다면 계획경제로 돌아가는 것 아닙니까?

대담자 선생님은 중성정부의 중요한 기준으로, 포퓰리즘에 기울지 않는다는 점을 들었습니다. 하지만 현재 사회적 불만이 고조되면서, 포퓰리즘 경향도 매우 뚜렷해지고 있는 것으로 보입니다. 진정한 대의제선거도 없는 중국에서 포퓰리즘이 어떤 식으로 나타나고 있지요?

야오 양 아시다시피 중국민중의 역량과 인터넷의 힘은 점점 커지고 있습니다. 현재 정책결정이 민의에 좌우되지만, 이 과정이 정상적 통로를 통해 이뤄지는 것은 아닙니다. 정상적이라면 중국 의회인 인민대표대회 등을 통해야 하는데, 중국에서는 인터넷을 통하고 있습니다. 인터넷에서 만들어진 여론은 매우 강력한 포퓰리즘 경향을 띠고 있습니다. 이런 포퓰리즘은 지식인과 정치가를 포함해 많은 사람들의 무기가 될 수 있지요, 보 시라이가 대표적인 예이지요. 실제로 그는 마오 쩌둥이 문혁 시기에 한 것과 똑같이 행동했습니다. 스스로를 군주로 여겼고, 동시에 민중의 힘을 이용했지요. 그는 민중에 영합했습니다. 예를 들면 '범죄와의 전쟁(打黑)'을 벌여 이른바 범죄세력을 소탕한다고 하면서, 실제로는 민간기업을 소탕했지요. 왜냐하면 사람들은 민영기업가들이 나쁜 짓을 저질러 큰 돈을 벌었다고 생각하고 있기 때문에, 기업가들을 소탕해도 민중들이 그들을 동정하지 않을 것이라는 점을 알고 있었지요. 오늘날까지도 많은 사람들은 보 시라이가 그렇게 한 것이 옳다고 생각합니다. 이게 바로 일종의 포퓰리즘이지요.

대담자 선생님의 이야기를 들으면서, 오늘날 중국에서 국가의 가장 강력한 적은 국가 자신이지 않을까라는 생각도 듭니다. 국가 자체가 상업화되면서 국가의 본질적 존재 이유인 공공정책적 기능이 위협받는 느낌이지요. 국가가 국가정당성의 적이 되어버린 듯하다는 것이지요. 개혁개방 이후 30년간 성공의 비결 중 하나였던 국가가 그 순기능이 다하고 이제 위기의 원인으로 변했다면, 이제는 어떤 발전모델이 필요할까요?

야오 양 순수 경제학의 입장에서 말한다면 정부가 경제영역에서 점진적으로 발을 빼야 한다고 생각합니다. 예를 들면 인프라 부문에 민간자본을 받아들일 수 있습니까? 저는 완전히 가능하다고 생각합니다. 다른 국가에서도 다 하고 있지 않습니까? 중국정부는 고속도로 통행료를 징수하고 있는데, 그렇다면 민간자본이 들어가서 하면 어떻습니까? 민간자본의 효율은 국가자본보다 분명 높을 겁니다. 민간기업이 고속도로를 건설하고 자체적으로 운영하게 한다면 부실공사를 하지 않을 겁니다. 부실공사를 했다가 그뒤에도 계속 수리해야 한다면 돈을 벌 수 없으니까요. 국가가 입찰을 해서 선정하면 부실공사가 벌어지게 됩니다. 공사를 맡은 회사가 책임질 필요가 없으니까요. 그러니 민간투자를 유치하면 상황이 나아질 것입니다. 지금 기업들은 많은 현금을 보유하고 있지만 주식시장이든 부동산시장이든 투자할 곳이 마땅치 않습니다. 그렇다면 이런 민간자본이 기초시설 분야, 즉 고속도로·철도·환경위생·공공환경·도로청소·정수장·발전소 등에 투자하게 하는 겁니다. 하지 못하게 할 이유가 무엇입니까? 아울러 우리 금융산업을 왜 국내 민간자본에 개방하지 않습니까? 이미 외국자본에도 개방했는데 왜 유독 국내 민간자본에는 개방하지 않습니까? 이것은 역차별입니다.

대담자 인프라와 주요 공공사업에 민간기업의 투자를 받아들여 효율을 높일 수 있다는 '해법'은 이미 미국과 유럽, 한국 등에서 시도되었지요. 국가의 개입을 줄인 자유시장이 가장 효율적으로 경제를 운영한다는 신자유주의의 처방으로요. 하지만 영국의 철도 개혁이나

한국의 민자도로 등에서 보듯 실제로는 민간기업이 공공재를 장악하고 큰 수입을 올린 반면 써비스는 나아지지 않는 등 여러 부작용이 나타났지요. 중국에서도 국가의 개입을 줄이겠다는 이유로 그런 해법을 이상화하는 것은 문제 아닐까요? 중국에서 시장의 한계와 실패는 없다고 보시는지요?

야오 양 중국에서 국가는 여전히 규제능력이 있습니다. 이처럼 국가의 힘이 충분히 강한 상황에서, 민영 부문이 전기료를 급격히 인상하든가 하는 식으로 강대한 국가와 대립하지는 않을 것입니다. 말씀하신 민영화의 부작용이 존재하기는 하지만, 두가지 악이 있다면 그중 차악을 선택해야 합니다. 현재 중국의 현실에서 국가 통제의 문제가 더 심각할까요, 아니면 민간자본 통제의 문제가 더 클까요? 저는 국가의 통제로 인한 비용이 더욱 크다고 생각합니다.

도덕으로서의 사회주의는 남아야 한다──공동부유(共同富裕)

야오 양은 현재 중국 사회와 경제를 위협하는 핵심문제로 불평등을 꼽는다. 농민, 빈곤층이 교육에서 소외되고 능력을 발휘할 기회 자체를 아예 박탈당하는 상황이 '중등소득 함정'의 위험을 높이고 있다는 것이다. 그는 특히 "우파는 기본적으로 평등을 논하지 않는다. 많은 사람들의 잠재의식에 도시를 선호하는 엘리뜨주의 경향이 있고, 중국에서 이런 우파의 보수적 자유주의는 위험하다"고 강조한다. 아울러 평등을 강조하는 경제학자들마저도 1차 분배의 평등만 거론할 뿐, 가난한 이들이 1차 분배의 경쟁에 참가하기조차 힘든 문제는 고민하지 않는다고 비판한다.

도시-농촌 격차는 중국혁명 이후 줄곧 해결되지 못한 고질병이다. 중국에는 후커우제도*에 따라 사실상 농촌주민권과 도시시민권의 이원적 체제가 존재하며, 농촌주민들은 도시주민들이 받는 주택·교육·의료·복지 혜택에서 소외되어왔다. 1978년 중국이 개혁을 시작했을 당시에도 도시거주자의 1인당 소득은 농촌거주자의 2.6배에 달했다. 1980년대 초 농촌개혁의 성공으로 격차는 잠시 줄었지만, 1990년대 이후 연해지역 도시를 중심으로 한 발전노선 때문에 격차는 다시 급속하게 벌어졌다. 2011년 9월 중국사회과학원의 「중국도시발전보고」에서 중국의 도시와 농촌의 소득 격차는 3.23대 1로 세계에서 가장 높은 것으로 나타났다. 그나마 이는 2009년의 3.36대 1보다는 격차가 약간 준 것이다.

야오 양은 2002년 발표한 「사흘간 고향에 돌아가다」라는 글에서 "내 마음속 고향은 둑 위에서 멀리 바라보면 하늘을 찌를 듯 녹나무들이 늘어서 있고 밥 짓는 연기가 모락모락 피어오르는 모습"이었으나, 10년 만에 찾아간 고향은 녹나무들은 사라지고 호수는 말라버리고, 곳곳이 오염되고, 공공의 이익을 침범하는 일들이 도처에서 벌어지는 곳이 됐다고 한탄한다. 특히 과거 중국사회에 존재하던 종족사회의 협조가 인민공사 시기를 거치면서 철저히 파괴됐고, 향촌은 와해 상태에 빠져 있다고 지적한다.

이런 불평등 상태에 대한 해법으로 그는 민주를 말한다.

대담자 선생님은 중국이 '중등소득의 함정'에 빠질 위험에 대해 경고해왔지만, 국제적으로 중국은 신흥 시장국가들 가운데 가장 역동적으로 성장하고 있고, 세계경제의 성장엔진이자 G2로 우뚝 섰습니다. 이런 관점에서 보면 실제로 중국이 중등소득의 함정에 빠질 가능성이 높아 보이지는 않는데, 선생님이 우려하는 근거는 무엇입니까?

야오 양 한국과 대만은 1980년대 후반에 '중등소득의 함정'에 빠질 수도 있는 위기를 겪었습니다. 비교가격(comparable price)을 기준으로 보면, 현재 중국의 소득은 기본적으로 1982년 한국의 소득수준에 해당합니다. 기본적으로 30년의 차이가 있지요. 한국에선 1980년대 초부터 민주화가 진행되기 시작했지요. 학생운동과 노동운동으로 한국은 1980년대 내내 출렁거렸습니다. 한국이 '중등소득 함정'에서 탈출한 것과 이런 상황이 정확히 어떻게 관련되었는지는 모르겠지만 민주화 이후 고속성장이 지속된 것은 사실입니다. (아시아 금융위기로 타격을 받은) 1997년과 98년을 제외하고는 빠른 성장세가 지속되었거든요. 저는 한국이 중등소득 함정에서 벗어난 것이 민주화와 연관되어 있다고 봅니다.

중국과 한국은 차이가 있습니다. 중국은 훨씬 규모가 크고 도농간·계층 간 격차가 두드러집니다. 중국에는 여전히 농촌인구가 많고, 그들의 교육수준은 여전히 낮습니다. 통계수치를 보면 농촌과 도시의 평균 교육수준은 수십년간 내내 2.5년의 차이를 유지하고 있습니다. 도시의 젊은층(18~29세)의 평균 교육수준은 대략 11년 정도로, 고등학교 졸업 학력인데 농촌에서 같은 연령대의 평균 교육수준은 8년 정도로 차이가 큽니다. 더 윗세대인 50, 60대로 가면 그들의 교육수준은 상대적으로 더 낮지만, 도농 간 격차는 마찬가지로 약 2.5년입니다. 이런 상황은 한국과 다릅니다.

중국의 현재와 미래를 위협하는 가장 핵심적인 문제는 소득분배입니다. 소득분배의 격차가 커지는 것 자체가 문제는 아닙니다. 때로는 동기부여가 될 수도 있지요, 이렇게 분투하면 부자가 될 수 있다는 식으로요. 핵심은 이런 현상의 이면입니다. 즉, 소득격차가 사람들의 행위, 특히 교육에 영향을 준다는 점입니다. 우리는 항상 동아시아의 기적을 이야기하면서 경제성장에만 초점을 맞춥니다. 하지만 또 하나의 기적은 동아시아의 경제성장 과정에서 소득불평등이 심화되지 않았다는 점입니다. 한국의 지니계수는 0.38을 초과하지 않았고, 대만은 0.36을 넘은 적이 없지요. 이것 또한 기적입니다. 경제가 빠르게 성장했는데 빈부격차가 심각할 정도로 크게 벌어지지는 않았지요.

대담자 중국의 심각한 빈부격차가 교육기회의 극심한 불평등으로 이어지고, 저소득층과 농민들이 공정한 경쟁에 뛰어들 수 있는 기회를 박탈당함으로써 중국이 갖고 있던 인력분야의 우세가 사라지고 사회가 불안정해지고 있다는 뜻인가요?

야오 양 빈부격차가 확대되면서 빈곤계층에게 교육은 매우 비싼 투자가 되고 말았어요. 요즘 중학교만 졸업해도 월 1500~2000위안짜리 일자리를 찾을 수 있어요. 그런데 그 아이가 고교 진학을 하면 그만큼의 소득은 없어지고 대신 학비를 지불해야 하지요. 이렇듯 고등학교에 진학하는 것만 해도 매우 값비싼 행위가 됩니다. 게다가 대학까지 가려면 훨씬 많은 비용을 치러야 하지요. 고등학교 1년에 5000~6000위안이 필요하다면, 대학 1년에는 2만위안은 필요합니다. 이에 더해 진학하느라 줄어든 수입을 계산하면 대략 계산해도 순전히 이 농가에서만 16만 위안 정도의 순손실을 입은 게 됩니다. 이처럼 농촌 가정에서 아이를 대학에 보내는 것은 돈이 많이 드는 일이라 대체로 포기하게 되지요. 아이를 대학에 보내지 않고 중학교만 마치게 한 뒤 외지로 보내 일을 하게 하면 한달에 2000위안은 벌 수 있으니까요.

한 감독이 몇년에 걸쳐 고향을 떠나 노동자로 사는 한 농민을 따라다니며 다큐멘터리를 찍었습니다. 그 농민은 시안에서 폐품수집 일을 합니다. 한달에 2000위안 정도를 벌지요. 그의 희망은 아들을 시안에 있는 대학에 보내는 겁니다. 아들도 열심히 공부해서 그 마을에서 처음으로 시안의 한 대학에 들어갔습니다. 아버지는 매우 자랑스러웠지요. 그런데 대학을 졸업한 뒤 아들은 시안에서 일자리를 찾을 수 없었습니다. 결국 칭하이까지 가서 일자리를 찾았는데 한달에 겨우 1500위안밖에 받지 못합니다. 아버지가 폐품을 주워 버는 수입보다도 못하지요. 그래서 이 농민은 마을에서 고개를 들고 다닐 수가 없게 되었어요. 아들이 대학 4년을 다녔는데 월급이 자기보다 낮다니, 대학은 다녀 무슨 소용이냐고요. 이런 사례들이 늘면서 농민들은 아이들을 대학에 보내지 않으려 합니다. 그 농민의 아들이 왜 시안에서는 일자리를 찾을 수 없었을까요? 시안에 사회적 연결망, 즉 꽌시(關係)가 없었기 때문에 일자리를 찾을 수 없었던 거예요. 이는 중국사회의 유동성이 줄어들고 있다는 중요한 지표입니다.

30년 전 제가 베이징대에 입학했을 때 우리 반 35명 중 3분의 1이 매우 가난한 집 출신이었습니다. 고아도 2명 있었습니다. 얼마 전 베이징대에 다니고 있는 조카에게 물었습니다. 너희 반에 진짜 가난한 집 출신 아이가 있느냐고요. 조카는 없다고 하더군요. 지금 학생들은 기본적으로 저마다 노트북 한대씩은 갖고 있습니다. 가난한 집 아이들일 리 없지요. 사회 유동성이 줄어들고 있는 것은 매우 심각한 문제입니다.

대담자 국가가 막강한 권력으로 경제에 개입하면서도, 마땅히 해야 할 의무, 즉 대다수 국민에게 교육이나 의료 등 기본적인 사회보장 써비스는 제대로 제공하지 않고 있다는 이중적인 문제가 존재하는군요.

야오 양 중국에는 그 두가지 문제가 모두 존재합니다. 시장은 규제되지 않은 상태입니다. 큰 고기가 작은 고기를 잡아먹고, 작은 고기는 그보다 작은 새우를 잡아먹습니다. 힘만 세면 다른 사람들을 잡아먹을 수 있습니다. 기본적으로 원시자본주의 상황 아래에 있는 것이지요. 또한 국가가 매우 막강합니다.

어떤 면에서 이 두가지 현상은 연결돼 있습니다. 국가 자체도 시장의 일부분이고, 가장 큰 물고기로서 먹이사슬 아래에 있는 작은 물고기를 잡아먹게 마련이니 그 작은 물고기는 더 작은 새우를 잡아먹을 수밖에요. 강한 국가 자체는 문제가 아닙니다. 국가는 강해야지요. 하지만 관건은 어떤 면에서 강한가입니다. 예를 들어 군사적인 방어를 위해 국가의 힘이 필요합니다. 또 재분배 능력도 강력한 국가의 지표입니다. 그런데 중국은 바로 재분배 면에서 대단히 잘못하고 있습니다. 정부는 더 많은 자원을 교육, 특히 농민과 빈곤층의 교육에 투자해야 합니다. 많은 이들이 이미 학교를 떠나 노동자의 주류가 되었는데, 이들의 교육 수준은 몹시 낮고 다시 학교로 돌아가지도 못할 겁니다. 국가는 더 많은 자원을 투자해 그들이 재훈련을 받게 하고 학교로 돌아가도록 지원해야 합니다.

대담자 줄곧 지적하신 것처럼 중국의 현실은 평등과는 거리가 있지요. 그렇다면 이런 중국의 현실에서 '사회주의 시장경제' 중 '사회주의'는 어떤 의미를 지닙니까?

야오 양 (웃음) 언젠가 한국에서 온 대표단이 당시 우리 연구소의 주임이던 린 이푸 교수를 찾아와 같은 질문을 던졌어요. "중국 특색의 사회주의라고 하는데 도대체 무엇이 사회주의인가"라고요. 그때 린 이푸는 "경제성장이 사회주의다"라고 했고, 한국 대표단은 모두 웃음을 터뜨렸습니다. 그들은 "그렇다면 우리도 사회주의다. 우리나라 경제도 잘 성장하고 있으니까"라고 말했습니다.

현재 중국에서 '사회주의'는 단지 수식어에 불과합니다. 중국에서 일어난 것은 진정한 사회주의가 아닙니다. 그것을 어떻게 사회주의라고 정의할 수 있겠습니까. 추이 즈위안 등 신좌파들은 국가가 통제하는 경제를 사회주의라고 합니다. 국가에 의한 경제관리는 이미 오랫동안 실험해왔고, 다른 국가들도 마찬가지였습니다. 그 결과 현실에서는 장기적인 효율을 내지 못한다는 것을 깨닫게 되었습니다. 우리는 실패한 과거를 되풀이해서는 안 됩니다. 국가의 효율이 높다면 왜 개혁개방 이전에 우리는 성공하지 못했습니까? 1997년 금융위기가 일어났을 때 한국은 왜 그토록 큰 어려움을 겪어야 했습니까? 그것은 국가의 통제와 관련이 있습니다. 그토록 많은 자원을 소수 재벌들에게 주었으니까요. 이를 진정한 사회주의라고 말할 수는 없습니다. 사회주의에는 두가지 형식이 있습니다. 하나는 제도로서의 사회주의고, 하나는 도덕으로서의 사회주의입니다. 제도로서의 사회주의는 국가가 통제하는 경제고, 도덕으로서의 사회주의는 공동부유(共同富裕)입니다. 우리의 이념, 추구해야 할 목표는 도덕으로서의 사회주의지, 제도로서의 사회주의가 아닙니다. 이런 의미에서 보면, 중국이 이미 사회주의를 실현했다고 볼 수 없습니다.

헌법을 지켜라

대담자 선생님이 지적하신 국가의 절대적인 힘, 경제의 국가화, 정부의 상업화 등의 문제들은 결국 중국의 정치씨스템과 분리할 수 없습니다. 정치개혁과 경제개혁의 관계를 어떻게 보고 있는지요?

야오 양　국가와 정부에는 두가지 역할이 있습니다. 경제적 역할과 공공적 역할이지요. 두가지 역할 사이에서 충돌이 벌어지기도 합니다. 순수하게 경제적인 시각에서만 말한다면, 국가는 국유기업 민영화를 한걸음 더 밀고 나가고 증시에 상장해 '공기업'(public company, 공개기업)으로 만들어야 합니다. 또다른 면에서 정치적으로는 민중의 참여가 확대되어야 합니다. 정부가 장악한 GDP의 36퍼센트나 되는 자금을 어떻게 쓸 것인가? 국민들은 이에 대해 발언권을 가져야 합니다. 중국에는 뿌리 깊은 관념이 있습니다. 이런 돈이 엘리뜨들의 손에 집중되어야 하며, 엘리뜨들은 이 돈을 어떻게 써야 좋은지 더 잘 알고 있고, 만일 백성들에게 결정을 내리도록 하면 돈을 다 나눠서 써버리고 장기적인 투자는 생각하지 않을 것이라는 고정관념입니다.

국민은 국가가 거둬들인 이 돈이 어떻게 쓰이는지 알 권리가 있습니다. 인프라 공사 등은 민간부문이 맡도록 하고, 국가는 수중에 있는 이런 돈을 다시 국민들에게 되돌려줘야 합니다. 국민들은 이 돈을 어떻게 써야 할지에 대해 스스로 충분히 결정을 내릴 능력이 있습니다. 정부의 이른바 '재정 공개' 얘기가 나온 지 한참 지났는데도 아직까지 전혀 이뤄지지 않고 있습니다. 공개한다 하더라도 대강만 밝히고, 상세한 내용은 공개하지 않을 겁니다. 이렇기 때문에 민중의 참여가 확대되어야 합니다. 인민대표대회가 더 큰 역할을 해야 한다는 뜻입니다. 민중의 참여를 얘기한다고 해서 오늘 곧바로 직접선거를 해야 한다는 뜻은 아닙니다. 전세계 국가들이 모두 직접선거나 의회제도를 실시하는 것은 아닙니다. 유럽의 여러 국가에서도 먼저 의원을 뽑고 이들이 대통령을 선출하는 형식을 취하고 있습니다. 현재 중국의 문제는 당이 헌법에 따라 일하지 않는다는 것입니다. 매우 괴상한 일인데 공산당이 스스로 헌법을 만들어놓고도 헌법에 따르지 않습니다. 이것이 문제입니다.

대담자　덩 샤오핑 시기부터 정치개혁과 경제개혁이 함께 추진되어야 한다는 목표가 있었지만, 정치개혁은 너무나 오랫동안 미뤄져 왔지요. 중국이 정치개혁을 추진할 수 있을 것으로 보십니까?

야오 양　중국은 이미 민주화의 길 위에 있습니다. 중국이 멈춰선 것은 아닙니다. 점점 더 민주적으로 변하고 있습니다. 하지만 헌법을 준수하는 면에서는 여전히 부족한 점이 많습니다. 예를 들면 예산문제에 대해 헌법에서는 분명하게, 인민대표대회가 예산을 짜고 결산하는 권력을 갖고 있다고 명시하고 있지요. 우리가 진정으로 헌법에 따라 해나갈 수 있다면 상황은 많이 나아질 겁니다. 인민대표 선거가 폐쇄적으로 이뤄지고 민의를 완전히 구현하지는 못한다고 해도 그들은 결국 기층에서 나온 인민대표고 보통사람들이 무엇을 생각하는지는 알고 있습니다. 의견을 제대로 밝히도록 허용한다면 그들은 의견을 내놓을 겁니다.

우리는 정치적인 면에서 한걸음 앞으로 나아가야 합니다. 이 한걸음을 내딛지 못하면 중국의 다음 단계 경제성장도 쉽지 않을 겁니다. 예를 들면 우리는 계속 국내수요를 늘려야 한다고 하는데, 어떻게 해야 국내수요를 늘릴 수 있습니까? 국내수요가 부족한 중요한 원인은 서민들의 소득이 빠르게 늘지 않기 때문이지요. 서민들의 소득이 GDP에서 차지하는 비중은 계속 낮아지고 있습니다. 서민들의 소득이 늘지 않은 것은 아니지만, 정부와 기업의 수익이 느는 속도만큼 빠르게 늘지는 않습니다. 한국에서도 1987년까지는 GDP에서 소비가 차지하는 비중이 하락 추세였습니다. 서민들의 소득이 차지하는 비중도 적었을 것입니다. 이후 이 비중이 늘기 시작했는데, 그 이유 중 하나는 1987년 경제성장모델의 전환이 있었기 때문입니다. 제조업의 비중이 줄어들기 시작했지요. 또 하나의 원인은 민주화입니다. 민주화는 무시할 수 없는 중요한 원인이라고 생각합니다. 한국에서 민주화가 이뤄진 뒤 공공지출의 증가가 크게 늘었고 특히 국민들에게 쓰이는 정부지출의 비중이 커졌습니다.

대담자 후 진타오-원 자바오 지도부는 조화사회를 강조하면서, 11·5계획과 12·5계획을 통해 민생과 분배를 강조하는 위로부터의 개혁으로 변화를 가져다주겠다고 말해왔습니다. 이런 식의 개혁이 중국에 실제로 변화를 가져왔습니까?

야오 양 12·5계획을 보면 많은 내용들이 11·5계획에서 이미 밝혔던 것들입니다. 하지만 11·5계획 기간 동안 실제로 무슨 변화가 있었습니까? 변화가 없었습니다. 상황은 더욱 악화되고 있지요. 국민들의 소득이 GDP에서 차지하는 비중은 계속 떨어지고 있습니다. 그러므로 위로부터의 개혁만 강조하는 것은 논리에 맞지 않습니다. 모든 관리들은 일단 자원을 장악한 뒤에는 자신을 위해 쓰려고 합니다. 민주국가에서는 정부가 국민들에게 자원을 나눠주면서, 국민들이 자신에게 투표할 것으로 기대합니다. 하지만 중국에서는 국민들의 직접투표가 이뤄지지 않기 때문에 관리들이 국민들에게 돈을 쓸 동기가 약하지요. 효과가 곧바로 나타나지 않으니까요. 예를 들어 교육투자는 오늘 바로 효과를 볼 수 있는 것이 아니지요. 아마 10년은 지나야 할 것입니다. 그러니 관리들이 뭐하러 교육에 투자하겠습니까?

이처럼 위로부터 아래로의 방식으로는 앞서 말한 문제를 해결할 수 없습니다. 이것이 로버트 달(Robert A. Dahl)*이 말한 수호자주의(guardianship) 이론이지요. 흔히들 지식인 엘리뜨들이 나라를 위해 일할 것이라고 믿지만 그들은 정작 국민들이 무엇을 원하는지 알지 못합니다. 관리들은 모든 국민의 요구를 파악하고자 하지만 이는 불가능한 일이지요. 국민이 무엇을 원하는지 다 알 수는 없습니다. 결국 국민이 자신들의 의견을 표현해야 합니다. 한국에서도 모든 사람이 결정을 내리는 것은 아니지만, 국민은 자신의 한 표를 행사해 의견을 표현합니다. 정책결정이 여전히 엘리뜨의 몫이더라도 국민은 그들이 제대로 일을 했는지 알 권리가 있습니다. 이렇게 해야만 철저히 상황을 바꿔낼 수 있습니다. 위로부터 아래로의 방식으로는 안 됩니다.

대담자 말씀하신 것처럼 국민이 지도층의 통치행위를 감시하려면 선거가 가장 유효한 통로입니다. 중국에서도 형식적으로는 기층단위에서 인민대표 선거가 치러지고 있지만, 사람들은 당이 이 선거들을 다 통제하고 있다고 냉소하면서 선거에 참여하지 않습니다. 선생님은 인민대표 제도가 감시 기능을 할 것이라고 강조합니다. 하지만 인민대표 제도 자체에 대한 냉소가 퍼져 있는 중국의 현실에 대해서는 어떻게 생각합니까?

야오 양 현재 인민대표의 예산 관련 투표 등이 형식적으로 존재하기는 하지만, 인민대표들은 예산의 내용을 이해할 수 없습니다. 예를 들면 투표 일주일 전에 예산 관련 서류를 인민대표들에게 주고 일주일 안에 다 살펴보라고 합니다. 예산 서류는 대략 1000페이지는 될 정도로 두껍습니다. 일반 인민대표가 이를 보고 어떻게 이해하겠습니까? 그래서 전국인민대표대회가 진정으로 작용하게 하려면 전문적인 위원회를 설립해야 합니다. 전인대의 위원회가 경제학자 등을 직원으로 고용해 정부의 예산조항을 하나하나 살펴보고, 대표들에게 이를 자세히 설명해주도록 하는 것입니다. 일례로 미국 의회예산처(CBO)는 1000명 이상을 고용해 정부의 예산을 매일 들여다봅니다. 우리 헌법이 인민대표에게 권리를 부여했으니 마땅히 이렇게 해야 합니다. 지금 이를 방해하는 저항세력은 누구일까요? 실제로는 행정부입니다. 그들은 자신을 전인대의 감독 아래에 두기를 원하지 않습니다.

대담자 선생님은 민주와 자유 같은 보편적 가치를 지지한다고 밝혀왔습니다. 하지만 중국 내에선 '서구식 민주주의는 불가능하다' '중국 특색의 제도를 만들어야 한다'라고 강조하는 사람들이 많지요. 정치개혁과 관련해 '서구식이냐, 중국식이냐'라는 질문만 도돌이표가 달린 듯 반복되면서 실질적 진전은 거의 없는 상황입니다.

야오 양 여러 차원의 문제가 있습니다. 하나는 이념·목표·가치의 문제입니다. 이 차원에서 저는 어떤 논쟁의 여지없이 자유와 민주를 요구합니다. 중국을 포함해 좌파든 우파든 모두 이것은 거부하지 않을 것입니다. 물론 누군가는 보편가치를 말하고 또다른 누군가는 이른바 중국적 특색을 말하겠지만, 이는 부차적인 문제입니다. 이런 문제들은 자유와 민주가 있는 상황 아래서 토론할 내용들입니다. 두번째 차원에서 말한다면 당신이 말하는 제도는 어떤 제도냐라는 것입니다. 흔히 사람들이 민주를 말할 때 미국식 민주를 얘기합니다. 하지만 세계적으로 민주는 여러 다양한 형식이 있고 미국식 민주가 무조건 가장 우수한 것도 아닙니다. 오히려 미국식 민주에는 큰 문제가 있습니다. 모든 일을 일종의 투쟁으로 만들어버렸지요. 소송을 해서 법정으로 가거나 의회에서 서로 헐뜯는 것입니다. 공화당과 민주당은 지금 타협할 길이 없지요. 북유럽의 민주와 미국의 민주는 상당히 다릅니다. 저는 북유럽의 민주가 미국의 민주보다 훨씬 뛰어나다고 생각합니다. 북유럽 민주는 일종의 협의식 민주입니다. 입법할 때 의회에서 논쟁이 그렇게 격렬하지도 않지요. 모두 협의하려 합니다. 입법이 바로 협의과정이기 때문입니다.

이 같은 과정이 중국에 없는 것은 아닙니다. 중국의 입법과정을 제대로 몰라서 그렇지요. 중국의 입법과정은 외부에서 보듯 공산당이 시키는 대로 되는 것이 아니라 매우 복잡한 경로를 거칩니다.

물권법 입법은 매우 흥미로운 사례입니다. 물권법 초안을 만든 뒤부터 통과까지 8년이 걸렸습니다. 준비과정에서 전국인민대표대회가 여러 전문가의 의견을 요청했습니다. 참여한 전문가들 사이에 날카로운 의견대립이 있었지요. 물권법은 매우 복잡하기 때문에 토론에만 7년이 걸렸습니다. 마지막으로 투표하려 할 때 베이징대 법학원의 쿵 셴텐 교수가 물권법은 헌법 위반이라고 주장했습니다. 그는 보수파지요. 물권법 초안에는 국가가 공유자산과 사유자산을 동등하게 보호한다는 내용이 담겨 있었어요. 쿵 교수는 '중국은 공유제가 주도하는 국가'라는 헌법 조항을 근거로 물건법 초안이 위헌이라고 주장했습니다. 아마 세계 입법역사에서 유례가 없는 일일 텐데, 어느 교수의 글 한편 때문에 전인대는 그해에 실시하기로 했던 물권법 투표를 실시하지 못했습니다. 한해 뒤인 2008년이 되어서야 투표로 법안이 통과되었습니다. 중국의 입법과정은 바로 협의과정입니다. 다만 엘리뜨 내부의 협의일 뿐이라는 점은 있지요.

대담자 보편적이라고 불리는 서구 민주주의 안에도 한가지 모델만 존재하는 것이 아니라 여러 유형이 있다는 지적에는 공감합니다. 중국의 입법과정에서도 민주적 협의의 요소가 작동한다는 점은 중요한 지적이었습니다. 하지만 문제는 국민들이 정부의 기능을 감시하는, 헌법에 보장된 권리조차 제대로 실현되지 않고 있는 것이지요. 궁극적으로는 중국도 현재 서구에서 실행되는 1인1표제의 직접선거로 나아가게 될까요? 중국이 최종적으로 어떤 식의 정치체제로 나아갈 것으로 보십니까?

야오 양 중국헌법에도 1인1표제가 규정되어 있습니다. 하지만 등급 혹은 위계를 나누어 선거를 실시하고 있지요. 즉, 중국의 선거는 등급 혹은 위계별 선거입니다. 우리는 하이뎬구(베이징시 서부의 행정구역) 인민대표를 선거로 뽑을 수 있고, 하이뎬구 인민대표는 베이징시 인민대표를 선거로 뽑을 수 있고, 베이징시 인민대표는 전국인민대표를 뽑습니다. 우리가 어느정도 수준에 이르면 직선제로 나아가 일반 인민들이 직접 베이징시 단계부터 전국인민대표까지 선거로 뽑을 수 있을 것입니다. 하지만 첫걸음은 직선제 실행이 아니라 인민대표가 제 기능을 발휘하도록 하는 것입니다. 이것이 해결되지 않으면 직접선거를 한다 해도 의미가 없습니다.

행정수반을 직선제로 뽑을 수 있다고 말하는 사람도 있지요. 이것 또한 큰 의미는 없습니다. 정치이론을 보더라도 행정수반 직선제가 무조건 최우선이라는 것이 증명되지는 않습니다. 현재의 주요 문제는 '어떻게 선거를 할 수 있을 것인가'가 아니라 '어떻게 인민대표대회가 제대로 역할을 발휘하게 할 것인가'입니다. 만약 인민대표대회가 기능을 제대로 발휘한다면, 그때 가서 이 선거를 더욱 개방해야 할지, 나아가 직접선거를 해야 할지 토론하면 됩니다. 만약 인민대표 선거를 완전 개방할 수 있다면, 인민대표대회의 역할은 완벽히 발휘될 것이며 중국은 형식적으로 이미 민주화된 것이지요. 물론 그때가 되어도 중국공산당이 여전히 최대의 정당으로 남아 있을 것이라고 우려하는 사람도 있겠지요. 하지만 일본도 마찬가지입니다. 자민당은 줄곧 최대 정당이지요. 하지만 어느정도에 달하면 자연스럽게 변화가 생깁니다. 목표는 분명히 있어야 하지만 그것을 향한 실천은 작은 걸음에서 출발해야 합니다. 큰 걸음을 내딛는 방법이 무조건 좋다고는 말할 수 없습니다.

쑨 거

孫 歌

제국 너머의 동아시아를 꿈꾼다

◆

　2012년 여름, 동아시아는 영토분쟁의 소용돌이 속으로 순식간에 빨려 들어갔다.

　그해 8월 10일 이명박 대통령이 한국 대통령으로는 처음으로 독도를 깜짝 방문했다. 곧이어 2차대전 종전 67돌을 맞은 8월 15일에는 일본과 중국이 서로 영유권을 주장하는 동중국해 댜오위다오(일본명 센까꾸열도) 에 홍콩과 중국 운동가들이 상륙했다.

　9월 10일 일본정부는 댜오위다오를 개인으로부터 사들여 '국유화'하 겠다고 공식 결정했다. 중국은 즉각 댜오위다오에 영해기선을 선포해 중국영토임을 선언했고, 중국의 100여개 도시에서는 연일 대규모 반일 시위가 벌어졌다.

　일본제국주의 침략과 식민화가 남긴 역사적 상처들이 정리되지 않은 상황에서 중국의 부상, 미국의 아시아 전략 그리고 민족주의를 부추기는 국내 정치가 맞물리면서 동아시아는 균형을 잃고 새로운 격량으로 휩쓸려가고 있었다.

그 소용돌이의 한가운데서 쑨 거 사회과학원 연구원을 만났다. 그는 중국에서 '동아시아'를 가장 깊고 끈질기게 고민해온 학자다.

그는 마루야마 마사오(丸山眞男), 타께우찌 요시미(竹內好), 미조구찌 유우조오(溝口雄三) 등 일본 정치사상사·역사연구자의 사상과 백낙청의 분단체제론, 백영서의 동아시아론 등 한국 학자들의 사상을 중국에 소개해왔다. 일본의 중국사상연구자인 미조구찌 유우조오와 함께 오랫동안 중일 지식인공동체 회의를 주도했으며, 중국과 일본, 한국, 대만 등 동아시아의 시민사회 사이에 다리를 놓는 작업을 묵묵히 해오고 있다.

쑨 거는 1955년 중국 지린성 창춘시에서 태어났다. 문화대혁명의 한가운데서 초등·중학생 시절을 농촌에서 노동하며 보냈다. 1978년 대학 입시가 회복된 뒤 첫 입학생으로 지린대학에 들어가 중국문학을 전공했다. 당시 문학을 전공으로 택한 것은 문혁을 겪으며 정치는 가장 더럽고 추악한 것이라고 여기게 되었기 때문이다.

하지만 정치는 우연한 기회에 그의 삶 속으로 다시 들어왔다. 일본 유학 중 일본 정치사상사와 동아시아 문제에 눈을 뜨기 시작한 쑨 거는 1989년 톈안먼광장의 좌절을 보면서 '정치란 무엇인가'를 본격적으로 고민하기 시작했다.

그는 서구 중심의 근대주의를 비판하면서 근대를 아시아의 시각에서 재해석하려 한다. 그가 고민하는 동아시아는 지역적 명칭이나 서양에 대립하는 개념을 넘어서 있다. 그는 근대의 문제에 직면하면서 그 대안을 찾도록 돕는 거대한 질문으로서 동아시아를 제시하고 있다.

강대국으로 재부상한 중국은 동아시아, 나아가 세계와 어떤 관계를 맺을 것인가? 왕조가 바뀌어왔어도 중화제국은 아시아라는 천하의 중심이었다. 호혜적 원리를 명분으로 한 조공 중심의 외교·무역관계는 '근대적 주권' 개념과는 다른 국제관계의 규범으로 아시아의 나라들과 민족·종족을 몇천년간 연결해온 고리였다. 16세기 이후 군사력의 우위를 앞세운 유럽은 서세동점의 대항해를 시작한다. '근대적 주권' 개념을 앞세워 주권을 박탈한 제국주의 앞에서 중국의 천하는 분열되었고, 서구와 일본 제국주의 앞에서 중국은 150년간의 굴욕을 경험했다.

이제 그 중국이 세계의 중심으로 돌아왔다. 중국은 미국과 같이 패권을 추구할 것인가? 21세기의 변용된 조공체제가 웨스트팔리아 조약(베스트팔렌 조약)에 그 연원을 둔 서구 중심의 세계체제를 대체할 것인가? 역사적·문화적 자산을 공유하는 '동아시아의 공동의 집'은 실현 가능한 꿈인가? 동아시아의 지식인 및 민중 연대는 가능한 꿈인가? 이처럼 정답 없는 질문들을 들고 쑨 거 선생의 자택으로 찾아갔다. 중국사회 주류에서 묻혀버리기 십상인 그의 목소리에는 조용한 사색과 고민의 흔적이 깊게 배어 있었다.

숨어서 『홍루몽』을 읽던 문화대혁명의 기억

대담자　1955년에 태어나신 선생께서는 문혁으로 상징되는 마오 쩌둥시대에 성장기를 보내고, 개혁개방이 시작되면서 대학에 들어가 셨습니다. 그 시절은 선생님에게 어떤 기억으로 남아 있습니까?

쑨 거　문혁이 시작됐을 때 저는 아직 초등학생이었습니다. 부모 님은 대학교수였는데 문혁이 일어나자 자산계급 지식분자로 분류되 셨지요. 학교의 노동자들, 조반파들이 반역〔造反〕에 나섰고 우리 가 족은 10년 넘게 살던 집에서 쫓겨났습니다. 1969년에는 온 가족이 농 촌으로 하방되어 농민이 되었지요. 부모님이 박해를 당하기는 했지 만, 전체적으로 보면 우리 가족은 운이 좋았습니다. 부모님 모두 생 명의 위험에서 벗어나 있었고, 문혁이 끝난 뒤에는 대학으로 돌아갈 수 있었습니다. 문혁 시기에 다른 많은 가족들이 뿔뿔이 흩어지고 가 족이 나뉘어 서로 다른 편에서 무장투쟁에 나서기도 했고, 박해받거 나 감옥에 갇히고 비참하게 죽는 등 많은 고통을 겪었습니다.

하지만 그때의 생활 속에는 또다른 일면도 있었지요. 사회의 규칙 이 깨졌고 모두들 이런 혼란의 공간을 이용해 스스로 자신의 생활을 설계해야 했습니다. 학교에선 시험도 보지 않았습니다. 더이상 시험 을 위해 공부할 필요가 없었습니다. 약 반년 동안은 학교가 아예 수 업도 하지 못했습니다. 그 반년 동안 저는 집에 숨어 『서유기』『수호 전』『홍루몽』 등을 읽었습니다. 『루 쉰 전집』도 그때 읽었습니다. 집 안에 남아 있던, 몰수되지 않은 책들을 모두 찾아 읽었습니다.

당시 경험은 제게 자유롭게 읽고 알고 싶은 지식을 찾는 습관을 남겨주었습니다. 문혁은 개인적으로 많은 공포스러운 경험과 생활고를 겪게 했지만, 저는 당시의 재난에 감사하기도 합니다. 자유로운 사고란 무엇인지를 청소년 시기에 알게 해줬으니까요. 이후에 대학과 연구소에 근무하면서 정해진 대로만 일하지 않게 된 것도 그때의 습관과 관련이 있습니다. 문혁이 나에게 남겨준 첫 유산입니다.

지금의 젊은이들에겐 이런 가능성이 없지요. 어려서부터 괄호를 채우고 시험문제를 풀어야 합니다. 그래서 저는 학생들에게 농담을 합니다. "너희들은 이 세상의 모든 문제에는 답안이 있고, 답안에는 단답형과 선택형만 있다고 생각한다. 하지만 인류의 가장 기본적인 문제는 모두 답이 없다. 그렇다면 너희들은 어떻게 할 것인가"라고 말이지요.(웃음)

문혁이 남겨준 두번째 경험은 관념적이지 않은 방식으로 어떻게 정치에 대해 사고할 것인지를 배운 것입니다. 문혁은 그 세대 중국인들에게 큰 재난이었습니다. 하지만 문혁은 분명 매우 대담한 정치적 실험이기도 합니다. 문혁의 특징은 바로 국가기구가 국가기구를 파괴한, 즉 국가기구가 위로부터 아래로 정치체제를 파괴한 매우 특수한 정치적 변동이라는 점입니다.

이 정치변동에 대해 현세대의 중국인들도 아직 제대로 논의할 능력이 없습니다. 그래서 모두들 재난이라고만 말합니다. 하지만 일부 당사자들에게는 문혁이 아주 휘황한 일일 수 있습니다. 바로 당시의 노동자와 농민들에게는요. 사실 오늘날 이 재난을 말할 때 대다수가 지식인과 간부 등 당시 박해당한 계층에 대해서만 얘기합니다. 하지만 많은 노동자와 농민에게 그 시기는 평생 유일하게 자신이 주인이 되어 세상을 이끌었다고 느끼는 때일 겁니다. 당시 일부 노동자와 농민들은 직접 국가의 고위층으로 올라가기도 했습니다.

하지만 전체적으로 보면 문혁의 댓가는 매우 큽니다. 오늘날 어떤 중국인도 다시 문혁을 벌이길 원하지 않습니다. 그것은 대혼란이기 때문입니다. 어린 아이였을 때 저는 주변에서 일어나는 모든 정치투쟁이 인사와 이익을 둘러싼 투쟁이라고 생각했습니다. 문혁 시기에 노선투쟁이 많았지만, 실제로 문혁은 일부 사람들이 자신의 위치에 불만을 느끼고 위에 있는 사람을 내쫓으려 하면서 진행됐습니다. 문혁은 가장 극단적인 방식을 택했고 가장 적나라한 방식으로 이런 문제를 드러냈습니다. 그때 저는 이런 일들이 매우 추악하다고 생각했고, 정치란 인류사회에서 가장 추악한 일이라고 느꼈습니다.

1990년대에 정치학과 만나기 전까지는 줄곧 정치는 더럽다는 생각을 해왔습니다. 그때까지 문혁 시기의 정치를 도덕주의적인 시각에서 평가한 것이지요. 문혁은 듣기 좋고 아름다운 개념을 이용해 자신들의 이익을 추구하는 것이기 때문에 추악하다, 그러므로 정직한 사람은 정치에 관여하지 말아야 한다고 생각했습니다. 이후 제가 문학을 전공으로 선택한 것도 정치에서 가장 멀리 떨어진 것을 골랐기 때문입니다. 어린 시절 저는 한번도 정치사상사를 연구하겠다고 생각한 적이 없습니다. 그런데 결국 정치학으로 박사학위를 받았습니다. 어렸을 때는 상상도 못한 일이지요.(웃음)

대담자 문혁의 혼란 속에서 매우 예민하게 세상을 관찰하던 어린 소녀의 모습이 그려집니다. 문혁 당시 많은 젊은이들이 농촌으로 하방되어 노동했는데요. 선생님과 농촌의 만남은 어떠했습니까?

쑨 거 문혁이 준 또다른 경험은 열네살 때 부모님과 함께 농촌으로 하방돼 노동하게 된 것입니다. 그때의 경험이 제게는 매우 중요합니다. 처음으로 농민들 속에서 생활하게 됐기 때문이지요. 저는 당시 초보적인 침술을 알고 있어서 농민들에게 침을 놓아주었습니다. 무료로 침을 놓았기 때문에 농민들은 저를 찾아와 침 맞는 것을 좋아했습니다. 당시 농민들의 생활은 매우 힘들었으니까요. 이 경험은 저와 농민들 사이에 밀접한 관계를 만들어주었습니다. 이때가 저의 첫 하방 시절입니다.

농촌에서 3년간 생활하고 도시로 돌아온 뒤 중학교에서 2년을 공부하고 졸업을 앞두게 되었습니다. 졸업 후 도시에 남을 것인지 농촌으로 하방할 것인지의 선택 앞에서 저는 다시 농촌에 가서 노동하기로 결정했습니다. 저는 이후 줄곧 학교에서 근무했고 엄격한 의미로는 학계의 지식인입니다. 하지만 제게는 지식인의 고상한 우월감은 전혀 없습니다. 이것은 두번의 농촌하방 경험, 특히 두번째의 하방과 관련이 깊습니다. 그때 이미 성년이 된 저는 농사일을 하면서 스스로 성장할 수 있었어요. 하지만 당시 저는 훌륭한 농부가 결코 아니었지요. 단련된 농사꾼이 아니었던 거예요. 이후 대학에 진학해 도시로 돌아왔을 때도 제가 훌륭한 농부가 되지 못했다는 열등감은 남아 있었습니다. 현재도 농민형제들이 밭에서 익숙한 몸짓으로 노동하는 것을 볼 때마다 부러움을 느낍니다. 저는 우리가 학문을 하는 것과 농민들이 벼를 베는 것은 똑같다고 생각합니다. 당시 비록 훌륭한 농부는 되지 못했지만 현재 학문분야에서 노력하는 것으로 그 모자람을 보충하려 합니다. 이것도 문혁의 경험이 제게 준 수확입니다.

톈안먼의 '배반', 정치와의 재회

대담자 중국문학을 공부하던 선생께서는 일본에서 비로소 동아시아에 대해 눈을 뜨게 되셨다는 회고를 언젠가 읽은 적이 있습니다. 일본유학을 결심하게 된 특별한 계기가 있었나요?

쑨 거 애초에 일본에 가려는 생각이 전혀 없었습니다. 1980년대에는 아직 30대 초반이었고, 당시 일본어를 조금 공부하기는 했지만 번역을 하려는 목적이었습니다. 잡지 만드는 일을 하고 있었는데 항상 원고가 모자라 제가 원고를 번역해 채워넣어야겠다고 생각했거든요. 그런데 어느날 우리 잡지 편집부의 여성주임이 '일본에 가보라'고 권했습니다. 저는 일본에 가서 뭘 하느냐며 '가지 않겠다'라고 했고요. 그는 '이렇게 의지가 약한 젊은이는 처음 보았다'라고 했지요. 이후 그는 일본인 친구에게 '이 사람이 일본에 가도록 도와달라'고 부탁했습니다. 그 일본 교수는 나이 어린 무명의 연구자였던 저를 객원연구원으로 데려가기 위해 많은 수고를 해야 했습니다. 종종 그 여성주임께서 저를 위해 왜 그토록 애써주셨는지에 대해서 생각하곤 합니다. 그분에게 어떤 직접적인 이익이 돌아가는 것도 아니었고, 제가 보답해드린 것도 없거든요. 이는 지난 세대 중국인들의 특징입니다. 바로 마오쩌둥시대의 혁명교육이 가져온 긍정적인 결과입니다. 다음 세대를 위해 생각하고 자신의 이익을 고려하지 않는 사람들을 많이 육성해낸 것입니다. 오늘날 중국사회에는 이런 사람이 아주 드물게 되었습니다. 이제 저도 당시 그 편집부 주임의 나이가 되었습니다. 저도 그처럼 다음 세대를 위한 여건을 마련해야겠지요. 만약 그 여성주임분과 일본 교수님이 없었더라면 오늘날의 저는 없습니다. 그래서 이 두분께 항상 고마움을 느낍니다.

대담자　문혁 이후 의식적으로 정치와는 내내 거리를 두었던 선생님께서 정치사상사와 동아시아 정치로 관심을 돌리게 된 계기는 일본 정치사상과의 만남 때문이었나요?

쑨거　실은, 진정한 계기는 톈안먼사건*이었습니다. 1989년 그 사건을 겪은 당사자로서 우리들은 그 사건을 매우 복잡한 심정으로 바라보게 됩니다. 외부 사람들이 쉽게 말하듯이 당국이 민주화운동을 탄압한 것으로 간단히 설명해버릴 수는 없습니다. 우리는 그 운동을 통해 우리가 직면하고 싶지 않은 문제들을 보게 되었습니다. 운동이 진행되는 과정에서 매우 좋은 전환의 기회가 있었지만, 학생 지도자들은 그것을 거부했고 사건을 극단으로 몰아갔습니다. 만약 톈안먼사건이 그렇게 끝나지 않았다면, 자오 쯔양이 광장에 나가 호소했을 때 학생들이 협조했다면, 1990년대 이후의 역사는 달라졌을 겁니다. 물론 1990년대의 역사를 학생 지도자들이 책임져야 한다고 말할 수는 없지요. 역사는 그렇게 간단하지 않습니다. 1989년의 그 운동에는 중국인들이 흔히 얘기하는 대로, '시고 달고 쓰고 맵고 짠' 다섯가지 맛이 모두 섞여 있습니다.

톈안먼사건이 지나간 뒤 친구들과 토론을 한 적이 있습니다. 만약 그런 일이 한번 더 일어난다면 우리는 어떻게 할 것인가? 참가할 것인가 참가하지 않을 것인가? 그 자리에 있던 모두가 참가하지 않겠다고 했습니다. 그 운동이 진압됐기 때문, 두렵기 때문은 절대 아닙니다. 그 운동이 우리를 배반한 것 같다고 생각하기 때문이지요. 하지만 우리가 그렇게 말할 수는 없었고, 그래서 오늘날까지도 아무도 이런 얘기를 하지 않습니다. 그 운동 가운데는 많은 비민주적 요소도 있었고 모두가 그것을 보았습니다. 그것을 어떻게 이해해야 할까요. 그것은 진압당한 대규모 민중운동이었다고 정부가 공식적으로 인정하고 사과하기 전에는 우리가 그 운동을 비판할 수 없습니다. 하지만 그런 사정 때문에 이후 많은 지식인이 변했습니다. 그중 가장 큰 변화는 바로 우리가 어떻게 중국을 이해하고, 민주를 이해하고, 중국발전의 길을 이해할 것인가를 고민하기 시작했다는 것입니다.

톈안먼사건 이후 1990년대 초 중국의 뛰어난 학자들은 "5·4로 돌아가야 한다"라고 제창하기 시작했습니다. 즉, 5·4운동이라는 역사의 경험에서 오늘날의 선택이 옳은지를 반성하고, 오늘의 톈안먼사건과 5·4운동을 비교해 어떤 차이가 있는지 살피려 한 것입니다. 하지만 유감스럽게도 이런 토론은 결국 끝까지 전개되지 않았습니다. 하지만 적어도 반성하겠다는 초심은 있었지요.

제 개인의 반성은 5·4운동으로 돌아가야겠다는 것은 아니었습니다. 톈안먼사건 이후 저는 진심으로 '정치란 무엇인지' 알고 싶어졌습니다. 그 이전까지 정치에 대한 이해는 문혁 시기의 이해였습니다. 정치란 더럽고 불결하다, 더러운 거래다, 말로는 번지르르하지만 가장 비열하다고 생각했습니다.

톈안먼사건은 정치운동이었는데도 그 운동에 참여한 주체들의 정치적 성숙도가 매우 낮았기 때문에 실패했습니다. 톈안먼사건에 대응한 국가의 정치도 아주 졸렬했습니다. 자기 국민을 진압했으니까요. 그런 문제들은 제가 정치를 다시 고민하게 된 전환점을 만들어주었습니다. 그래서 1990년대부터 조금씩 이런 문제에 접근하기 시작했습니다. 즉, '한 사회에 상대적으로 이상적인 정치를 만들 수 있는 가능성이 있는가' 하는 문제입니다. 그후 저의 논의는 모두 이 문제와 관련돼 있습니다. 중국문학에서 일본문학으로 옮겨가보았지만 일본문학도 저의 고민을 해결해줄 수 없었습니다. 그후 일본 정치사상사로 전환했습니다. 왜 동아시아의 시야 속으로 가게 되었는가? 일본의 틀 안에서 문제를 토론하면 너무 제한적이라고 생각했기 때문입니다. 저는 틀을 열어 그속에 일본과 이웃국가들의 관계, 냉전의 역사 등을 모두 넣고, '무엇이 정치인지' 다시 토론해야 한다고 생각한 것이지요.

'마오 쩌둥식'으로 동아시아 고민하기

중국은 동남북 아시아 및 러시아 등 14개국과 국경을 맞대고 있는 광활한 대륙국가다. 오랫동안 천하의 중심이라는 중화주의 세계관 속에서 살아온 대륙국가의 중국인들에게 동아시아는 아직 '낯선' 또는 '중요하지 않은' 무엇이다. 그럼에도 문자·예술·철학·종교 등 문화적 자원을 역사적으로 공유해온 동아시아는 중국이라는 자아와 특별한 역사적 관계를 맺고 있다. 이런 사실을 누구보다 잘 아는 쑨 거에게는 서구의 이론을 수입해서 서구인의 시선으로 중국과 동아시아를 바라보는 우리의 모습이, 그리고 중국인의 모습이 어색하기만 하다. 동아시아는 왜 스스로의 잣대를 못 만들어왔는지 그는 자문한다. 중국인들의 대국주의적 사고 혹은 중화주의적 사고도 편안하게 느낄 리 없다.

그는 이 지점에서 '마오 쩌둥'을 호출한다. 물론 그는 마오 쩌둥이 중국에 남긴 파괴와 고통을 직시한다. 동시에 그는 마오 쩌둥이 서구의 정통 맑스레닌주의 이론에 휘둘리는 대신 중국 현실에서 출발해 혁명을 성공시켰듯이 오늘날 우리도 우리 현실에서 출발해 우리에게 걸맞은 원리를 만들어낼 수 있어야 한다고 역설한다. 아마 쑨 거가 동아시아 나라들의 지식인 및 민중 연대를 강조하는 것은 우연이 아닐지도 모른다. 마오도 1960년대에 제3세계 및 비동맹 국가의 인민연대를 주창하지 않았던가? 이처럼 그에게 마오는 서구와 동아시아의 긴장에 대면하는 하나의 중요한 방식을 상징한다.

대담자 문혁이 끝나고 개혁개방을 한 지 30여년 이상 지난 오늘날 마오 쩌둥에 대한 향수가 일부 중국 국민 사이에서 강해지고 있는 듯합니다. 마오에 흥미를 갖는 젊은이들도 늘고 있습니다. 이런 현상을 어떻게 보십니까?

쑨 거 좌파사상 중 일부는 그냥 현실과 상관없이 유통·소비될 뿐입니다. 강단좌파가 그 대표적인 예지요. 물론 이들을 완전히 부정할 필요는 없지만, 강단좌파를 진정한 좌파라거나 마오사상의 계승자라고 하기는 힘듭니다. 사실 마오사상은 자기부정과 자기파괴의 속성을 지니고 있거든요. 따라서 이런 부분들을 어떻게 받아들이느냐에는 중요한 문제가 있는데, 이를 심각하게 토론하는 사람들이 많지 않습니다.

강단좌파뿐만 아니라 현실에 불만을 가진 젊은이들도 마오주의에 관심을 기울이기 시작했습니다. 그런데 이런 젊은이들도 여러가지 다른 방향으로 분화되어갈 것입니다. 어떤 이들은 그저 마오주의를

'소비'하고 말겠지만, 다른 사람들은 진지하게 오늘날의 중국사회라는 맥락에서 마오사상을 계승하려 하겠지요.

사실 마오사상을 계승한다는 것은 매우 복잡한 과제입니다. 이 문제는 동아시아를 이해하는 문제와도 깊은 연관이 있습니다. 오늘날 왜 동아시아를 말해야 하는가? 중국에서 동아시아를 진심으로 고민하고 이야기하는 사람은 소수입니다. 동아시아를 거론하는 많은 사람들은 그저 프로젝트를 수행해야 하기 때문에, 심지어는 국제회의에 참가하기 위해서 한번쯤 동아시아를 거론해볼 뿐이지요.

표면적으로 보면 이 상황이 마오사상과 아무런 연관이 없는 듯 보이지만 심층적으로 보면 '어떻게 마오사상을 계승하느냐'라는 문제와 연관되어 있습니다. 오늘 동아시아문제를 토론하는 것은 어떻게 중국과 동아시아 이웃나라들과의 관계를 다뤄나갈지의 문제와 관련돼 있기 때문입니다.

대담자 마오사상과 동아시아론과의 연관이 쉽게 다가오지는 않습니다. 아시다시피 1950~60년대 중국은 비동맹론 및 제3세계론에 적극적이었습니다. 즉, 당시 마오는 미국과 소련의 헤게모니에 대항하여 중국이 신생독립국들, 당시 후진국이라고 불렸던 개발도상국들과 연대해야 한다고 생각했던 것이지요. 그런데 세계정세가 바뀐 오늘날 동아시아론이 중국에서 어떤 의미가 있을까요? 특히 전통적으로 스스로를 천하의 중심이라고 간주해온 중국인들에게 동아시아론이 어떤 현실적 의미가 있나요?

쑨 거 중국에서도 지식계를 주도하는 것은 유럽·미국과 직접 관계를 맺은 학자들입니다. 그들은 영어로 책을 출판하고 국제무대에서 영어로 소통합니다. 하지만 중국과 미국이 다른 점은 중국의 일부 좌파학자들 사이에 제3세계 정서가 있다는 점입니다. 특히 최근 7, 8년 사이에 세계정세에 변화가 생기자 많은 이들이 남미·아프리카·중동에 주목하기 시작했습니다. 즉, 1990년대 내내 유럽과 미국으로 향하던 상황에 변화가 생긴 겁니다. 문제는 이런 토론의 기본적 시야를 중국 지식계가 생산한 것이 아니라는 점입니다. 이것 또한 유럽과 미국의 비판적 지식인들이 생산한 것이지요.

이런 방식도 가치가 있기는 하지만, 마오 쩌둥의 방식은 아니지요. 마오의 방식은 우리 현실에서 출발해 우리에게 속하는 원리를 생산하는 것입니다. 그 원리가 겉보기에 매우 이론화된 서술은 아닐 수 있지만, 반드시 중국의 실제에 적합해야 합니다. 마오 쩌둥은 이런 방법으로 장 제스에게 승리했습니다. 장 제스는 미국의 이론으로 중국을 다스리는 정치를 했기 때문입니다. 반면에 마오 쩌둥의 방식은 맑스와 레닌을 포함해 세계 어느 고전에도 없는 것들입니다. 그는 코민테른과도 심하게 다퉜습니다. 건국 뒤 마오 쩌둥은 소련과도 대항하는 관계가 되었습니다. 어떤 의미에서는 마오 쩌둥은 한 개인, 한 정치가가 아닌 하나의 부호입니다. 즉, 그는 중국 사상전통 속의 기본적인 요소를 대표합니다.

우리는 1949년 이후 중국정치가 심각한 잘못을 무수히 저질렀다는 것을 인정할 수밖에 없습니다. 그 잘못의 결과 수많은 인민이 희생되었습니다. 많은 사람이 토지개혁으로 죽었고, 1960년대 초 기아로 목숨을 잃었습니다. 중국정치는 이 지점들에서 좌절했고 심각한 오류를 범했습니다. 하지만 이것만으로 1949년 이후 중국정치 전체가 완전히 독재이고 암흑의 정치라고 말할 수 있을까요? 그렇게 말할 수는 없습니다. 특히 마오를 어떻게 평가할 것인가라는 문제가 있습니다. 한 인물을 역사적 논리에서 보려면 매우 복잡한 토론이 필요합니다. 단순히 직관만으로 좋고 나쁨을, 선과 악을 평가할 수 없습니다. 이런 간단한 기준으로는 1949년 이후 중국현대사를 평가할 수 없습니다. 가장 유감인 것은 오늘날까지도 중국 지식계가 지나치게 유럽과 미국의 유행 이론을 쫓아가려 하면서 이 문제를 너무 단순화해 토론할 수 없는 지경으로 만들었다는 점입니다. 이런 의미에서 동아시아를 토론한다는 것은 그 자체가 목적이 아니라, 우리가 중국의 문제를 효과적으로 처리할 수 있는 능력을 회복하고 우리 스스로 원리를 만드는 출발점으로 다시 돌아가려는 것입니다.

대담자 　중국은 14개 국가와 국경을 접하고 있고, 동아시아 외에도 서·남·중앙아시아와도 이어져 있는 거대한 대륙국가입니다. 중국인들의 개념 속에서 동아시아는 그 범위가 어디까지며, 중국인들에게 어떤 의미입니까?

쑨 거 　어떤 문제를 논의하느냐에 따라 동아시아를 규정하는 서로 다른 영역이 존재합니다. 예를 들어 근대화를 논할 때는 중국·일본·한국, 냉전을 논하려면 6자회담 참가국들이 나옵니다. 소련이 아직 해체되지 않았을 때 그들은 동아시아를 몽골과 베트남까지 포괄하는 범위로 논했습니다. 다른 한편 아시아-태평양 지역문제를 토론할 때는 동북아와 동남아를 모두 넣어야 합니다. 그래서 동아시아는 매우 불확정적인 범주입니다. 토론하려는 주제와 문제에 따라 동아시

아는 여러 다른 대상을 포괄하게 됩니다. 또 하나, 한국과 일본에는 없는 중국 특유의 문제도 있습니다. 중국은 대륙국가로서 서·남·북아시아와 모두 연결돼 있다는 점입니다. 미국은 서아시아, 즉 중국의 서부 변경에서 의도적으로 몇십년 동안 국제정치적 음모를 진행했고, 그 가운데는 티베트문제도 포함돼 있습니다. 북아시아에는 주로 내몽골과 외몽골의 관계문제가 있지만 상대적으로 서부처럼 긴장이 높은 상태는 아닙니다. 현재 중국에 동아시아는 문제가 가장 집중되고 두드러진 부분이고, 여론도 동아시아를 가장 중요시합니다. 하지만 이런 문제들이 해결되면 서·남아시아에도 관심을 보이게 될 것입니다. 예를 들면 1950년대 말과 60년대 초 중국과 인도 사이에 국경분쟁이 생겼을 당시 모든 관심은 남아시아로 쏠렸습니다. 이는 중국의 특수한 상황입니다. 그래서 동아시아를 논하는 것만으로는 중국의 모든 문제를 포괄하기 어렵습니다.

대담자 선생님은 일본에 강제로 편입되었지만 꾸준히 자주와 평화를 추구하고 있는 오끼나와 사람들에게 많은 관심을 기울여왔습니다. 그렇다면 중국 내 티베트문제에 대해서는 어떻게 보시는지요? 서구적인 시각으로 티베트문제에 접근하면서 중국정부를 비난하는 것은 부당하다고 봅니다. 자치냐 독립이냐라는 '민족문제' 이전에, 티베트인들이 자신의 의사를 자유롭게 표현하고 민주적인 과정을 통해 자신들의 미래를 결정할 권리 즉 '민주주의 문제'가 더 중요해 보입니다.

쑨 거 이 문제에 대한 저의 입장은 오끼나와에 대한 입장과 동일합니다. 즉, 티베트든 신장위구르 자치구든 그곳 민중의 의지가 사회를 결정하고 역사를 결정하는 최종적인 기준이 되어야 합니다. 티베트문제에 대해 감히 말하기 어려운 것은 티베트에 가본 적이 없기 때문입니다. 오끼나와에는 많이 가봤지요. 오끼나와 지식인들과 매우 밀접하게 교류하고 있기 때문에 감히 이야기를 할 수 있습니다. 그들이 느끼는 것, 그들 내부의 모순과 대립 등에 대해서도 이해하고 있습니다. 하지만 저에게는 아직 티베트인 친구가 없습니다. 현재로서는 문헌을 통해 티베트문제를 보는 수밖에 없습니다. 문헌상으로 볼 때, 티베트문제는 중국 다른 지방의 민족문제와 차이가 있습니다.

티베트문제의 복잡성은 어느 하나의 기준으로는 토론이 불가능하다는 점에 있습니다. 티베트에서는 1951년 인민해방군이 들어갔을 때부터 1959년까지 토지개혁이 진행되었습니다. 중국 중앙정부도 다른 소수민족지역보다 티베트문제 처리에 더 많은 공을 들였지요. 미국이 티베트 분리를 도모해왔기 때문만은 아닙니다. 티베트에는 티베트민중에 대해 강력한 통제력을 지닌 종교세력의 문제가 겹쳐 있습니다.

대담자 티베트가 중국의 일부분이 된 것은 청나라 초기의 일입니다. 하지만 당시 티베트와 청 정부와의 관계는 현재 티베트와 베이징 중앙정부와의 관계와는 상당히 다릅니다. 청 시기에는 일종의 종교적·문화적 연맹관계 같은 형식을 취하고 있었지요. 청의 궁궐들에 가보면 중국어·만주어·티베트어·몽골어 등 4개의 문자로 쓰인 현판을 볼 수 있습니다. 청제국 시기의 소수민족들은 현재에 비해서는 더 많은 자치를 누린 것으로 보입니다. 오히려 현재 중국의 소수민족 통치정책은 과거보다도 후퇴한 것 아닌가요?

쑨 거 현재 국민국가체제에선 청나라 시기와 달리 현대화에 훨씬 많은 자원이 필요합니다. 중국에서 자원매장량이 가장 풍부한 지역은 현대화된 동부가 아닌 서부 지역입니다. 서부는 기본적으로 모두 소수민족지역입니다. 중국은 왜 소수민족을 분리하는 연방제를 택하지 않고 각 지역이 모두 연합하는 이런 씨스템을 만들었는가? 이에 대해 1950년대에 저우 언라이 총리는 "자원문제 때문"이라고 분명히 이야기했습니다. 자원문제를 해결해야 하기 때문에 서부로 갈 수밖에 없습니다. 그렇다면 이 근본정책을 우리는 어떻게 봐야 하는가. 이것이 아마 우리가 민족문제를 토론하는 전제일 겁니다. 소수민족 문제는 절대로 '우리가 어떻게 소수민족 형제의 존엄을 존중하느냐'라는 도덕의 문제가 아닙니다. 이는 오끼나와문제가 단순히 주권문제가 아닌 것과 같습니다.

중국의 최대 문제는 무엇인가? 중앙정부가 소수민족문제를 처리하면서 많은 잘못을 범하고 있다는 것을 부인할 수 없습니다. 소수민족지역의 주요 기층간부들은 여전히 한족들입니다. 이런 간부들의 자질에 문제가 많아서, 작은 일도 큰 문제로 키우는 등 많은 잘못을 저지르곤 합니다. 사실 중국의 민족정책만을 놓고 보면, 소수민족들에게 커다란 문제가 될 것이 없습니다. 문제는 어떻게 집행하느냐입니다. 쉽게 답을 찾기 어려운 또 하나의 문제가 바로 자원문제입니다. 중국이 현대화하지 않고 청나라의 생활방식을 유지한다면 자원문제는 큰 문제가 아닐 것이며 긴장도 높아지지 않을 겁니다. 하지만 중국이 앞으로도 현재의 방식으로 현대화를 추진한다면 소수민족지역의 자원을 포함해 중국 내부의 모든 자원으로도 부족할 겁니다.

또 하나 고려해야 할 점은 티베트의 기층민중입니다. 어떻게 그들의 요구와 희망을 이해할 수 있을까, 이것은 아주 큰 문제입니다. 직접 이에 대해 조사해보지 못했고, 읽은 자료도 모두 2차 연구이기 때문에 어디까지 믿어야 할지는 모르겠습니다. 즉, 그 자료들에는 중국 공산당이 티베트를 노예사회로부터 변화시켰다는 내용이 담겨 있지요. 저는 현재 티베트의 상황이 봉건사회인지, 현대사회인지 모릅니다. 다만 이와 관련해 1950년대 티베트 토지개혁 시기에 대한 티베트인 타시 체링(Tashi Tsering, 擦西次仁)의 전기를 읽은 적이 있습니다. 그는 달라이 라마와도 아주 가까웠고 티베트 상류사회에도 들어갔지만, 노예 출신이었습니다. 그래서 그의 중국 중앙정부에 대한 생각은 상류층의 그것과 달랐습니다. 그는 '공산당, 한족과 우리 티베트인은 갈 길이 다르다. 그래서 우리 사회를 한족에게 맡겨 관리하게 하면 안 된다'라고 생각했습니다. 하지만 동시에 그는 중국공산당을 이용해 티베트사회 내부의 개혁을 완성하려 했습니다. 그는 티베트 민중들이 현대문명의 지식을 습득하고 노예상태에서 벗어날 수 있게 되기를 바랐습니다. 그렇게 해서 토지개혁 이전에 인신의 자유가 박탈된 노예상태에 놓여 있던 티베트인들이 인간답게 살 수 있도록 바꾸려 했던 거지요.

그는 1959년에 인도로 도피했다가 이후 미국으로 갔습니다. 미국에서 민주·자유 등의 개념을 공부했고, 티베트사회를 변화시키겠다며 다시 티베트로 돌아왔습니다. 그는 지금 티베트지역에서 학교를 세우고 교육을 확대하는 활동을 하고 있습니다. 그는 티베트인이 진정으로 티베트사회를 개혁하는 유일한 방법은 티베트인이 지식과 문화를 갖는 일이라고 생각합니다.

미국의 대국심리와 중국의 대국심리

대담자 동아시아 곳곳에서 영유권분쟁이 거세지면서, 동아시아 공동체의 상상력도 여기에 휩쓸려 흔들리고 있는 듯 보입니다. 동아시아인들 사이에서 동아시아 공동체의 상상력은 희미해지고, 영토분쟁을 둘러싼 민족주의적 긴장은 고조되고 있습니다. 남중국해·동중국해 영유권분쟁에는 과거와 현재의 패권경쟁문제가 중첩돼 있습니다. 미국이 2차대전 이후 동아시아를 재편하는 과정에서 현재 해양영유권문제가 생겨났고, 중국이 부상하고 애초의 '권리'를 찾겠다고 나서면서 문제는 복잡해지고 있습니다. 치유되지 않은 역사의 상흔과 신냉전의 틀에 갇혀버린 듯한 현 상황이 어떻게 전개될 것으로 보시는지요?

쑨 거　현재 서서히 추진되고 있는 한·중·일 자유무역협정(FTA)을 포함해 경제와 정치 측면에서 동아시아 공동체의 진전은 이미 시작되었습니다. 비록 추진이 몹시 어렵기는 하지만요. 현재 섬 분쟁이 벌어져 한·중·일 3국 간의 긴장이 고조되었기 때문에 동아시아 공동체 문제는 잠시 동안 논의할 수 없을 겁니다. 하지만 공동체 논의는 반드시 다시 제기될 겁니다.

중국 민간의 인식, 지식계의 이론은 이런 현실을 따라잡지 못하고 있습니다. 이 어려움은 중화중심주의와도 관계가 있습니다만, 그것이 전부는 아닙니다. 즉, 중국인들은 여전히 대국심리를 갖고 있습니다. 하지만 중국인의 대국심리와 미국인의 대국심리는 다릅니다. 미국인은 그들이 상상 가능한 세계의 지역을 두가지로 나눕니다. 미국식과 비미국식으로요. 미국인들이 느끼기에 세계에서 미국화가 점점 확대되고 있지만, 그들은 이것을 미국화라고 말하지 않습니다. 민주화라고 말하지요. 그들은 이런 현상이 민주, 인권이며 정의라고 합니다. 어느 국가가 그들과 반대로 하려 하면 때리고 공격합니다. 그들의 관점에서 보면, 이런 국가는 독재적이고 민주가 결여돼 있고 인권이 없으니, 때려야 하는 대상입니다.

미국은 미국중심주의를 말하지 않습니다. 하지만 여러 나라에 기지를 건설합니다. 유럽에도 기지가 있고 한국과 일본에도 기지가 있습니다. 미국은 군사기지들을 이용해 실제로 이 세계의 대부분 지역을 장악하고 통제합니다. 하지만 미국인들이 '우리가 세계의 중심이고, 우리의 문화와 역사가 유구하다'라고 말하는 경우는 아주 드뭅니다. 반면에 중국인들은 그렇게 말합니다. 중국은 미국처럼 세계 패권을 실현할 역량이 없는데도요. 외부에서 모두들 중국이 대국으로 굴기했다고 하지만, 중국인들은 현실에서 중국굴기를 별로 느끼지 못합니다. 모두들 현실에서 빈부격차가 이렇게 크고, 국력과 군사력이 주장과 달리 그처럼 강하지 않다는 데 주목합니다.

대담자 선생님께서는 중국의 힘이 아직 중국굴기의 수준도 아니며 중국의 전체적 국력도 강하지 않다고 하시지만, 주변국가들이 느끼는 우려는 해소되기 어렵습니다. 중국경제가 급속하게 성장하면서, 중국이 빠르게 군사현대화를 추진해온 것은 사실입니다. 해군력과 공군력, 우주개발능력 등에서 주목할 만한 성과가 있었지요. 물론 압도적으로 세계 1위를 자랑하는 군사비 지출에 의해 지탱되는 미국의 강력한 군사력과 비교하면 중국의 그것은 아직 큰 격차가 있습니다. 하지만 주변국가들 입장에서 보면 중국의 급격한 군사현대화는 동아시아에서 60년 넘게 유지되어온 균형을 흔드는 것이고, 특히 과거 중국이 이 지역 중심국가로서 주변국가를 조공국으로 복속시켰던 역사적 기억과 맞물립니다. 이 때문에 '중국 위협론'이 동아시아 각국에서 확산되고 있지요.

쑨거 중국에 '야심이 있는가 없는가'를 묻는다면, 있습니다.

하지만 중국인은 미국처럼 명확한 목표가 없습니다. 중국인의 상상은 과거, 천하(天下)의 상상입니다. 근대 이전 중국의 세계에 대한 인식은 '당신들이 조공만 하면 우리는 좋은 물건을 당신들에게 주고 가장 좋은 혜택과 대우를 해주겠다'라는 겁니다. 이와 관련한 민간의 유머가 있습니다. 청나라 말 자희태후(서태후) 곁에 있던 한 대신이

"독일, 프랑스 같은 나라는 아예 존재하지 않는다. 유럽이란 곧 영국이다. 그런데 영국이 계속 물건을 요구하러 오면서 미안하니까 이름을 바꿔 자기가 독일이라고도 하고 프랑스라고도 한다"라고 말했다는 겁니다. 이것이 전통 중국이 지녔던 세계관입니다.

중국은 1949년 이후에야 현대적 의미의 국민국가로 변하기 시작했습니다. 중국이 국민국가로서 미국처럼 패권국이 되려면 안팎을 분명히 구분하고 이익을 명확히 해야 합니다. 이것이 국민국가의 특징입니다. 중국은 전통적으로 이런 특징이 없었습니다. 그래서 청이든 그 이전의 역대왕조든 주권문제에서는 모두 모호했던 것이지요.

현대에 들어와 국민국가가 된 뒤 중국은 '주권의식 만들기'를 연습했습니다. 이런 상황이 어느 단계까지 지속된 뒤에는 중국도 현대 국민국가의 야심과 욕망을 가지게 될 겁니다. 만약 19세기 말, 20세기 초 중국이 현대 국민국가로서 실력을 갖추고 있었다면 당시의 소련 또는 미국, 영국, 프랑스처럼 공격적인 국가가 되었겠지요. 하지만 이제는 국제정치의 구조가 달라졌습니다. 2차대전이 가져온 가장 중요한 성과는 대부분의 식민지가 독립된 주권국가가 된 것입니다. 그 결과, 각국 사이의 역관계가 실제로는 불평등할지라도, 각국은 적어도 주권을 향유할 수 있게 되었습니다. 이런 상황에서 중국은 '제2의 미국'이 되지는 못합니다. 오늘의 국제정치관계는 중국이 제2의 미국이 되는 것을 허락하지 않을 뿐 아니라, 미국이 계속 현재의 패권을 유지하도록 허락하지도 않을 것입니다.

물론 중국이 만약 어느날 미국처럼 패권국가가 되려 한다면, 저는 일어나 반대할 겁니다. 많은 중국인들도 나서서 반대할 겁니다. 우리는 제국주의국가가 되는 걸 원치 않습니다. 하지만 적어도 오늘날의 중국위협론에는 많은 허구의 성분이 포함돼 있다고 생각합니다. 냉전의식도 그 성분 중 하나입니다. 또한 미국의 정치가 중국위협론 확산에 중요한 역할을 했습니다. 진정 경계해야 할 것은 우선 '어떻게 효과적으로 미국의 제국주의를 통제할 것인가'하는 문제입니다. 우리는 미국이 보통국가가 되게 해야 합니다. 지리적으로 동아시아와 아무런 관계가 없는데도 왜 6자회담을 미국이 주도합니까? 무슨 근거로 한반도 일을 처리하는 데 미국의 눈치를 봐야 합니까? 중국위협론뿐만 아니라 바로 이처럼 미국이 주도하는 상황에 대해서도 우리는 함께 토론할 필요가 있습니다.

대담자 미국의 패권주의에 대한 우려는 단지 중국 혹은 동아시아의 문제가 아니라, 지구상 모든 나라들이 어느정도 공유한다고 봅니다. '중국의 위협'을 과장하면서 미국이 '아시아·태평양 귀환'을 선언하고, 이 지역에서 군사동맹을 강화하는 움직임도 볼썽사납지요.

또한 근대 이전에 중국이 주변 나라들과 맺었던 조공관계라는 것이 우리가 서구제국주의 경험을 바탕으로 상상하게 되는 종주국–식민지 관계가 아니라, 호혜원리에 입각한 외교·무역관계라는 성격도 갖는 등 역사적으로 복잡한 면모를 보였습니다.

하지만 중화주의를 뼛속 깊이 가진 중국이 강대해지는 것에 대한 불안감이 이웃나라들 사이에 있는 것도 엄연한 사실입니다. 특히 중국이 군사력을 갖춘 경제강국으로 부상하는 오늘날에는 말이지요.

쑨 거 북한에는 가본 적이 없지만, 한국에서 경복궁 등 역사유적들에 찾아가본 적이 있습니다. 그 안에 있는 유적들에 대한 설명 등도 읽어보았지요. 그 설명을 읽으며 중국대륙에 대해 그들이 갖고 있던 큰 위기감을 느낄 수 있었습니다. 사실 처음에는 이해할 수 없었습니다. 중국은 한국에 위협을 가하지 않을 텐데, 왜 중국은 이웃국가들에 이런 식으로 비치고 있는가? 중국은 군사적 위협이 되지 않을 것이고, 경제적으로도 중국경제가 한국에 불리한 영향을 주는 지표는 보이지 않는다고 생각했습니다. 그래서 한국 친구들에게 "사실 그렇게 긴장할 필요가 없다"라고 말했습니다. 그들은 오랜 친구들이었지만, 이 말을 듣더니 즉시 얼굴을 붉혔습니다. 화를 내면서 "당신이 말한 것이 바로 대중화사상"이라고 말했습니다. 저는 오랫동안 이 일에 대해 반성을 했습니다. 내 안에 진정 대중화사상이 있는지에 대해서요. 그리고 나서 저의 느긋한 상태야말로 일종의 대중화사상임을 인정하게 되었습니다.

그후 저는 한국인의 생각을 차근차근 이해하기 시작했습니다. 한국인들이 중국이 위협이라고 말할 때 저는 그것이 맞다고 답합니다. 저는 동시에 중국이 위협을 가하지 않을 것이며, 우리가 힘을 모아 중국이 위협이 되는 것을 막아야 한다고 말합니다.

이런 의미에서 이미 국민국가가 된 중국은 과거에 갖고 있던 천하의 상상을 현재로 가져와서는 안 됩니다. 조공은 더이상 존재하지 않아야 하며 존재할 수도 없습니다.

예를 들어 봅시다. 쑨 중산(쑨 원)은 20세기 초반에 대아시아주의를 주창했습니다. 중국이 아시아를 대표해 왕도(王道)로서 서구의 패도(覇道)에 대항하자는 주장이었습니다. 이런 주장의 이면에는 중국이 예의(禮儀)의 국가로서 모든 약소한 국가, 사회, 민족은 중국을 따라 일어나야 한다는 발상입니다. 그런데 쑨 중산은 이렇게 함께 일어선 뒤 어떤 방식으로 각각의 국가와 민족이 서로 관계를 만들어갈지에 대해 아무 말도 하지 않았어요. 또 민족자결에 대한 언급도 없었고요. 그뒤에 있는 사상은 바로 조공의 사상이었던 것이지요. 이와 대조적으로 리 다자오°는 신아시아주의를 주창하면서 그 전제로 민족자치를 분명히 강조합니다.

하지만 저는 지금까지 중국의 조공의식 형태에 대해서는 비판하지 않아왔습니다. 여기에는 두가지 이유가 있습니다. 첫째, 오늘의 중국은 과거처럼 세계의 중심이 될 수 없습니다. 이는 명백합니다. 중국은 경제적 역량이나 군사력과 주도권 면에서 여전히 개발도상국입니다. 그래서 지금 중국의 조공을 거론하는 것은 현실적 기초가 없고 공허한 주장이 됩니다. 둘째, 유럽과 미국 등 옛 제국주의국가의 식민지배 방식에 비해 조공이라는 동아시아 전통 국제관계는 비록 평등하지는 않았지만 그 안에 중국의 패권을 해소시킬 요소를 포함하고 있기 때문입니다.

대담자 말씀하신 것처럼 중국의 여론은 중국굴기의 한계를 인식하고 있는 듯합니다. 하지만 동시에 영토분쟁이 격화되고, 일본의 우경화가 진행되면서 중국 내의 여론도 강경한 민족주의를 지지하는 분위기로 바뀌고 있습니다. 그 틈을 타 군부 강경파도 세력을 얻고 있는 듯하고요. 매우 아슬아슬한 상황입니다. 이렇게 진행되면 동북아시아에서 무력분쟁이 없으리란 법도 없고요.

쑨 거 그런 점은 분명 우려됩니다. 어떤 상황에서, 예를 들면 일본이 위기를 더욱 고조시키는 과정에서 중국의 강경파도 더욱 전면에 나서면서 원래는 피할 수 있던 전쟁이 어느 순간에 벌어질 수도 있습니다. 물론 보통사람들은 이런 상황을 원하지 않습니다. 그런데 현재 중국에는 아주 현실적인 문제가 있습니다. 즉, 개혁개방 이후 빈부격차가 커지면서 많은 일반 국민들이 현실에 큰 불만을 갖고 있습니다. 현실에 대해 강한 불만이 있을 때, 쉽게 전쟁을 지지하게 됩니다. 이성적인 선택은 아니지요. 현실에 불만을 느끼게 되면 현재의 질서를 깨부수길 바라게 됩니다. 현재의 질서를 깨는 유일한 방법은 바로 전쟁을 일으키는 겁니다.

질서를 깬 뒤 어떤 부작용이 있을지에 대해서는 생각하지 않지요. 단지 이 질서를 깨면 기득권자들이 타격을 받을 거라 생각합니다. 한국사회는 어떨지 모르지만 결과적으로 보면 점점 강경해지는 것 같습니다. 그래서 전체 동북아 전체의 구도를 보면 전쟁방지가 주권귀속문제보다 더욱 중요합니다.

역사는 구불구불 진행된다──민중연대를 향하여

대담자 중국의 정치체제도 중국위협론에 한몫 하고 있는 듯합니다. 중국이 강대국이 되었지만, 다른 체제를 지닌 '비민주적인' 국가로서 인류보편의 가치를 공유하지 않는 국가로 낙인찍히기 십상이지요. 중국의 부정부패와 인권탄압에 대한 뉴스를 자주 듣다보면 중국에 대한 이미지는 부정적으로 만들어지게 되고요. 서구의 현재 정치씨스템을 민주주의의 보편적 형태로 절대화할 수는 없겠지만, 중국 역시 변화해야 하지 않을까요?

쑨 거 우리가 어떻게 해야 현실에서 유리되지 않을 것인가? 이것은 아주 중요한 질문입니다. 이론적 토론 외에도 우리는 생활에 밀착된 논의를 해야 합니다. 이런 토론들이 쌓여감에 따라 우리 사회는 천천히 변해갈 것입니다. 지난주에 일본과 한국의 대학생들과 좌담할 때에도 이 문제를 거론한 적이 있습니다. 한 일본 학생이 "국민국가는 많은 나쁜 일을 저지르고 있으니, 우리는 모두 국민국가를 비판하고 초월해야 한다"라면서 "동아시아 프로젝트를 통해 국민국가를 초월할 수 있느냐"라고 물었습니다. 저는 "소용이 없다"라고 답했습니다.

그 자리에서 이런 예를 들었습니다. "당신은 여전히 일본언론과 주류의식이 당신에게 준 상상을 갖고 있다. 즉, 중국은 경제가 발달하면서 점점 더 위협적으로 변하고 있으며 독재국가라는 식의 생각들이 잠재의식 속에 있다. 그런 상태로 중국에 오면 잠재의식 속에 규정된 시각대로 거기에 맞는 모습들을 찾게 된다. 이렇게 되면 진정한 중국을 관찰할 수 없으며, 이른바 동아시아의 시각도 가질 수 없을 것이다."

그럼 어떻게 해야 자신의 국가를 상대화할 수 있는가? 저는 "호기심을 유지하면 된다"라고 했습니다. "네가 보는 모든 사건들을 머릿속에 있는 기존의 이론으로 급하게 해석하지 말고, 해석 불가능한 현상을 찾으라"고 말입니다.

중국에는 분명 지금도 일부 저항언론의 언론인들이 붙잡혀가기도 하고, 목소리를 내는 것이 금지되기도 합니다. 하지만 이런 언론자유의 제약이 다른 국가에서는 존재하지 않는지를 생각해야 합니다. 결국 모든 국가에서 정치에 대한 언론에 자유롭지 않은 부분이 있음을 발견하게 됩니다. 단지 표현 형태와 정도가 다를 뿐입니다. 중국의 일반인들이 어떻게 여론의 공간을 활용하는지를 보십시오. 중국에서 민주주의는 일본, 한국, 미국, 서유럽 등의 민주주의와 다른 형태라는 것을 알 수 있을 겁니다.

과연 중국에 민주주의가 있는가? 있습니다. 일종의 비제도적인 형태로 존재합니다. 이미 민간의 압력이 형성되었고, 정부가 여기에 반응하지 않을 수 없게 됐습니다. 정태적인 표준을 활용해 중국이 무조건 비민주적이며 소수민족을 박해한다는 식으로 말할 수는 없습니다. 이런 틀로는 살아 있는 중국을 볼 수 없습니다. 사람들은 쉽게 이 논의를 두개의 분파로 분류해버립니다. 중국을 부정하고 비판하는 것이 아니면, 중국을 옹호하는 것으로요. 옳고 그름 혹은 흑과 백으로는 현실을 판단할 수 없습니다. 호기심을 갖는 것이 중요합니다. 저는 민중 간의 연대를 만들려면 가장 기본적인 이런 출발점에서 시작해야 한다고 생각합니다. 바로 상대방에 대해 어떤 선입견도 없는 호기심, 아이 같은 호기심을 갖는 것 말이에요.

대담자 과거에 비해 동아시아 국가들 간의 교류는 훨씬 활발해졌습니다. 한류와 일본 대중문화가 아시아 전역에서 유행하고, 중국어를 배우는 한국인과 일본인도 많습니다. 인터넷을 통해 쉽게 이웃나라의 소식을 접할 수 있고 민간교류도 수적으로는 대단히 급격하게 증가했습니다. 그럼에도 불구하고 갈등은 고조되고 인터넷 공간을 통해서 서로에 대한 이해보다는 오해가 더 커져가는 듯합니다.

쑨 거 드라마 같은 대중문화를 통한 교류가 늘어나는 현상은 효과가 별로 크지 않습니다. 다른 사회와의 접촉 기회를 늘려주는 것이니까 물론 효과가 없지는 않겠지요. 그리고 오해가 없는 것보다 있는 것이 낫습니다.

오해는 이해의 시작이니까요. 중국과 한국 사이에 전혀 접촉이 없었을 때엔 서로 오해할 일도 없었지요. 하지만 이러한 상황에서 이해가 생길 리도 없습니다.

우리 세대가 직면한 한가지 중요한 어려움은 젊은 세대들이 진지한 정치토론에 익숙하지 않고 이를 싫어한다는 것입니다. 대중문화의 시대니까요. 온라인에서는 진지한 토론 대신 웃고 욕을 해야 젊은이들이 따릅니다. 그러다보니 정치문제도 오락처럼 변질되고 있지요.

반면 오늘날 정치문제에 대한 대학 내 토론은 이미 심각하게 현실에서 유리돼 있습니다. 거대 이론만 다루는 것이지요. 이처럼 현실과 유리된 정치이론이 서방이론이 만들어낸 기존의 결론과 연결되면 상황은 더욱 악화됩니다. 현실에서 유리될 뿐 아니라 우리 사상과 전통이 축적될 수도 없게 되니까요.

대담자 동아시아는 사실 상상의 공동체라기보다는 근대 이전에 문화와 역사를 공유하는 실질적 공동체의 성격이 강했습니다. 예를 들어보겠습니다. 제가 어렸을 때 할아버지는 저에게 『삼국지』『수호지』 이야기를 종종 들려주셨고, 공자와 맹자의 말씀을 인용하며 저를 훈계하시기도 했습니다. 그런 할아버지의 이야기를 듣는 저는 어렴풋이 그런 이야기들이 중국이라는 지리적으로 먼 곳에서 온 이야기라고 인식했을지 모르지만, 한번도 그것이 남의 것 혹은 남의 나라

것이라고 생각한 적이 없었습니다. 그리스에서 발원한 『오디세이아』 이야기를 듣는 독일의 어린이가 그걸 남의 나라 이야기가 아니라 자신들의 이야기, 유럽문명의 이야기라고 받아들이듯이 말이지요.

그런데 그 시절 이후 40년이 지난 오늘 주위를 돌아보면 과연 한국인 중 얼마나 많은 사람들이 공자와 맹자, 삼국지를 제가 어린 시절 받아들였던 방식으로 받아들이는지 의문을 품게 됩니다. 교역이 발전하면서 세계화·지역화된다고 하는데, 우리의 인식세계는 거꾸로 가는 것 아닐까요?

쑨 거　물론입니다. 최소한 두가지 문제가 심각합니다. 첫째는 문화식민의 문제입니다. 현재 동아시아 전체가 서양 특히 미국 대중문화의 식민상태입니다. 동아시아 젊은이들은 서양의 전통교양도, 동양의 전통교양도 갖지 못한 '뿌리없는 세대'가 되었습니다.

두번째 문제는 우리가 동아시아 공동의 문화자원을 어떻게 볼 것인가입니다. 근대 이후 중국 내부와 외부에서 모두 전통을 거부했습니다. 중국 내부에서의 거부는 5·4운동에서 가장 뚜렷하게 나타났지요. 현재 중국대륙은 천천히 전통으로 되돌아가고자 시도하고 있습니다. 하지만 역사는 한 시기가 지나야 그 맥락을 정확히 알 수 있습니다. 역사가 구불구불 진행된다는 것은 이런 뜻입니다. 역사가 다시 굽이치는 때가 되면 우리는 자신의 뿌리를 찾으려 할 것입니다. 한국, 일본처럼 유교문화 전통을 공유하는 지역에서 이런 거부는 또다른 층위의 내용도 갖고 있습니다. 그들은 한편으로는 자신의 전통을 거부하면서, 다른 한편에서는 중국문화에 동화되는 것을 거부하는 것입니다. 한국과 일본 사회에 존재하는 이른바 유교문화는 중국문화가 아니라 한국과 일본 자신의 문화입니다. 일본의 유교와 중국의 유교는 다릅니다. 일본의 유교는 한국에서 전래되었으며 한국의 유교는 더욱 완전한 자신의 체계를 갖고 있습니다.

대담자 선생께서는 동아시아 지식인연대를 위해 많이 노력해오셨습니다. 그런데 영토분쟁 등으로 민족주의가 분출하는 오늘의 상황에서 동아시아의 지식인연대, 나아가서 민중연대는 가능한 일일까요? 또 지식인연대가 이루어진다 한들 무얼 실현할 수 있을까요?

쑨거 해답의 실마리는 오끼나와에서 찾을 수 있습니다. 오끼나와에도 주권문제가 있습니다. 에도막부 시대부터 류우뀨우˚의 주권은 한번도 존중받은 적이 없습니다. 일본의 일부분이 된 뒤에도 여러차례 일본에 배신당했습니다. 그래서 많은 오끼나와 사람들은 자신을 오끼나와 사람이라 하지 않고 류우뀨우 사람이라고 합니다. 이 류우뀨우 사람들은 자신의 주권을 되찾기를 바라고 있습니다.

어느 토론회에서 오끼나와의 지식인에게 주권문제를 어떻게 보느냐고 물은 적이 있습니다. 그는 오끼나와 사람들이 주권문제를 매우 중시하고, 이는 오끼나와인들의 존엄의 문제와 관련돼 있다고 말했습니다. 하지만 주권을 지키기 위해 부득이 구 유고 연방처럼 전쟁을 벌일 수밖에 없다고 한다면, 현재로서는 주권을 거론하지 않기를 바란다고 했습니다.

저는 오끼나와인들이 이 문제에 대해 중국국민들보다 정치적으로 성숙해 있다고 생각합니다. 전쟁을 피하기 위해 현재로선 주권문제를 논하지 않을 수 있다고 했지요. 그렇다면 왜 우리는 오끼나와로부터 섬 분쟁의 해법을 배울 수 없는 걸까요? 1971년 덩 샤오핑은 이미 섬 분쟁을 거론했습니다. "댜오위다오 주권에 대해 우리는 절대로 양보하지 않는다. 하지만 현재로선 이 문제를 해결하지 못한다. 이 섬에 대해 논쟁이 있다는 점을 확실히 하는 동시에 우리는 이 논쟁을 보류해두고 한두 세대가 지나 우리보다 지혜로운 후세대가 해결하도록 해야 한다"라고요. 1970년대에 비해 댜오위다오문제에 대한 중일 양국정부의 지혜가 좀더 성숙했습니다. 중국정부는 이미 자원공동개발을 제안했고요.

사실상 현재 동북아 전체 구도에서 주권문제는 이미 최우선 과제가 아닙니다. 한반도 또한 언젠가는 이런 상황과 대면할 것입니다. 백낙청의 분단체제론을 읽으면서 그가 제기한 아주 중요한 핵심이 '남북 두 사회가 어떤 방식으로 통일할 것인가'의 문제라고 보았습니다. 백낙청은 남북한이 반드시 주권의 방법을 통해 하나의 국가로 바뀌어야 한다고 말하지 않습니다. 민중이 희망한다면 가장 적은 댓가를 치르고 민중의 최대이익을 도모해야 합니다. 현재로서는 동아시아 민중연합이 가시권 안에 있지 않으며, 이는 한순간에 형성될 수도 없습니다. 지금은 모두들 기본적으로 국족(國族)을 단위로 토론하고 있으며, 특히 대립하고 있는 한국과 일본, 중국과 일본 사이에서 민중이 곧 연대하리라고 말하기도 어렵습니다.

하지만 덩 샤오핑이 논쟁을 유보해두자고 말했던 1970년대와 비교하면, 민중연대가 이미 어느 정도는 형성됐다고 볼 수 있습니다. 비록 현재로선 그런 연대가 섬 분쟁을 통제하지는 못하지만, 민중간 상호이해는 아주 중요한 문제입니다. 이번 주에 남부지역으로 강연 하러 가는데요, 거기서 저는 우리가 오늘날 댜오위다오문제에 대해 공허하게 소리치는 것보다는 어떻게 오끼나와 민중의 반미운동을 지원할지 생각해보자고 제안할 겁니다. 그것이 더 진정으로 댜오위다오문제와 직접 관련된 문제입니다. 오끼나와의 미군기지 반대 민중운동은 내내 고립되어왔습니다. 오끼나와 민중들이 이 일을 계속하는 것은, 실제로는 전체 동북아를 대신해 하는 것입니다. 미국이 동북아에서 나가게 된다면 섬 분쟁은 쉽게 해결될 것이기 때문입니다. 그래서 다른 시각에서 새롭게 현재의 정세를 본다면, 시급한 것은 동북아의 각 사회 간에 민중연대를 만드는 것입니다.

대담자   한국에서도 민중연대 이야기를 많이 합니다. 그러나 각국 국내 정치상황과 국제관계의 현실은 거꾸로 가고 있는 듯합니다. 이처럼 민중연대 혹은 동아시아연대가 점점 더 멀어져만 가는 현실에서 우리는 어떻게 힘을 내 동아시아 연대를 위한 걸음을 다시 내딛을 수 있을까요?

쑨 거   역사에 대한 저의 관점은 '역사는 항상 구불구불하게 진행된다'는 것입니다. 매번 역사의 전환점에 도달했을 때, 앞에 놓인 강력한 장애물을 없앤 뒤에야 다시 새 국면을 전개해나갈 수 있습니다. 역사에서 강력한 지위에 있는 것은 당연히 권력, 그리고 권력 주변에서 이데올로기를 만들어내는 이들입니다. 우리 같은 사람들은 그들과 비교할 때 나약해 보입니다. 우리는 인류 공통의 가치를 사고하길 원하며, 눈앞의 이익을 위해 주장을 펼치기를 원치 않습니다. 공통의 가치를 실현하기 위해서는 눈앞의 이익을 희생할 수도 있습니다. 이런 사고를 하는 이들은 영원히 소수입니다. 이들이 이미 존재하는 사회의 기본 상태를 바꿀 수는 없습니다. 역사는 굽이를 만나면 굽어서 갑니다. 하지만 어제까지 매우 강력해 보였던 사회형태가 갑자기 사라져버리기도 합니다. 일본이 2차대전에서 패배한 것이 좋은 예입니다. 일본군국주의에 누구도 대적할 수 없는 것처럼 보였지만 결국 한순간에 패배했지요.

누구도 대적할 수 없는 것처럼 보이는 현재의 미국도 어느날 역사에 의해 사라질 것입니다. 그러므로 우리의 임무는 역사를 대신해 어떤 사명을 완성하는 것이 아닙니다. 우리는 그런 일을 할 수 없으니까요. 우리의 임무는 역사의 전환 이후를 준비해나가는 것입니다.

제3부

대륙의 안과 밖, 변화의 목소리

한 둥팡

韓東方

톈안먼의 철도노동자, 희망을 만들다

◆

중국 대륙에서는 오랫동안 '잊혀진' 이름, 한 둥팡. 1989년 톈안먼 광장에서 그는 '중국의 레흐 바웬사*'로 불렸다.

1989년 4월 16일 후 야오방 공산당 총서기의 죽음을 애도하는 시위가 벌어진 지 이틀째였다. 귀갓길에 톈안먼광장을 지나던 한 둥팡은 여느 때와는 다른 광장의 모습에 이끌려 무심결에 광장으로 들어섰다. 이 한 발자국이 스물다섯살 젊은 철도노동자의 삶을 바꿔놓았다. 생전 처음으로 '광장의 민주주의'를 목도한 그는 5월 17일 100만여명의 시민이 톈안먼광장을 메울 무렵엔 이미 민주화시위대의 중심인물이 되어 있었다. 이어 5월 19일, 한 둥팡과 동료 노동자들은 신중국 최초의 독립노조인 베이징노동자자치연합회를 출범시킨다.

"노동자들의 자유로운 참여와 민주적 과정을 통해 세워진 완전한 독립적 자치조직으로서 어떤 다른 조직의 통제도 받지 않는다"라고 선언한 베이징노동자자치연합회는 "노동자가 진정으로 기업의 주인이 되도록 보장한다" 등의 강령을 발표했다. 5월 20일 계엄령이 선포된 직후에도 총파업을 호소하며 투쟁의 선봉에 섰다.

하지만 독립노조의 결성은 중국공산당의 이념적 정당성과 조직적 기반을 이루는 중화총공회에 대한 도전이자, 일당지배체제의 근간에 대한 도전으로 결코 용납될 수 없는 일이었다. 6월 4일 인민해방군에 의해 시위가 진압된 후, 한 둥팡은 시위주모자 수배명단에 오르고 결국 체포되었다. 재판 없이 투옥되어 당국의 총살 위협과 폐결핵 감염으로 수차례 죽을 고비를 넘긴 그는 1992년 국제 인권단체의 지원으로 미국으로 보내져 폐수술을 받는다. 톈안먼사건* 이후 중국의 인권탄압에 대한 국제사회의 비판으로 고립된 중국 당국은 병치료 명목으로 그를 석방할 수밖에 없었다.

생명의 위기를 넘긴 그는 홍콩으로 건너가 고국으로 돌아가려는 시도를 멈추지 않았다. 재투옥을 각오한 채 수차례 국경을 건넜지만 그때마다 중국 국경수비대에 의해 번번이 내동댕이쳐졌다. 하지만 그는 자신에게 주어진 운명을 '선물'로 받아들인다. 그리고 톈안먼시위를 이상화하고 자신을 영웅시하는 것을 거부한다.

그는 홍콩에서 중국노동자들과 함께할 방법을 찾기로 결심했다. 1994년 「중국노동통신」(China Labour Bulletin)을 창간해 중국노동자들의 소식을 홍콩에서 중국으로 들여보냈다. 20여년이 흐른 지금도 이 통신은 중국노동자들의 주요 소식통이다. 1997년에는 자유아시아방송(Radio Free Asia)의 라디오 프로그램 Labour Express를 개설했다. 저임금과 장

시간 노동으로 '세계의 공장'을 떠받치고 있는 중국 대륙의 노동자들과 직접 대화하고, 그들의 실상을 세상에 알리고, 그들의 투쟁을 지원하기 위해서다.

텐안먼사건의 망명객들이 중국의 체제를 신랄하게 비판하며 체제 전환을 요구할 때도, 그는 묵묵히 현실을 직시하며 노동자들과 대화하면서 노동자의 현실적 권익보호를 위해 한걸음씩 걸어왔다. 오로지 미래를 향해 한걸음 한걸음 내딛을 때에만 텐안먼광장의 이상에 도달할 것이라고 믿기 때문이다.

산시성의 가난한 농민의 아들로 태어나 철도노동자가 되어 평생을 달리는 기차에 몸을 싣고 광활한 중국대륙을 돌아보고 싶었던 한 둥팡. 그 잊혀진 얼굴을 홍콩 뒷골목에 자리한 그의 '작은 광장'에서 마주했다.

톈안먼의 좌절과 개혁개방

대담자 선생님께서는 중국을 떠난 지 20년이 지나서도 홍콩에서 계속 중국노동자들의 열악한 현실을 개선하기 위해 분투하고 계신데요. 그 원동력은 어디에 있습니까?

한 둥팡 라디오 프로그램을 진행하면서 중국대륙의 노동자·관리·학생 등 다양한 사람들과 이야기할 수 있다는 것이 그 원동력입니다. 저는 중국인민과 어떤 거리감도 느끼지 않습니다. 만약 제가 1993년 중국으로 돌아갈 수 있었다고 해도 노동자들과 이만큼 교류할 수 있었을까요? 귀국이 허용됐더라도 공안은 항상 저를 미행했을 것이고, 아마 공안과 여러번 마찰이 벌어지고 감옥에도 몇차례 갔을 겁니다. 그러다가 건강이 악화돼 이미 죽었을지도 모르지요.

물론 처음에는 상당히 괴로웠지요. 특히 남방의 더운 기후 탓에 지내기 힘들었습니다. 하지만 홍콩은 대륙과 시차도 없고 많은 언론이 있어 정보를 바로 입수할 수 있습니다. 여기서는 라디오 프로그램을 통해 중국노동자들과 대화할 수도 있고, 이곳의 학자들과 의견을 교환하고 토론할 수도 있습니다.

특히 노동자들에 대한 법률지원 프로그램을 시작하면서 중국의 법률씨스템 안에서 무엇이 어떻게 바뀌어야 하는지, 무엇이 어떻게 바뀔 수 있는지, 말하자면 중국이 어떻게 바뀌어야 되는지 좀더 정확하게 알게 되었지요.

대담자 홍콩으로 오시기 전에는 철도노동자로 일하셨다고 들었습니다. 지금과 달리 그때는 직접 기차를 타고 중국대륙 곳곳을 돌아다니셨을 텐데 기억에 남는 경험들이 있습니까?

한 둥팡   그때는 조그마한 마을의 기차역 근처 시장이나 노점에 가보는 것을 아주 좋아했습니다. 담배 한대 피우면서 과일 파는 사람들이 어떻게 사나 구경도 하고 말이지요. 철도노동자로 일한 지 6개월쯤 지나면서부터 관광지에는 가지 않게 되었습니다. 500년 된 사원이든, 700년 된 사원이든 별 관심이 없어졌지요. 하지만 시장은 달랐습니다. 쓰촨이나 구이저우의 먀오족 시장 같은 데를 가면 각기 다른 삶의 모습들이 생생하게 느껴졌습니다.

한때 화물열차에 탄 적이 있었습니다. 커다란 냉동차에 고기와 생선을 가득 싣고 중국 최북단의 헤이룽장에서 출발해 남쪽으로 가는 열차였는데, 7명이 한조가 되어 3주는 기차에서 함께 일하고 3주는 쉬는 식이었지요. 어느날 새벽, 숙소에서 일어나 화물차로 향하면서 스물두살이던 제 앞에 마흔여덟살의 노동자가 걸어가는 뒷모습을 보았습니다. 그때 나 자신에게 물었지요. '저 나이가 되었을 때도 저런 모습으로 일하고 싶으냐'라고. 대답은 '그렇다'였습니다. 저는 철도노동자 일이 무척 좋았습니다. 세상을 돌아다니면서, 달리는 열차 차창 뒤로 빠르게 사라져가는 나무들과 강을 바라보는 것이 좋았고, 지도를 펼쳐놓고 어디쯤 지나가고 있는지 찾아보는 것이 행복했습니다.

대담자   그런데 1989년 어떤 계기로 톈안먼광장에 합류하게 되셨습니까? 그후 선생님 인생의 궤도가 완전히 달라지지 않았습니까?

한 둥팡 그때 저는 정말 우연히 그 소용돌이 속으로 걸어 들어갔습니다. 아마 다른 많은 사람들도 저와 같았을 겁니다. 다들 제가 톈안먼시위에 참가했다가 너무 큰 댓가를 치렀다고 말합니다. 그러면 저는 이렇게 이야기하곤 합니다. "만약 내가 감옥에 갇히지 않았다면 교통사고가 일어나 죽었을 수도 있다. 오히려 운명이 나를 보호한 것일 수도 있다"라고요. 물론 감옥살이를 하는 것이 기쁜 일은 아니지요. 하지만 우울하게 그것만 생각한다면 모든 것은 끝장입니다.

언젠가 간수에게 이런 농담을 한 적이 있습니다. "나는 당신보다 자유롭다." 그가 의아한 표정으로 "너는 종일 여기 갇혀 있고, 나는 매일 집에 갈 수 있는데 어찌 그렇게 말할 수 있느냐"라고 묻더군요. 그래서 이렇게 답했지요. "나는 창살 안에 있고 당신은 밖에 있을 뿐이다. 당신은 매일 틀에 박힌 생활을 하고, 남의 지시를 받고 간섭을 받는다. 오히려 나는 간섭받는 일도 별로 없이 많은 것을 생각할 수 있다. 그러니 스스로 생각할 수 있는 정신적 공간은 당신 것보다 크다."

그때의 그런 경험은 큰 '선물'이었습니다. 아주 어렵고 절망적인 상황에서도 긍정적으로 상황을 받아들이고 풀어나갈 지혜를 얻었고, 그 덕분에 제 삶을 바꿔나갈 수 있었으니까요.

대담자 한편, 선생님은 광장에 모였던 사람들이 열망에 들뜬 나머지 민주주의의 의미를 제대로 알지는 못했다고 회상한 적이 있습니다. 당시 광장에 있었던 대부분의 노동자들은 그저 '형님으로서 학생들을 지켜주려고' 했을 뿐 노동자로서의 요구는 없었다고요. 그렇다면 톈안먼시위가 중국과 중국인들에게 남긴 유산은 무엇이라고 보십니까?

한 둥팡　가장 큰 의미는 그 시위가 중국을 뒤흔들었다는 것입니다. 사람들은 많은 경우 승리 혹은 실패라는 말로 사태를 판단합니다. 그러면, 1989년의 운동이 실패라고 생각합니까, 승리라고 생각합니까? 저는 그 여름의 사건을 성공이나 실패로 간단히 정리하는 것은 의미가 없다고 봅니다. 그렇게 거대한 역사적 사건의 중요성은 사람들이 새롭게 사고하도록 만들 수 있는지, 그래서 미래에 영향을 미칠 수 있는지에 있습니다. '한번의 운동으로 공산당을 몰아냈는가'의 문제는 아니지요.

톈안먼사건은 중국사회를 뒤흔들었고, 그로 인해 공산당 지도부도 '이대로는 계속 갈 수 없다'라고 느끼게 됐고, 그래서 시위를 진압한 이후에 여러 경제정책들을 조정하게 되었습니다. 물론 그것이 좋다 나쁘다라는 평가는 엇갈리겠지만, 어쨌든 그들은 개혁개방을 진일보시켰습니다. 톈안먼시위 이후 공산당 총서기가 된 장 쩌민은 개혁을 주저하면서 통제를 강화하는 정책을 추진하려 했지만, 덩 샤오핑은 1992년 남순강화*를 통해 "개혁하지 않으면 죽는 길밖에 없다"라고 선언했습니다. 이것이 당시 중국사회의 공통된 인식이었고, 특히 통치자도 '대대적인 조정을 하지 않으면 안 된다'라는 점을 더욱 의식하고 있었던 것이지요. 톈안먼사건 직전까지도 자오 쯔양* 등은 원래 추진하려 했던 경제개혁을 제대로 완수하지 못했는데, 1989년 시위 진압 이후에는 오히려 자오 쯔양이 추진했을 때보다도 일이 빠르게 진행됐습니다.

대담자 중국정부는 톈안먼시위를 진압한 이후에 '정치개혁 없는, 시장경제를 향한 개혁'을 가속화했지요. 그런 개혁으로 오히려 많은 노동자들이 고통을 받게 되었다고 말해야 하지 않을까요?

한 둥팡 물론 그후 상황이 더 좋아졌다는 의미는 아닙니다. 다만 그 시위는 사회 전체를 뒤흔들었고, 특히 '발걸음을 빠르게 하지 않으면 안 된다'라는 점을 권력자들이 인식하게 만들었습니다. 그 결과 경제적으로는 개혁개방을 가속화했습니다만, 정치적으로는 오히려 더욱 고삐를 죄었습니다. '한 손은 풀어주고, 한 손은 조이는' 정책을 취한 것이죠. 역사적으로 보면, 경제는 개방하면서도 정치는 계속 통제하는 것이 좋은 일은 아닙니다. 그럼에도 경제도 정치도 개혁하지 않는 것보다는 낫습니다. 따라서 1989년의 사건이 성공이라고 말할 수 있는 부분은 경제영역에서 중국정부가 어쩔 수 없이 더 폭넓게 개방하도록 만들었다는 점입니다.

관점에 따라서는 이런 식의 개방을 다르게 느끼겠지요. 경제는 개방했는데, 정치 개방은 이뤄지지 않아 부정부패를 통제할 수 없게 된 것은 분명 커다란 문제입니다. 또 1990년대 말부터 국유기업 개혁이 본격적으로 시작됐는데, 오로지 경제와 효율의 관점에서만 추진됐습니다. 노동자들이 발언권을 가질 수 없었던 국유기업 개혁 과정은 끔찍했지요. 노동자는 일자리를 잃었을 뿐 아니라 수십년간의 노동에 대해 형편없이 적은 보상만 받고 만족해야 했습니다.

이런 사태를 어떻게 평가해야 할까요? 국유경제체제 타파라는 측면을 보면, 국가가 자본을 독점하고 통제하는 상황을 급속히 약화시키고 민영화를 추진하는 과정이었지요. 그러나 노동자의 관점에서 보면 국가의 통제가 약화되는 게 필요했을까요? 오히려 국유기업 노동자들은 기업이 계속 국가에 속하기를 바랐을 겁니다. 그래야 내 밥그릇이 더 잘 보장될 수 있으니까요. 이것은 옳고 그름의 문제가 아닙니다. 노동자로서는 국유기업 개혁 추세에 반대할 수밖에 없었지요. 하지만 우파 학자는 국유기업 개혁을 좋은 일로 여길 겁니다. 시장의 힘이 커지는 것이니까요. 결국 사회란 이렇게 다양한 관점을 가진 사람들로 구성되는 것 아닐까요? 이제는 마오쩌둥시대처럼 무산계급이 모든 것을 주도하고, 자산계급을 쓸어낼 수는 없는 것이지요.

이런 관점에서 보면, 1989년의 사건은 중국을 뒤흔들어 앞으로 나아가게 했다는 점에서, 그래서 다양한 이해관계와 생각을 가진 사람들이 중국사회 속에서 성장할 수 있게 했다는 점에서 중국을 한걸음 전진시켰습니다. 이것이 톈안먼의 현대적 의미입니다.

물론 그 댓가는 따져봐야겠지요. 너무나 많은 사람들이 죽고 다치고 감옥에 갔습니다. 그런 댓가가 원래부터 반드시 필요했던 것은 아니겠지요. 정말, 그 역사의 댓가는 너무나 컸습니다.

미뤄진 정치개혁, 공산당이라는 질문

오늘날 중국대륙에서 '톈안먼시위(톈안먼사건)'*는 금기어다. 중국당국에 의해 '반혁명사건'으로 규정된 이 사건을 어쩔 수 언급해야 할 때 중국인들은 '1989년의 동란' 또는 간단히 '6·4'라고 에둘러 말한다. 서구 언론에서는 자유의 여신상을 들고 나온 학생시위대의 모습만이 부각되었지만, 실제 당시 시위에는 시장화 개혁개방으로부터 고통을 받기 시작한 노동자들과 일반 시민들도 다수 참가했다. 공산당에 의해 엄격하게 통제받는 관변조직의 결사만 허용되던 당시에 학생들과 노동자들이 자신의 견해와 이익을 대변하는 독립된 조직을 만들었다는 것은 중국현대사를 통틀어 획기적인 사건이었다. 톈안먼사건 직전까지 다양한 방식으로 분출했던 정치개혁의 논의는 시위가 무력으로 진압된 뒤 전면 봉쇄되고 만다.

대담자 톈안먼시위가 진압된 이후 정치개혁은 오늘날까지 미완의 과제로 남아 있습니다. 이런 점에서 2008년 12월 중국의 지식인들과 인권운동가들이 일당독재 종식과 삼권분립을 요구하는 08헌장*을 발표한 것은 상당한 의의가 있다고 봅니다. 선생님께서는 "점진적 개혁을 위한 활주로를 닦겠다"라는 말로써 08헌장에 서명하지 않는 이유를 밝히셨습니다. 현재 공산당 일당체제는 중국사회 전체 씨스템과 긴밀히 맞물려 있는데, 일당체제의 변화 없이 정치적·사회적 진보가 가능하다고 보십니까?

한 둥팡 08헌장에 서명하지 않았다고 해서 제가 08헌장에 반대한다는 의미는 아닙니다. 저는 정치체제개혁을 논의하는 사람들은 이미 충분히 많다고 생각했고, 제가 서명한다고 해서 08헌장의 효과가 더욱 커지는 것도 아니라고 판단했습니다. 정치문제를 토론하는 것과 동시에, 매일매일 중국의 사회적·경제적 진보를 추진해가면서 시민사회를 키워내고 일상 속의 권리를 어떻게 키워나갈 수 있는지 모색해야 합니다. 그러므로 08헌장에 서명하지 않은 것이, 이것은 옳고 저것은 틀렸다는 의미는 아닙니다. 같은 내용을 다른 측면, 다른 형식으로 표현하는 것이지요.

또 하나의 질문인 공산주의에 대해 되묻는다면, 중국이 아직도 공산주의입니까? 중국의 현실에서 공산당이 곧 공산주의가 아니라는 점은 분명합니다. 현재 중국의 문제는 공산주의인지 아닌지, 공산당 통치인지 아닌지가 아닙니다. 그것은 문제의 일부일 뿐입니다. 보다 중요한 것은 중국의 시민사회, 시민, 노동자들이 아직은 독립적 권리 의식을 갖지 못하고 있다는 사실입니다.

예를 들어 공산당이 '노동자의 단체교섭권은 정당하니 법을 제정해 노동자에게 단체교섭권을 부여하겠다'라고 하는데, 노동자들은 '공산당이 주는 단체교섭권은 필요없다'라고 해야 할까요? 사회는 이런 식으로 진보하는 게 아닙니다. 사회는 현실과 타협하면서 전진하는 것이지 꿈속에서 전진하는 것이 아니잖아요. 물론 꿈이 없으면 미래를 잃게 되니, 꿈도 필요하지요. 결국 08헌장도 필요하고, 노동자의 단체교섭권도 필요하다는 것입니다.

공산당은 지금 여기에 존재하고 있습니다. 어쨌든 저는 먼저 공산당을 몰아낸 이후에나 제 할 일을 하고, 노동자들의 단체교섭권을 마련하겠다는 식으로 행동할 만큼 어리석지는 않습니다. 정치에는 본래 현실적인 면이 있습니다.

대담자 원 자바오 총리는 중국 지도자 가운데 유일하게 공개적으로 정치개혁을 강조해왔습니다. 선생님이 1989년 톈안먼광장에 있었을 당시, 원 자바오는 수행원으로 자오 쯔양 공산당 총서기와 함께 학생시위대와 대화하기 위해 바로 그곳 광장에 온 적도 있습니다. 선생님께서는 정치개혁을 촉구하는 원 총리를 어떻게 평가하십니까?

한 둥팡 원 자바오는 광산갱도에 내려가 광부들과 함께 새해를 맞이하고 가난한 농민들과 손을 잡고 눈물을 흘립니다. 많은 사람들은 그가 쇼를 한다고 비웃습니다. 하지만 저는 그가 진심으로 그런 일들을 하고 있다고 믿습니다. 다른 어떤 공산당 지도자가 그렇게 하고 있습니까?

저도 딱 한번 원 총리를 비판한 적이 있습니다. 2000년대 초 원 총리가 쓰촨성을 방문했을 때였지요. 당시 그는 임금을 체불당한 여성 노동자의 딱한 사정을 듣고 해결해줘 칭송받은 적이 있습니다. 저는 그때 라디오 프로그램에서 이렇게 이야기했습니다. "총리로서 당신의 임무는 체불임금을 해결하는 것이 아니다. 그건 시골 노동청 관리의 일이다. 그런 일이나 하려면 총리 자리에서 물러나는 것이 옳다. 당신의 임무는 법률을 개선하고 정책을 바로 잡는 것이다"라고요.

저는 그가 (톈안먼사건의) 정치적 생존자라서 존경하는 것이 아닙니다. 그는 가슴으로 말하고 있습니다. 어떤 사람은 원 자바오를 쇼만 하는 실패자라고 합니다. 그렇다면 우리 톈안먼세대는 무엇을 성취했습니까? 제 삶을 돌아보면 별로 큰 성과도 없었습니다. 우리도 스스로를 부끄럽게 여겨야 합니다. 공산당을 비판함으로써 우리 스스로 위안을 얻는 것은 아닌지, 남을 비난하면서 위안하고 있는 것은 아닌지 말입니다.

사실 2009년 이후 더이상 톈안먼에 대해 이야기하지 않겠다고 결심했습니다. 제가 그 역사를 기억하고 싶지 않은 것은 아닙니다. 저는 생존자의 한 사람으로서 그것을 지니고 가야 합니다. 하지만 그것을 지니고 가는 여러 방식이 있을 수 있습니다.

상처 입은 노동자들과의 만남

톈안먼시위는 중국현대사의 중요한 분수령이었다. 당시 집권세력은 민주화와 생계보장을 요구하는 인민의 목소리를 억누른 뒤 3년여의 조정기를 거쳐, 급속한 시장주의 개혁을 추진하기 시작했다. 1992년 덩 샤오핑의 남순강화°가 그 신호탄이었다.

'먼저 부자가 되어라'라는 덩 샤오핑의 말은 1990년대 중국의 시대정신이 되었다. 화교자본을 선두로 한 외국자본이 몰려들었고 중국은 전세계 자본주의의 '생산기지'로 변했다. 농촌의 거대한 잉여노동력의 물결이 동남부 연해 지역에 들어선 수출산업지대로 몰려들었다.

이와 함께 국유기업 구조조정이 본격적으로 진행돼, 1995년에서 2000년 사이 약 4800만명의 노동자가 면직[下崗]° 형식으로 일자리를 잃었다. 면직이란 공식 해고는 아니지만 직무를 배정받지 못해 대기발령 상태에 있는 것으로, 실업과는 다른, 중국의 독특한 현상이다. 이는 표면적 실업률을 낮춰 사회안정을 유지하는 장치였지만, 대부분의 면직자들은 오랫동안 일자리를 찾지 못해 큰 어려움을 겪었다. 국유기업이 집중돼 있던 동북지방에선 2000년대 초까지도 일자리를 잃은 노동자들의 대규모 시위가 계속됐다. 중국노동자들이 이렇게 급격한 변화의 소용돌이에 휘말려 있을 때, 한 둥팡은 홍콩에서 그들과 대화하기 시작했다.

대담자 톈안먼시위 뒤 투옥돼 중병에 걸렸고 치료차 미국에 갔다가 고국으로 돌아가지 못하게 된 뒤, 선생님은 홍콩에서 라디오 프로그램 Labour Express를 진행하면서 중국대륙의 노동자들과 많은 대화를 나누어왔습니다. 그중에서 선생님 마음속에 지금까지 깊이 남아 있는 사연은 무엇입니까?

한 둥팡 무슨 이야기부터 해야 할지 모르겠습니다. 사연들이 너무 많아서요… 2004년쯤이었어요. 양 과이라는 40대 여성 노동자가 일하던 국영백화점이 구조조정을 하면서 많은 노동자들이 일자리를 잃게 됐습니다. 백화점은 그 대신에 노동자들에게 장사할 작은 공간을 빌려줬고, 노동자들은 자영업자로 일하게 되었습니다. 양 과이도 백화점 한 구석을 5년 계약으로 빌려 약방을 열었죠. 그런데 얼마 뒤 이 국유기업은 계약을 다 무시하고 백화점 건물을 재개발하게 되었으니 나가라고 통보했습니다. 모든 노동자가 당한 일이라 양 과이도 아무 말 못하고 운명을 받아들이려고 했어요. 하지만 약은 유효기간이 지나면 쓸모없어지기 때문에, 그분은 회사에 약값만이라도 보상해달라고 요구했죠. 하지만 한마디로 거절당했어요. 그래서 법원에 소송을 냈는데 예상 밖으로 법원이 양 과이의 손을 들어줬어요.

그 국영백화점은 법원의 판결도 무시해버렸습니다. 그래서 양 과이는 법원에 가서 판결집행명령을 내려달라고 요청할 수밖에 없었죠. 하지만 이번에는 법원도 이 당연한 요청을 거부해버린 거예요. 양 과이는 몇달 동안 매일 법원 앞에 가서 시위를 해야 했고, 법원은 그 아주머니만 나타나면 문을 닫아버리는 식이었죠. 그러던 어느날 양 과이는 병원 앞에서 온몸에 석유를 붓고 집행결정을 내려주지 않으면 불을 붙이겠다고 했어요. 사실 그분이 실제로 불을 붙이려던 것은 아니었어요. 그런데 법원경찰들이 조롱하기 시작했어요. '석유를 끼얹었으면 빨리 불이나 붙이지 뭐하느냐, 휘발유 다 날아가겠다'라고요. 결국 양 과이는 불을 붙일 수밖에 없었어요. 그냥 그 자리를 떠난다면 법원마저 그녀를 끝까지 무시할 거라고 생각한 거죠.

대담자   그뒤 그분은 어떻게 되었습니까?

한 둥팡   얼굴은 말할 것도 없고 온몸에 끔찍한 화상을 입어 말도 할 수 없게 되었지요. 그래서 대신 그의 친구가 우리 라디오 프로그램에 전화를 걸어 호소했던 겁니다. 수많은 사연을 들어왔지만 그땐 정말 참담한 심정이었습니다. 그래서 즉각적으로 지원활동을 개시했습니다. 특히 우리가 막 시작하고 있던 법률지원에 집중했습니다.

인터넷을 통해 사건을 알리고, 사건이 발생한 후베이성의 소도시 정부관리들에게 계속 전화를 걸어 이 사건이 공정하게 해결되지 않으면 국제사회에 알리겠다고 위협하기도 했지요. 문제가 더 커지지 않기를 바란 시정부 관계자는 양 과이의 수술비, 치료비 전액과 퇴직금과 보상금을 지불하기로 약속했고, 그 약속을 지켰습니다.

그런데 수술과 치료를 받고 돌아온 그 아주머니는 얼마 뒤 또다시 매일 법원 앞에 가서 시위를 벌이기 시작했습니다. 처음에 이 소식을 듣고 당황했고 이해할 수 없었어요. 그런데 가만히 그분 입장에서 생각해보니 이해가 되었어요. 그분은 정부의 불법적인 행위, 법원의 직무 태만으로 모든 것을 잃고 얼굴도 끔찍하게 변해버렸어요. 그런데 수술비와 퇴직금을 받았다고 만족하고 집에 앉아 있을 사람이 어디 있겠어요? 이런 사태를 낳은 정부의 불법행위에 대한 사과와 인정, 현실의 변화도 없이 말이지요. 저라도 매일 시위를 했을 겁니다. 그 아주머니는 이후 노동운동가가 되었습니다.

대담자 말씀해주신 사례에서와 같이 국유기업에서 쫓겨난 노동자들은 실업의 고통뿐 아니라 삶을 지탱하던 모든 것을 빼앗겼습니다. 하지만 그렇게 많은 이들이 겪었던 고통과 그들의 목소리가 현재 중국의 노동운동에 어떤 유산을 남겼는지는 제대로 기억되지 않는 것 같습니다.

한 둥팡 2002년 헤이룽장성 다칭의 국유유전 노동자들의 시위[*]를 볼까요. 다칭유전은 구조조정을 하면서 어떠한 협의도 없이 노동자들을 면직시켰습니다. 당시 경영진은 다음과 같이 약속했습니다. '지금 우리 배가 침몰하고 있으니, 너희들이 잠시 배에서 내려줘야겠다. 배가 안정을 찾으면 너희들을 다시 태우겠다.'

곧 국제유가가 급등해 회사 경영상황이 좋아졌고 노동자들은 복직을 요구했지요. 하지만 회사 측은 '그런 약속을 한 적이 없다'라고 일축했죠. 결국 노동자들은 매일 수천명, 어느 때는 1만, 2만명씩 광장에 모여 두달 동안 시위를 벌였습니다. 그 소식을 들은 우리는 흥분해서 드디어 중국노동자들이 들고 일어나 연대하기 시작했다고, 새로운 노동운동이 탄생했다고 기뻐했지요. 하지만 현실은 그렇지 않았습니다.

세계의 공장, 신세대 노동자가 만드는 변화

홍콩과 마주한 중국 남부 광둥성을 비롯해 장쑤성 등 동남부 연해 지역에 끝없이 늘어선 공장들은 전세계 소비자들에게 온갖 값싼 제품을 공급하며 세계시장을 석권해왔다. 중국노동자들의 저렴한 노동력은 '세계의 공장'으로 변신한 중국의 가장 강력한 '경쟁력'이었다. 전인구를 도시와 농촌 주민으로 나누는 후커우제도°에 묶인 농민들은 도시에 와서 일해도 영원히 '농민공'으로 불리며, 도시주민의 복지혜택에서 소외되고 가장 낮은 임금을 받았다. 1990년대 초부터 도시로 몰려온 1세대 농민공들은 돈을 벌어 고향으로 돌아갈 날을 꿈꾸며 열악한 노동조건을 참고 견뎠다.

이제 바링허우(80後, 1980년대 이후 출생한 세대)와 지우링허우(90後, 1990년대 이후 출생한 세대)로 불리는 신세대 노동자들의 변화는 공장 안의 질서를 급격하게 바꾸고 있다. 2010년 발생한 혼다파업°은 신세대 노동자들의 새로운 의식과 조직역량을 보여준 상징적 사건이었다. 당시 중국 주간지 『신세기』는 이를 중국 '저임금 제조업 모델'에 대한 타격이며, "중국 노동자와 고용주의 불평등한 대결이 평등을 향해 나아가는 역사적 사건"이라고 분석했다.

대담자 십여년 전만 하더라도 노동자들이 시위나 파업을 벌이면 공안이 출동해서 주모자를 붙잡아 감옥에 가두곤 했습니다. 하지만 요즘 대부분의 노사분쟁의 경우 정부의 조정중재를 통해 해결되는 듯합니다. 10여년 전 상황과 비교해보면 상당히 커다란 변화 아니겠습니까?

한 둥팡 맞습니다. 20년 전, 10년 전, 아니 5년 전까지만 해도 노동자들이 파업을 하면 체포돼 투옥됐습니다. 이제 적어도 광둥성지역에서는 파업 주동 노동자들이 체포돼 감옥에 가는 일은 거의 없어졌습니다. 세상이 그만큼 변한 것이지요.

과거에 정부는 파업이나 시위를 사회안정을 위협하는 정치행위로 간주해 억압했습니다. 그런 상황을 아는 사용자들은 안심한 채 노동법을 무시하고 노동자들을 착취할 수 있었습니다. 이에 노동자들은 사용자뿐만이 아니라 자신들의 발언권을 제약하는 정부에 대해서도 크게 분노했습니다.

정부도 이런 상황을 눈치채지 못할 만큼 어리석지는 않습니다. 그렇게 돈을 벌게 해줬다고 사용자들이 정부에 고마워하는 것도 아니고, 노동자들이 자기 노동의 댓가를 정부한테 달라는 게 아니라 사용자들이 치러야 한다고 요구할 뿐이라는 것, 따라서 정부가 사용자를 대신해 그 댓가를 치를 필요가 없다는 것을 깨달은 거죠.

물론 정부의 이런 태도 변화가 노동자의 권리나 민주적 가치를 위한 것은 아닙니다. 현실적인 타산에서 나온 것이죠. 하지만 이것도 진보의 과정입니다. 이런 과정을 거치면서 노동자들은 점차 실질적인 권리들을 확보하게 되니까요. 또한 더는 정부가 나서서 노동자들을 체포하고 감옥에 넣는 정치적 조치를 취하지 않으니, 사용자들은 직접 노사갈등에 대처할 수밖에 없습니다. 많은 이들이 노사정 3자 씨스템을 이야기하지만, 이전에는 사용자와 정부만 있고 노동자는 없었습니다. 이제 노동자의 자리도 서서히 생겨나고 있는 겁니다. 물론 이렇게 이야기한다고 해서 현재 중국노동자들이 20년 전의 선배들에 비해 능력이 더 뛰어나다는 뜻은 아닙니다. 20년 전의 선배 노동자들에게도 그런 능력이 있었겠지만 당시에는 제약이 너무 컸지요.

대담자 과거보다 노동자들이 제약을 덜 받는다는 것은 무슨 뜻이지요? 20년 전 혹은 10년 전의 노동자들과 현재의 노동자들 사이에는 어떤 차이가 있습니까?

한 둥팡 과거에는 정말 제약이 많았습니다. 15년 전 국유기업 개혁과정에서 해고된 노동자들이 길거리에서 저항할 때에는 시위 지도자들이 경찰에 체포되고 나면 그걸로 끝이었습니다. 더이상 할 수 있는 게 없었어요. 왜냐하면 그 당시 국유기업들은 파산하거나 구조조정되는 와중이었고, 노동자들은 일자리를 잃을 수밖에 없는 상황에서 부족하게나마 보상을 받으려고 싸웠지, 회사 내에서 좀더 나은 근로조건을 쟁취하려고 싸웠던 게 아니니까요. 당시 노동자들에게는 장기적으로 서로 연대해가면서 싸울 수 있는 기반이 없었거든요.

하지만 최근 민영기업에서 행동에 나서고 있는 젊은 노동자들의 상황은 다릅니다. 5, 6년 전만 해도 노동자들은 임금을 떼이는 막다른 상황에 몰려서야 그 체불임금을 받으려고 행동에 나서곤 했지요. 하지만 지금은 노동력 부족이 심각해지면서 임금체불 같은 일은 거의 없어졌을 뿐 아니라, 젊은 노동자들이 좀더 높은 임금과 좋은 근로조건을 위해 집단행동에 나서기 시작했습니다. 이것은 매우 근본적인 변화입니다.

대담자 그렇지만 중국정부는 여전히 자신들이 통제하는 중화전국총공회˚만을 노조로 인정하고 어떤 독립적인 민주노조도 허용하지 않습니다. 중국공산당 일당통치의 한 부분으로서 중화총공회의 노동자 대표권 독점이 지속되고 있다고 봐야겠지요. 하지만 다른 각도에서 보면 국가의, 그것도 '사회주의' 국가의 강력한 지지를 받고 있는 중화총공회가 2억여명 조합원을 가진 세계 최대의 노동조합으로서 적극적으로 단체협상에 나설 가능성도 있지 않을까요?

한둥팡 노동권을 어떤 이가 누군가에게 주는 것이라고 보는 것은 낡은 사고방식입니다. 총공회의 가장 커다란 문제는 자신들은 노동자들에게 권리를 부여하고, 노동자들은 자신들의 보호를 받아야 할 대상이라고 생각하는 데 있습니다. 즉, 총공회는 노동자들을 대표할 권리가 있고, 노동자들은 총공회의 대표권을 인정할 의무가 있다고 말하는 것과 같아요. 이에 따르면, 노동자들은 누군가로부터 조직권을 부여받지 않으면 노조를 조직해서는 안 됩니다. 불법이 되니까요.

하지만 노동자의 단결권은 매우 자연스러운 권리입니다. 몇백년 전에는 노동자들이 가내수공업에 종사했지만, 지금은 폭스콘°처럼 수만명 혹은 수십만명이 한곳에서 함께 일합니다. 현대 산업은 이렇게 집단적으로 작동합니다. 노동자들이 스스로 조직한 게 아니라, 현대 기업의 생산방식이 조직해낸 것이지요. 이런 집단적 경험 속에서 노동자들은 자연스럽게 자신들의 이익을 보호하는 조직을 만들게 됩니다. 하지만 중화총공회는 노동권이 노동자의 것이고, 노동운동도 노동자들의 것임을 이해하지 못합니다. 노동자의 권리를 두려워하기 때문입니다.

총공회는 정부의 돈을 받아 매년 춘제(중국의 설 명절)에 형편이 어려운 노동자들의 집을 찾아가 돈을 전달하고 위로하기도 합니다. 이게 나쁜 일은 아니지요. 문제는 그들이 노동자를 대표할 수 있느냐입니다. 공식 노조는 등록된 노조원 숫자를 늘리는 데만 관심을 기울입니다. 노동자들이 등록하더라도 노조가 노동자들을 대표하지 않는다

면 무슨 소용이 있습니까?

우리는 2008년 「중국노동통신」(China Labour Bulletin) 보고서에서, 총공회는 존립의 위기에 직면해 있음을 깨달아야 한다고 경고한 적이 있습니다. 노동자들이 스스로를 보호하려고 일어난다는 사실을 깨닫지 못하고 그저 정부정책을 대변하기만 한다면 총공회는 위기에 직면할 것이라고 말입니다.

대담자 그럼 선생님께서는 중화총공회를 대신할 독립노조를 지금 조직해야만 한다고 보시는지요?

한 둥팡 사람들은 진정한 독립노조가 없기 때문에 노동자의 이해가 대변되지 않는다고 말합니다. 맞는 말이지요. 독립노조가 필요하지요. 하지만 몇몇 다국적 기업에서 실행된 노조선거를 살펴보면 종종 그 결과에 실망하게 됩니다. 자율선거로 노조집행부를 뽑았어도 으레 대부분의 노동자들은 노조에 별 관심이 없습니다. 또한 선출된 노조지도부도 목적성을 잃고 노동자들 위에 군림하는 태도를 보이기도 하지요.

이를 통해 우리는 노조를 조직하는 일도 중요하지만, 노조를 조직해 무엇을 할 것인가가 더욱 중요함을 깨달았습니다. 그리고 그 해답은 바로 단체협상이었지요. 그래서 우리는 2005년 무렵부터 중국대륙에서 노동자들의 단체협상을 지원하는 프로그램을 시작했습니다. 노동권을 다루는 중국 본토의 변호사, NGO와 함께 노동자 훈련과 법률 지원 프로그램을 운영하고 있습니다.

물론 진정한 노동조합 조직도 없는데 무슨 단체협상이냐라는 비판도 있습니다. 하지만 저는 단체협상부터 시작해야 한다고 확신합니다. 2010년을 기점으로 중국노동자들의 행동과 태도에도 뚜렷한 변화의 징조가 나타나기 시작했습니다. 최근 잇따라 일어나고 있는 파업은 단체협상의 한 형태입니다. 임금과 근로조건이 개선되기를 바라는 노동자들이 파업을 통해 협상을 시작하는 것이지요.

대담자 신세대 노동자들이 중국의 노사관계, 노동조합체제, 그리고 노동의 미래를 바꿀 동력이라고 보십니까?

한 둥팡 물론입니다. 또한 변화의 관건은 단체협상입니다. 노동자들이 단체협상을 이해하게 되면, 단결하려는 의식과 조직화하려는 노력 등이 협상과정의 경험을 통해 모두 뿜어져나올 수 있습니다. 민주적인 참여의식도 나오게 될 겁니다. 협상과정에선 대표를 선출하게 되고, 대표가 제대로 일을 못하면 선거를 통해 그를 물러나게 할 겁니다. 협상을 끝낸 뒤에는 대표가 노동자들에게 보고하고 동의 여부를 물을 것입니다. 협상결과에 대해 노동자들의 동의를 받은 뒤에만 대표가 서명할 수 있습니다. 이러한 일들이 생활과 노동 속의 민주입니다. 대표는 자신을 뽑은 사람들에게 책임을 져야 하고, 뽑은 사람들은 대표를 감독할 수 있습니다.

정치와 의식을 우선시하는 입장에 있는 사람들은 이런 것들이 중국사회에 근본적인 변화를 가지고 오지 못한다고 비판할 수도 있습니다. 중국의 신세대 노동자들이 사회적 책임에 대해서 이야기하는 것도 아니고, 민주나 자유를 위해 싸우는 것도 아니니까요. 노동자들은 임금을 위해 파업에 나섭니다. 그들의 이른바 정치적 각성에 대해 판단한다면 분명 실망스러울 수 있을 겁니다. 그러나 한 사회가 얼마나 건강한지, 정상인지를 알기 위해서 굳이, 얼마나 많은 사람들이 매일 정치적 구호를 입에 달고 사는지를 봐야 하는 것은 아니지요. 중요한 것은 얼마나 많은 사람들이 진정으로 일상생활에서 권리를 의식하고 각성하고 있는지입니다. 깃발과 구호에 현혹되면 우리는 속기 십상입니다. 마오 쩌둥의 예를 보면 쉽게 알 수 있지 않습니까?

이런 관점에서 볼 때, (결사의 자유가 있느냐 없느냐의 논의를 하는 것보다—대담자) 중국기업의 5분의 1, 노동자 수로 따져서 1억 내지 2억명이 단체협상의 권리를 갖고 대표를 선출할 권리를 갖게 하기 위해서 구체적으로 노력하는 것이 훨씬 중요합니다. 이게 실현될 때에야 비로소 우리는 민주적인 사회를 이야기할 수 있습니다.

농민공이 아니라 노동자다

대담자 도농 간 격차와 '농민공' 차별 면에서 중국은 다른 나라들 보다 심각한 문제가 있습니다. 농촌 출신 노동자들은 이런 차별적 씨스템에 저항하지만, 도시민들은 상대적으로 큰 혜택에 만족해 농민공들의 고통에 무관심하지 않습니까? 이런 조건에서 변화는 힘들지 않을까요?

한 둥팡 후커우제도*는 이미 일시적인 문제입니다. 계획경제의 잔재일 뿐이고, 시장경제하에서 오래 지속될 수는 없습니다. 시장경제는 노동력의 자유로운 흐름을 요구합니다. 물론 도시 후커우가 없으면 아이를 학교에 보낼 때, 도시민과 달리 별도의 수업료를 내야 하는 등 농민공에 대한 부당한 처우가 여전하지만, 1980대 이후 태어난 신세대는 후커우에 크게 신경쓰지 않습니다. 실제로 많은 노동자들은 이미 10년 넘게 도시에서 살아오며 결혼해서 아이들을 기르고 있습니다. 이미 후커우 씨스템은 종말을 향해가고 있습니다.

저는 농민공이라는 표현을 싫어합니다. 노동자는 노동자일 뿐입니다. 농민공은 차별적 용어이며 더이상 사용하지 말아야 합니다. 그 호칭은 노동자성을 부인합니다. 사실 그 사람들은 실업상태에 있더라도 노동자입니다. 그런데 농민공이라고 규정하면, 그들이 해고당하거나 실업상태가 됐을 때 다시 농민이 되어버립니다. 이런 식으로 노동자들을 심리적으로 압박하는 것이지요. 따라서 우리는 궁런(工人, 노동자)이라고 불러야 합니다.

대담자　얼마 전까지만 해도 세계화로 인해 벌어진 '바닥을 향한 질주'에 대한 우려가 컸습니다. 그 핵심에는 중국의 대규모 저임금 노동력이 있었지요. 극단적으로 말하면 다른 모든 개발도상국과 중진국 들도 중국과 경쟁하려면 중국 수준으로 임금을 낮춰야 하고 그렇지 못하면 살아남을 수 없다는 공포가 퍼져 있었습니다. 하지만 이제 중국 상황이 급변하고 있습니다. 2000년대 중반부터 노동력 부족이 점점 심각해지고 있고, 최저임금을 낮게 유지해 투자를 유치하려던 지방정부들이 지금은 최저임금을 경쟁적으로 올리고 있습니다. 이런 식으로 간다면 '바닥을 향한 질주'는 끝날 것이라고 전망할 수 있을까요?

한 둥팡　중국노동자들은 값싼 노동력으로 취급받았지요. 하지만 값싸다 혹은 저임금이다라는 것은 진실의 일면일 뿐입니다. 더 중요한 것은 그들이 저임금을 받을 뿐 아니라 권리도 갖지 못했다는 점입니다. 이렇게 저임금에 권리도 갖지 못한 노동자들이 생산해낸 수출품들이 전세계 노동계급에 타격을 주는 것이 문제지요.

요즘 기업의 사회적 책임(CSR)이나 기업의 행동강령(code of conduct)에 대해 많이들 이야기합니다. 기업들은 이런 것들을 통해 노동자 권리를 존중하려 한다고 말합니다. 하지만 실제 작업현장에서 노동자들은 여전히 형편없이 취급받고 끔찍한 상황을 겪습니다. 총공회가 마치 노동자들에게 권리를 부여하고 시혜를 베푸는 존재인 양 행동하는 것처럼, 기업의 사회적 책임을 이야기하는 사람들도 자기들이 무언가를 해줄 수 있는 것처럼 이야기합니다. 그들은 노동자들이 진정으로 무엇을 원하는지 묻지 않습니다. 노동자들이 무엇을 원하는지 아십니까? 왜 노동자들의 임금이 낮은지 아십니까? 권리가 없기 때문이지요. 결사권이 없기 때문이지요. 그런데 왜 결사를 원합니까? 단체협상을 하기 위해서입니다. 좀더 나은 근로조건, 휴가 등을 위해서지요.

만약 상당수의 중국노동자들이 진정한 단체교섭권을 행사하게 할 수 있다면, 이는 전세계 노동자들에게도 공헌하는 일입니다. 중국노동자들이 단체협상을 하기 시작하면 투자자들은 더 값싼 노동력을 찾아, 노동자를 노예처럼 부릴 수 있는 방글라데시, 스리랑카 등지로 갈 것이라고 말하는 사람들도 있습니다. 그들이 중국에 왔듯이 또 그렇게 가는 것을 막을 수는 없겠지요.

여기서 중요한 것은 중국의 규모입니다. 중국에는 이전처럼 저임금은 아니지만 대규모 노동력이 있고, 인프라가 잘 갖춰져 있고 원재료가 풍부하고 엄청난 수의 잠재적 소비자들이 있습니다. 이 모든 것을 고려하면 기업가들이 그렇게 쉽게 움직일 수는 없을 겁니다. 투자자들은 이것이 노동비용의 문제가 아니라 대중소비시장의 문제이기도 하다는 것을 곧 알아차리겠지요. 이제 누가 더 값싼 노동력을 제공할 수 있느냐가 경쟁의 핵심은 아닐 겁니다. 다수의 중국노동자들이 단체협상을 시작하게 되면 세상은 달라질 겁니다. 우리는 이를 위해 6년째 노력해왔습니다.

대담자 2008년 세계경제위기 이후 서구식 신자유주의 모델에 대한 회의가 확산되면서, 30년간의 고속성장으로 빈곤퇴치에 성공하고 경제강국으로 올라선 중국모델에 대한 관심이 커졌습니다. 중국모델이라는 것이 존재한다고 생각합니까? 노동의 관점에서 중국모델이란 무엇이고 그 성과와 한계는 무엇입니까?

한 둥팡 학자들이 중국모델을 많이 이야기하지요. 세계화 속에서 중국이 특정한 역할을 맡아 수행하고 있는 것은 엄연한 현실입니다. 물론 중국 나름의 방식이 있긴 합니다. '정치개혁 없는 경제개혁' 같은 것 말입니다. 세계화가 없었다면 중국모델 같은 것도 없었겠지요. 정치개혁 없는 경제개혁이 진행됐고, 정부는 정치적 공포를 이용해 노동자들의 권리를 제약했고, 그 틈을 이용해서 기업가들은 큰 부를 축적할 수 있었습니다. 만약 중국모델을 이야기한다면, 바로 이것이 중국모델의 핵심 아닐까요.

세계화 속에서 자본은 지난 20년 동안 중국의 저임금 노동력을 이용해왔습니다. 우리가 세계화의 과정을 막을 수는 없지만 최소한 무엇인가 변화를 만들 수는 있지요. 중국노동자들을 더욱 강하게 만드는 것도 그 변화의 토대가 될 수 있습니다.

노동력 부족에 대해 다시 한번 생각해봅시다. 13억 인구의 중국이 노동력 부족이라니, 정말 농담처럼 들리지만 현실이기도 합니다. 처우가 너무 형편없기 때문에 노동자들이 제 발로 공장을 떠나 뭔가 다른 일을 하려 합니다. 중국에 엄청나게 광대한 땅과 농촌이 있다는 것도 중요한 조건이지요. 정부가 최근 농업세를 감면해 농촌에서 살 만한 여지가 커졌습니다. 내륙과 서부 대개발에 따라 이 지역에 많은 공장들이 들어섰고, 투자자들도 생산원가가 너무 오른 연해지역의 광둥성 등을 떠나 좀더 싼 지역을 찾아 내륙에 투자하기 시작했습니다. 이렇게 고향 근처에서 일자리를 찾을 기회가 많아지자, 중서부 내륙에 있는 후난성이나 쓰촨성의 노동자들이 멀리 광둥성까지 일하러 올 이유가 적어졌습니다.

몇십년 동안 지속되어온 세계화의 작동방식이 지금 중대한 변화에 직면했습니다. 중국노동자들이 이미 깨어나 자신의 권리를 위해 행동하기 시작했기 때문이죠. 이것이 바로 세계화의 양상을 바꾸어나갈 것입니다. 글쎄요, 이것을 새로운 중국모델이라고 해야 할까요? 어쨌든 저는 이런 중국모델 논의에 빨려들어가긴 싫습니다. 이런 논의는 허구일 뿐입니다. 우리가 직면하고 있는 것은 세계화입니다.

대담자 대부분의 중국공장은 다국적 기업의 주문을 받아 물건을 생산해왔습니다. 얼마 전까지 중국은 전세계 제조업 사슬구조의 가장 밑바닥에서 물건을 만들고, 이익의 대부분은 다국적 기업들이 가져가는 방식이었지요. 하지만 사실 다국적 기업들이 가져가는 막대한 이윤은 잘 드러나지 않고, 밑바닥에 있는 중국 하청기업들이 다국적 기업이 요구하는 단가를 맞추기 위해 근로조건을 악화시키는 모습만 드러나는 측면도 있습니다. 이런 상황은 어떻게 바꿀 수 있을까요?

한 둥팡 2010년 광둥성정부는 노동자들의 단체교섭권을 보장하는 기업민주관리조례를 제정하려 했지만, 홍콩 투자자들이 반대해 아직까지 제대로 추진을 못 했지요. 홍콩 투자자들은 너무 근시안적으로 이 문제를 보고 있습니다. 그들은 장기적 관점에서 제대로 이익을 보지 못하고 있어요. 기업의 사회적 책임을 논하는 회의에 갈 때면 화가 나고 슬퍼집니다. 이런 자리에서 번지르르하게 말하는 사람들은 다국적 기업의 바이어들이지요. 실은 이들이 중국의 공장주와 홍콩의 투자자 들을 착취하는 사람들이에요.

다국적 기업은 최대한 단가를 낮추려 하고 그러면 공장주는 임금을 낮추고 노동시간을 늘려 그들의 요구를 들어주려 하지요. 정말로 이들 공장주들에게 말하고 싶습니다. 당신들은 노동자들과 단체협상에서 마주 앉는 것을 반대하는데, 제발 노동자들과 협상해서 그 결과를 갖고 다국적 기업과 교섭을 하라, 적정한 단가를 요구하라, 이렇게 계속 단가를 낮추다가는 파산할 수밖에 없다고요. 홍콩기업가협회가 진정한 협회 역할을 했으면 좋겠습니다. 협회를 만드는 이유는 당신들보다 약자인 노동자들을 두들겨 패려는 것이 아니고, 당신보다 강한 사람과 협상하기 위해서니까요. 여기서 강한 사람이란 바로 다국적 기업 바이어들이지요. 그들에게 이렇게 말해야지요. 이게 우리의 최저 가격이고 그 이하로는 계약을 못 맺는다, 차라리 다른 나라로 가라고 말입니다.

대담자 한국은 1987년에 민주화를 이뤘지요. 시민사회운동이 주도한 그해 6월의 정치민주화는 곧바로 7월에 100만 노동자파업으로 이어졌고 그 결과 수많은 독립노조들이 탄생했습니다. 산업화에 이은 정치민주화가 이뤄진 뒤에 노사관계의 민주화도 이뤄졌지요. 이런 경험에 비추어볼 때 중국의 노사관계 혹은 노동의 미래를 어떻게 전망하십니까?

한둥팡 저는 지난 20여년 동안 우리가 너무 많은 비교를 해온 것은 아닌지 반성합니다. 한국과 폴란드에서도 해냈는데, 왜 우리는 그렇게 못하는가? 한국의 독재자도 오래가지 못했고 폴란드의 독재자도 오래가지 못했으니 중국에서도 그럴 것이라고 기대하는 식입니다. 이런 꿈이 너무 많기 때문에 우리가 현실을 제대로 못 보게 됐다고도 생각합니다. 중국에서도 가능하다는 것을 논리적으로 증명한다 해도, 현실에서 어떻게 실현될지 말할 수 있는 사람은 없을 겁니다. 누군가 방법을 말한다 해도 사상누각인 경우가 많습니다. 현실 속을 살아가는 사람들의 생활습관, 생각과 유리돼 있기 때문입니다.

학자들이 그렇게 끊임없이 계산하고 비교하는 모습에 감탄하기도 하지만, 저는 그들이 중국노동자와 인민의 현실과 요구를 분석하는 데 더 많은 시간과 정력을 쓰길 원합니다. 한국과 폴란드처럼 되지 못했으니 아직 제대로 못하고 있다고 언제까지 되풀이해야 합니까? 그럴 필요는 없습니다.

대담자 이제까지 중국노동자들에 대해 많은 이야기를 나누었습니다. 마지막으로, 삶을 개선하고자 하는 중국노동자들의 노력이 우리의 미래를 어떻게 바꿀 것으로 보는지 묻고 싶습니다.

한둥팡 중국노동자들은 다른 나라 노동자들의 상황 혹은 자본주의를 바꿀 수도 없고 바꾸려 하지도 않습니다. 그들은 자신의 근로조건을 개선하기 위해 싸우고 있습니다. 물론 현재 자본주의의 작동방식은 바뀌어야 합니다. 미국이든 영국이든 멕시코에서든 노동자들은 자기 삶의 조건을 개선하기 위해 노력하고 있고, 그건 자본주의의 작동방식에 영향을 줍니다. 다만 중국 노동자계급의 규모는 어마어마하기 때문에 그만큼 영향력도 크겠지요. 중국노동자들은 그들의 내적 동기와 동력에 의해 움직이지만, 이런 움직임 속에서 세계자본주의를 바꿀 수도 있습니다. 그러나 얼마나 빨리 그런 일이 일어날지는 아무도 모릅니다.

저는 낙관주의자입니다. 언젠가는 변화가 일어날 겁니다. 중국노동자 가운데 3분의 1 정도가 단체협상을 할 수 있다면 너무나도 행복하겠지요. 그때가 되면 저는 만족해하면서 은퇴할 수 있을 것입니다. 그러면 제 인생은 행복한 것이지요.

쑨 헝

孫 恒

노동자의 집을 짓는 거리의 가수

◆

　베이징 변두리의 한 허름한 마을. 논밭이 공장지대로 바뀌어가다 힘에 부쳐 퇴락한 듯한 모습이다. 영세 가구공장이나 목재 가공공장들이 늘어서 있는 골목엔 농촌에서 갓 올라온 행색을 한 이들이 기거할 방을 보러 여기저기 기웃거린다. 남자들은 마을의 영세공장이나 베이징 시내 공사장으로 품을 팔러 나가고 여자들은 파출부로 일을 나가는 이들도 많다.

　중국 각지에서 일자리를 찾아 모여든 1만 명이 넘는 노동자들이 둥지를 튼 이 작은 마을이 베이징과 세계를 잇는 셔우두(首都) 공항 근처의 피춘(皮村)이다. 피춘 마을입구를 조금 지나면 '노동자의 집〔工友之家〕'이 나온다. 마당에 들어서면 허름한 창고를 개조한 '신노동자극장'이 전면에 보이고 안에선 아이들의 흥겨운 노랫소리가 들려온다. 마당 오른

편에는 노동자박물관과 노동자들을 위한 아담한 도서관이 있다. 이곳이 바로 쑨 형과 그의 동료들이 지은 '노동자의 집'이다.

허난성의 중학교 음악교사였던 쑨 형은 1998년 기타를 메고 베이징으로 왔다. 록가수의 꿈을 품고 올라온 베이징에서 그를 기다린 것은 냉혹한 도시의 밑바닥 생활이었다. 기타를 튕기던 손으로 공사장에서 돌을 나르고, 고된 노동이 끝나면 온기도 없는 방에서 겨울을 버텨야 했다. 그로부터 1년 후 그는 다시 기타를 메고 베이징을 떠난다. 중국 각지를 유랑하며 만난 이들은 그처럼 꿈을 안고 도시로 나온 수많은 노동자들이었다.

세계의 공장으로 우뚝 선 중국의 경제기적은 2억 5000만에 달하는 농촌 출신 노동자들의 피땀 위에 이루어졌다. '농민공'이라는 차별적인 이름으로 불리는 이들은 도시주민이 누리는 모든 기본적인 공공혜택과 권리로부터 배제되어 있다. '농민공'의 아이들은 도시 아이들이 무상으로 다니는 공립학교에 돈을 내야만 들어갈 수 있다. '농민공'의 대다수가 아직도 사회보장씨스템의 사각지대에 놓여 있는 것이다.

쑨 형과 그의 동료들은 '농민공' 가족이 도시의 한구석에 합법적인 둥지를 틀 수 있는 그 날, '농민공'의 아이들이 도시민의 아이들과 나란히 앉아 교육의 혜택을 받을 수 있는 그 날, '농민공'이 도시민의 권리를 향유할 수 있는 그 날을 위해 분투하고 있다.

그는 오늘도 신노동자예술단과 함께 전국 곳곳을 돌아다니면서 노동자들에 자긍심과 연대의식을 불러일으키는 노동가요를 부른다.

중국노동자들의 노래로 번안된 한국의 대표적 민중가요 「임을 위한 행진곡」은 그의 애창곡이다. "우리 지혜와 두 손으로 거리와 다리와 고층건물을 건설했네. (…) 땀과 눈물 흘리며 고개 들고 전진한다네. 우리

행복과 권리는 스스로 싸워 쟁취해야지. 노동이 이 세계를 만들었고, 노동자는 가장 영광스럽네."

시골 음악교사에서 노동자의 가수로

대담자 고향에서 선생님은 음악교사로 비교적 안정된 생활을 하고 있었습니다. 그런데 그런 삶을 뒤로하고 베이징에 올라와, 거리와 공사장에서 노동자들의 삶을 담은 노래를 부르며 노동자 문화운동을 하고 있습니다. 어떤 계기가 있었나요? 록스타의 꿈을 안고 베이징에 왔다는 이야기도 들었습니다만.

쑨 헝 1998년 허난성 카이펑의 집을 떠나 베이징에 와서 노동자가 되었습니다. 원래는 대학에서 음악교육을 전공하고 중학교 음악교사로 일했지만, 매일매일 반복되는 그 생활에 염증이 생기기 시작했습니다. 지방 교육관료들의 간섭도 싫었고요. 젊은 사람들은 그렇지 않습니까? 미래를 꿈꾸고, 자기가 원하는 것을 추구할 자유가 있지 않습니까?

베이징에 올라와서 첫 석달 동안 택배, 이삿짐 나르기 등 온갖 노동을 했어요. 당시엔 정말 막막했습니다. 베이징에서 도대체 무엇을 해야 할지 보이지 않았죠. 그때 저는 매우 젊었고 방황하고 있었습니다. 겨울엔 난방비를 낼 수 없어 추위에 떨며 잠에서 깨는 날이 많았는데, 그러던 어느날 석탄 파는 늙스구레한 아저씨를 만났어요. 그 아저씨에게는 제 또래의 아들이 있었는데, 그 아들도 도시 어느 곳에선가 노동을 하고 있다고 했어요. 그분은 마치 저를 자기 아들처럼 대해주시며 많은 격려를 해주셨어요. 온몸에 석탄가루를 뒤집어쓰고 있어서 몸이고 얼굴이고 새까맸지만 얼굴에선 미소가 떠나지 않는 분이셨죠. 고된 노동과 삶 속에서도 낙천적인 태도를 잃지 않는 그

를 보면서 힘을 얻었어요. 그때 그 늙은 노동자를 생각하면서 「석탄
〔煤〕」이라는 노래를 만들었습니다. 그때의 경험은 내 인생에 정말 큰
영향을 줬지요. 1999년 베이징을 떠나 전국 각지를 유랑하고 수많은
노동자들을 만나면서 조금씩 더 깨닫게 되었습니다.

대담자 선생님은 문혁이 거의 막을 내리고 있던 1975년에 태어났
습니다. 어린 시절은 어땠습니까?

쑨 헝 부모님의 젊은 시절은 문혁의 시대, 마오 쩌둥의 시대, 사회
주의의 시대였습니다. 그때 젊은이들은 중국에서도 가장 궁벽한 지
역으로 가야 했죠. 허난성 출신인 부모님도 네이멍구(내몽골 자치구)로
이주했다가 다시 가장 빈곤한 산골에 가서 노동자, 농민과 함께 일했
습니다. 어머니는 농민 출신이었지만 노동자가 됐고, 젊은 시절 공산
당원이 돼 매우 적극적으로 활동했습니다. 아버지는 임업을 공부한
연구자였고, 삼림 벌목장에서 일했습니다. 아버지는 지식인이라고
할 수 있지요. 부모님은 젊은 시절 깊은 산속에서 매우 가난하고 힘
들게 일했고, 그곳에서 제가 태어났습니다. 국유기업 개혁과 함께 수
많은 노동자들이 직장에서 대규모로 쫓겨나기 시작하던 1998년에 우
리 부모님도 일자리를 잃었습니다. 저는 부모님과 함께 거리에서 좌
판을 벌이고 장사를 하기도 했습니다.

대담자 선생님은 기타를 들고 거리에서, 공사장에서, 무대에서 음
악을 통해 노동자들과 청년들을 만납니다. 선생님에게 음악은 어떤
의미를 지니지요?

쑨 형 1년간 전국을 유랑하면서 노동자들의 이야기를 노래로 만들기 시작했어요. 농촌에서 올라온 노동자들의 삶에 대해 서서히 이해하기 시작했거든요. 사실 그전에도 음악을 좋아하긴 했지만 제 음악세계에만 빠져 있었고 앞으로 무얼 해야 할지 막막했죠. 오랫동안 앞날을 모른 채 방황했고, 음악이 제 인생을 어떻게 변화시킬지도 모르고 헤맸습니다. 그런데 유랑생활을 하면서 음악을 통해 개인의 자아를 넘어 사회에 참여하고 사회를 변화시킬 수 있다는 것을 깨닫게 되었어요. 음악이 자신의 감정을 표현하고 세계에 대한 견해를 표현하는 훌륭한 소통의 도구라는 것도 깨닫게 되었고요. 유랑을 마치고 베이징에 돌아와서 처음엔 거리에서 노래를 부르다가, 이후에는 공사장을 돌아다니면서 노동자들 앞에서 노래를 불렀습니다. 음악이 저에겐 투쟁의 무기가 된 거죠.

노동의 노래, 노동의 역사

쑨 형의 노래에는 그가 만난 중국노동자들의 사연과 삶, 그들의 목소리가 담겨 있다. 깡마르고 얼굴이 새까맣게 탄 한 젊은 막노동자는 거친 두 손을 펼쳐 보이며 쑨 형에게 이렇게 말했다. "이봐, 내 손을 봐. 이 빈 손을. 이 손으로 나는 아내와 딸, 그리고 부모님을 먹여 살려야 해. (…) 그래서 나는 하루 종일 땀 흘리며 13시간, 15시간, 심지어 17시간도 일해. 그리고 너무 힘들면 술 한잔 마시고 고향집 생각하면서 그냥 잠들어버려." 이 노동자의 사연은 나중에 "이 도시의 멋진 고층건물들은 내 땀으로 지었네. 저기 저 빛나는 도로도 내 피로 지었어. 더럽고 고된 일

은 우리가 했어. 우리는 정정당당한 사람들, 우리 힘으로 밥을 먹네. 삶
이 어쩔 수 없고 초라하지만 존엄이 없는 건 아니라네"라는 가사가 담긴
「노동, 노동이 가장 영광스럽다(打工打工最光榮)」로 태어났다.

대담자 어린 시절부터 음악을 좋아하고 기타를 쳤나요?

쑨 헝 아주 어렸을 때는 음악을 그리 좋아하지 않았습니다. 노래
를 부르는 게 좋아지기 시작한 것 중학교 때부터였어요. 산시성(陝西
省)에서 태어나 산골에서 자란 저는 중학생 시절 부모님의 새 직장을
따라 부모님의 옛 고향인 허난(河南)으로 가게 되었어요. 그런데 산
시성 촌놈이라 산시성 사투리에만 익숙했던 저는 허난 말을 알아들
을 수가 없었죠. 주위에 친구도 없었고 제 자신을 어찌 표현할 방법
도 없었어요. 그때 노래를 좋아하게 됐습니다. 노래를 통해 다른 사
람들과 소통할 수 있다는 걸 깨달은 거지요. 사투리를 넘어서 말이에
요. 노래를 부르게 되면서 친구가 많이 생겼습니다.

대담자 시골 고향에서 올라온 중국의 노동자들은 쓰촨, 안후이
등 자신의 고향 말을 쓰는 사람들끼리만 뭉치는 경향이 강하지요. 선
생님의 노래는 노동자들이 이런 지연과 방언의 벽을 넘어서서 어울
리는 데도 도움이 되겠군요. 마치 선생님이 어렸을 때 노래를 통해서
다른 사투리를 쓰는 친구들과 소통했듯이 말이에요.

쑨 헝 그렇습니다. 음악은 큰 의미를 갖고 있습니다. 노동자들과
함께 노래를 부르면 금세 동질감을 느끼게 됩니다. 임금체불문제를

노래로 부르면, 많은 노동자들이 '아, 임금을 받는 문제를 얘기하는 구나' 하면서 서로 소통할 말을 찾을 수 있게 됩니다. 「천하의 노동자는 한가족이다(天下打工是一家)」라는 노래를 함께 부르면 다들 '아, 맞다. 우리는 모두 한가족이구나' 하고 의식하게 됩니다. 노동자들의 사상적 각성과 공동체의식에서도 중요한 부분입니다. 우리가 「노동, 노동이 가장 영광스럽다」라는 노래를 부를 때, 우리가 노동자의 문화해방을 이야기할 때, 우리의 음악·연극·문화예술은 노동자의 단결과 해방에 매우 중요한 역할을 합니다.

대담자 그런데 어쩌다가 노동자들과 그들의 아이들을 지원하는 NGO 활동을 하게 되었습니까?

쑨 헝 앞서 이야기했듯이 노래를 부르며 전국을 유랑하고 노동자들과 만나면서 제가 할 일들을 차츰차츰 발견하게 됐습니다. 유랑을 마치고 베이징으로 돌아와 거리에서 노래하면서, 우연한 기회에 농촌 출신 노동자들의 아이들을 가르치는 학교에서 자원봉사자로 일하게 되었습니다. 거기에서 음악교사를 맡아 노동자의 아이들에게 노래를 가르쳤고, 그들을 위해 많은 노래를 만들었습니다. 이런 계기를 통해 점차 노동 NGO 일에 관여하게 되었습니다.

그러다가 2000년대 초반에 원 톄쥔(溫鐵軍) 선생님을 만나게 되었습니다. 원 톄쥔 선생이 이미 고인이 된 류 라오스(劉老石)＊와 함께 대학생들의 농촌봉사활동을 조직하기 시작하던 무렵 저는 제1기 대학생 농촌봉사활동팀에 노래를 가르쳤습니다. 이후에 원 선생과 류 라오스는 삼농문제에 주력하게 되었고, 저는 농촌 출신 도시노동자들에게 관심을 집중하게 되었습니다. 물론 이 두 방면의 활동은 모두 큰 의미가 있지요. 농촌과 도시는 매우 긴밀하게 연결되어 있고 농민과 노동자도 연결되어 있으니까요. 2000년대 중반 이후 원 선생과 류라오스는 량수밍향촌건설센터를 중심으로 활동을 펼쳤고, 저는 이곳 피춘에 노동자의 집을 만들어서 활동하게 되었습니다.

2002년 피춘에 '노동자의 집'이 들어서고 2008년 노동절을 맞이하면서 건물 한 켠에 노동자 박물관이 세워졌다. 중국에서 유일한 이주노동자 박물관이다. 박물관에는 전국 각지 노동자들이 보내온 물건들로 가득 차 있고, 그 물건 하나하나마다 농촌 출신 노동자들이 도시에서 겪어야 했던 고된 삶의 역사가 배어 있다. 끔찍한 산재를 당한 노동자들의 모습, 그들의 일기, 농촌에 두고 온 아이들의 해맑은 모습, 임금체불에 항의하는 노동자 시위 모습을 담은 사진 등이 전시되어 있다. 쑨 형은 "중국의 산업화 도시화 과정에서 수억의 '농민공'이 지대한 공헌을 했지만 기억되지 못하는 것은 스스로 목소리를 내고 기록하지 못했기 때문"이라며 박물관을 통해 노동의 존엄성을 알리고 싶다고 했다.

대담자 선생님과 동료들은 피춘에 중국 유일의 노동자박물관을 세웠습니다. 다른 곳에는 없는 이 박물관을 통해 무엇을 얘기하려 하는지요?

쑨 형 이 박물관은 농촌에서 도시로 와서 노동하는 신노동자의 문화와 역사를 기록하려고 세워졌습니다. 박물관이 없다면, 문자가 없다면, 기록이 없다면 역사도 사라집니다. 예를 들어 『한국 노동계

급의 형성』(구해근) 같은 책이 없다면, 그런 기록이 없다면 한국노동
자들이 그 시대 한국사회에서 어떻게 항의하고 투쟁했는지 알 수 없
을 겁니다. 그래서 이 박물관이 중국노동자의 역사를 기록하는 것은
매우 중요한 역할을 하는 것입니다. 더 많은 사람들이 여기에 와서
노동자들이 경제성장을 위해 어떻게 희생했고 공헌했는지, 그 역사
를 볼 수 있기를 바랍니다. 또 이 박물관은 전시만을 위한 곳은 아닙
니다. 우리는 사회를 향해 노동과 노동자를 존중해줄 것을 이 박물관
을 통해 호소하고 있습니다.

대담자　피춘의 노동자박물관이 중국에서 유일하게 노동자들의
삶과 역사를 보여주는 박물관이라는 것이 믿기지 않습니다. 중국은
노동자계급을 지도계급으로 하는 공산당이 통치하는 사회주의국가
인데, 노동자들의 역사를 기록한 박물관이 없다는 것은 기묘합니다.
선생님은 이런 현실에 대해 어떻게 느끼는지요?

쑨헝　1978년 개혁개방 이후 중국사회에는 이미 많은 변화가 일
어났습니다. 중국공산당은 초기에는 당연히 노동자계급의 이익을 대
표했지만, 현재는 상황이 복잡합니다. 현재는 자본가들도 당원이 될
수 있습니다. 그러므로 공산당은 더이상 노동자계급만을 대표하는
정당이 아닙니다. 농촌에서 도시로 온 이주노동자 집단은 중국사회
에서 새로운 계급입니다. 이들은 현실을 참고 견디면서, 역사적으로
계급을 형성해가는 과정에 있습니다.
　정부가 어떤 관점에서 현실을 보고 있는지 저는 잘 모릅니다. 하지
만 중국은 노동자와 농민이 주체가 되는 국가입니다. 중국 13억 인구

중 대부분이 농민이었고 지금은 점점 더 많은 농민이 노동자로 변하고 있습니다. 이렇게 중국은 이미 수억명의 노동자가 일하는 산업화된 국가가 됐습니다. 정부가 무엇을 하든 상관없이, 우리 스스로 이 시기 우리의 역사를 존중해야 한다고 생각해서 이 역사를 기록한 것이지요.

차별을 넘어 노동자의 긍지를

대담자 박물관의 이름은 '노동자〔打工者〕역사박물관'입니다. 우선 打工者라는 용어부터 얘기해야 할 것 같습니다. '농촌에서 도시로 온 노동자'를 무어라 부르는 것이 정확한지 고민스럽습니다. 勞動者? 農民工? 打工者? 工人? 職工? 선생님은 중국사회에서 노동자를 지칭하는 이 다양한 표현들에 대해서 어떻게 느끼는지요? 그리고 왜 결국에는 '打工者역사박물관'이라고 이름짓기로 했습니까?

쑨 헝 노동자는 노동자고, 농민은 농민입니다. 농민공이라는 용어는 완전히 차별적인 말이죠. 농촌 출신 대학생을 농민대학생이라고 부릅니까? 농촌 출신 박사를 농민박사라고 부르지도 않고 농촌 출신 기자를 농민기자라고 부르지 않습니다. 그런데 왜 노동자에게만 농민공이라고 하는 겁니까?

2008년 금융위기 이후에 약 2500만가량의 농촌 출신 노동자들이 일자리를 잃고 고향으로 돌아갈 수밖에 없었습니다. 그때 정부에서는 이들 2500만 노동자들이 고향에 돌아가 창업해야 한다고 말했습니다. 아니, 경제사정이 좋을 때도 창업을 못하던 사람들에게 하필 왜 금융위기 때 창업하라고 부추기는 겁니까? 이건 금융위기의 댓가를 농촌에서 올라온 노동자들에게 전가하는 것이지요. 이런 게 가능한 것은 농촌 출신 노동자를 농민공이라고 부르며 노동자계급의 일원으로 인정하지 않기 때문이기도 합니다. 그래서 농민공이라는 차별적인 용어를 사용하는 데 반대합니다.

打工者라고 부르는 것은 농민공이라는 차별적인 용어와 달리 노동력을 판다는 중립적인 의미를 담고 있기 때문이지요. 하지만 정확한 용어는 꿍런(工人)입니다. 그런데도 打工이라는 용어를 쓰는 중요한 이유는 농촌에서 도시로 온 이주노동자집단을 가리키는 것으로, 이들을 국유기업 노동자나 도시노동자와 구별하려는 것입니다. 우리에게 더 중요한 것은 농촌에서 도시로 온 노동자(打工者)에 대한 관심입니다. 그들은 중국의 신노동자입니다.

쑨 형과 그의 동료들 사이에서도 농촌에서 도시로 온 이들 노동자를 어떻게 호칭할 것인가는 간단치 않은 문제였다. 쑨 형의 '신노동자예술단'이 제1차 노동자예술제(2009)를 조직했을 때 공식명칭은 '打工者문화예술제'였다. 그러나 이 명칭은 그의 동료들과 노동단체 사람들 사이에 격렬한 논쟁을 불러일으켰다. 그 결과 2010년 제2차 예술제부터는 '신노동자 문화예술제'로 바뀌었다.

대담자 새로운 계급으로 등장한 농촌 출신 노동자(打工者)와 이전 세대의 국유기업 노동자는 완전히 다르다는 의미입니까?

쑨 형 물론 모두 노동자의 일부분이지만 차이가 큽니다. 국유기업 노동자는 1949년 신중국 성립 이후 국유기업체제 안에서 탄생했습니다. 현재의 신노동자는 최근 30년 동안 농촌에서 도시로 유입되어 새롭게 형성된 노동자계층입니다. 우리가 신노동자라고 부르는 것은 국유기업 노동자들에 대한 상대적 호칭입니다. 국유기업 노동자들에 대한 국가와 사회의 정책은 신노동자들에 대한 것과 완전히 다릅니다. 예를 들면 국유기업 노동자는 기본적 사회보장을 받고 퇴직금이 있고 도시의 사회보장을 누릴 수 있습니다. 하지만 농촌 출신의 새로운 노동자들은 그런 혜택에서 소외되어 있거든요. 똑같은 일을 하지만 동등한 국민으로 대우받지 못합니다.

대담자 노동자박물관의 제1호 전시물은 선생님의 임시거주증입니다. 농촌에서 도시로 온 노동자들에게 임시거주증은 어떤 의미였나요?

쑨헝 마오시대부터 중국인들은 모두 농촌 후커우와 도시 후커우로 구분되었습니다. 1978년 개혁개방 이전에는 농민이 도시로 오는 것 자체가 쉽지 않았습니다. 개혁개방 이후에는 산업화를 위해 대량의 노동력이 필요해졌고, 그제서야 비로소 농민들은 도시로 와서 노동할 수 있게 됐습니다. 하지만 처음에는 농민들이 도시로 오려면 반드시 임시거주증을 받아야 했지요. 이주노동자들을 도시노동자로 보지 않고, 임시로 와서 노동하는 사람으로 본 거죠. 임시거주증을 발급받지 않거나 갖고 다니지 않으면 경찰은 언제라도 그 사람들 체포할 수 있었고 고향으로 돌려보낼 수도 있었습니다. 저도 2002년에 임시거주증 없이 친구집에 가다가 붙잡혀 고생한 적이 있습니다. 그뒤로 한동안은 길거리에서 공안을 보기만 하면 도망가는 버릇이 있었습니다. 이렇듯 농촌에서 온 노동자들은 이동의 자유조차도 제대로 누릴 수 없었습니다. 2003년 쑨즈강사건*이 일어난 뒤에 이 제도가 폐지되기는 했지만요.

신노동자의 등장과 중국 노동의 미래

대담자 중국사회에서 바링허우(80後, 80년 이후 출생한 신세대), 지우링허우(90後) '신세대 농민공'의 각성에 주목하는 사람들이 많습니다. 많은 사람들은 그들에게서 변화의 희망을 본다고 이야기합니다. 2010년 혼다파업* 같은 모습에서 그런 희망을 발견하는 것이죠. 그들은 선배 세대 노동자들과 어떻게 다릅니까? 앞서 이야기한 석탄을 파는 나이든 노동자의 민중적 낙천주의와 비교하면, 현재 신세대 노동자들의 그런 적극적인 변화에 대해 선생님은 어떻게 느끼는지요?

쑨 헝 앞서 말한 석탄 파는 아저씨는 1980년대에 농촌에서 도시로 나와 일한 최초의 세대로 1세대 이주노동자입니다. 이 세대는 돈을 벌어 고향집으로 돌아가 아이들을 결혼시키고 집을 짓고 다시 농사를 짓겠다는 게 목표였습니다. 하지만 신세대 노동자들의 지향은 도시지 농촌이 아닙니다. 그들은 다시는 농촌에 돌아가 농사를 짓지 않을 겁니다. 도시에서 계속 살길 원합니다. 객관적인 조건을 봐도 이미 그들은 돌아갈 수 없습니다. 중국 농촌에 사람은 넘쳐나고 토지는 부족합니다. 이미 자본이 농촌으로 흘러들어가 많은 토지를 차지했습니다. 그러다 보니 점점 더 많은 사람들이 도시로 나올 수밖에 없는 상황입니다. 주관적으로나 객관적으로나 이들 젊은 세대 노동자들의 미래는 도시에서 생활하는 것입니다. 자연히 신세대 노동자들은 자신들의 발전에 관심이 많고 권리의식도 강합니다. 예를 들면 혼다자동차 노동자들은 파업을 벌인 후 고용주와 협상을 통해 자신의 권리를 쟁취했습니다. 이전 세대와는 큰 차이를 보여준 것이죠.

이런 변화는 매우 긍정적입니다. 중국사회가 발전해가는 추세를 보여줍니다. 점점 더 많은 젊은이들이 자신의 권익, 노동자로서 당연히 가져야 할 권리에 관심을 갖는 것은 자연스러운 현상입니다. 정부와 사회도 이들 젊은 노동자들을 더 많이 지원하고 이들의 요구에 보다 관심을 기울여야 합니다.

대담자 그렇다면 이런 신세대 노동자들의 목소리가 중국사회를 더 나은 방향으로 이끌어가는 동력이 될 수 있다고 생각합니까?

쑨 형 쉽지 않습니다. 현재 주요한 동력은 모두 자본의 목소리입니다. 관료들의 목소리도 큽니다. 권력 있고 돈 있는 사람들의 목소리가 큽니다. 노동자들의 목소리는 여전히 작습니다. 하지만 점점 더 많은 젊은 노동자들이 인터넷과 휴대전화를 이용해 사회에 대해 요구하고 사회와 소통하고 교류하고 있습니다. 그들은 시를 쓰고 노래를 만들고 영상을 찍기도 합니다. 자신의 목소리를 낼 통로를 갖게 됐고 그런 열망도 가지게 된 것이지요. 미래 중국사회의 발전은 노동자들의 창조력에 의존할 수밖에 없습니다.

대담자 지난 몇년간 임시거주증 같은 차별적 조치들은 폐지되었습니다. 그렇다면 현재 신노동자, 이주노동자들이 겪는 주요한 차별은 무엇입니까?

쑨 형   젊은 노동자들의 가장 큰 관심은 앞으로 도시에서 어떻게 살아갈 것인가입니다. 도시에서의 기본적인 사회보장, 노동자들의 미래발전, 주거 등의 문제가 중요합니다. 특히 현재 가장 큰 문제는 사회보장에 대한 것입니다. 신세대 노동자들은 주거, 아이들의 교육, 노후, 실업 및 산재보험 같은 사회보장문제를 중요하게 여깁니다. 젊은 세대들이 교육, 자신들의 미래발전, 문화생활, 사회적 교류 등을 우선시하다보니 거기서 부딪치는 문제들이 가장 중요한 사회문제가 됩니다.

대담자   중국정부도 이런 문제와 관련해 많은 정책을 발표하는 추세입니다. 후커우제도*를 개혁해 더 많은 노동자들이 도시주민이 될 수 있게 하겠다는 발표도 있었습니다. 선생님은 이런 정책이 노동자들의 삶에 진정한 변화를 가져올 것이라고 보십니까?

쑨 형   그것은 필연적인 변화고 역사의 추세입니다. 그런 변화를 만들지 않는다면 중국사회는 미래에 더 큰 댓가를 치러야 할 겁니다. 사회의 혼란이 일어날 수도 있습니다. 혼란이 일어나면 정부에도 불리하고 자본에도 이익이 되지 않습니다. 그래서 후커우제도 개혁은 이미 시대의 추세라고 생각합니다. 정부는 노동자를 위한 사회보장제도를 만들어야 합니다. 다른 선택이 없습니다. 물론 중국은 매우 크기 때문에 모든 개혁을 한꺼번에 할 수는 없을 겁니다. 하지만 예를 들어 아이들의 취학, 교육부터 시작할 수도 있습니다. 현재 점점 더 많은 이주노동자의 아이들이 공립학교에 들어갈 수 있게 됐습니다. 이것은 역사적 진보입니다. 충칭처럼 노동자들을 위해 더 많은 저소득층 임대주택을 지어주는 도시도 있습니다.

도시에 노동자의 집을 짓다

대담자　피춘에 '노동자의 집'을 세울 때 선생님과 동료들의 목표는, 꿈은 무엇이었습니까?

쑨 형　알다시피 중국은 도시와 농촌이 이원화된 사회입니다. 농촌이 하나의 사회고, 도시는 또다른 사회지요. 농촌에는 집〔家〕이 있습니다. 중국에서 집은 매우 중요한 개념입니다. 부모, 형제, 자매, 동창, 친구가 집을 통해 연결돼 있습니다. 농촌에서 집은 나를 지지해주는 네트워크입니다. 어려움에 부딪혔을 때 이 집이 나를 도와줍니다. 하지만 고향을 떠나 도시로 오면 아무것도 없습니다. 대부분의 노동자들은 아이들을 농촌의 부모에게 맡기고 오고, 부부가 뿔뿔이 흩어져서 살기도 합니다. 그러다 보니 그들을 지탱해주는 집도 조직도 없습니다. '노동자의 집'을 만들 때의 꿈은 도시 안에 노동자들 자신의 조직을 만들고 '집'을 세워 서로 돕자는 것이었습니다.

대담자　선생님이 처음 생각했던 것처럼 '노동자의 집'은 피춘의 노동자들에게 도시 속의 '집'이 되고 있나요?

쑨 훙　적어도 학교를 지으니 아이들이 공부할 곳이 생겼습니다. 또한 노동자의 가족들이 이곳에서 비교적 안정적으로 지내게 됐고 응집력이 생겼습니다. 우선 이 지역 630명 아이들의 교육문제를 해결했습니다. 둘째로 노동자들의 활동센터가 생겼습니다. 이 지역 노동자들이 공공활동을 할 수 있는 공간입니다. 이곳이 없으면 노동자들은 갈 곳이 없습니다. 본래 그들은 일을 마친 뒤 술을 마시거나 마작을 했습니다. 이 공간이 생기고 난 뒤로는 노동자들이 책을 읽고 공부하고 교류하고 있습니다. 집이 생긴 겁니다. 사람은 매일매일의 노동 외에도 사회적 관계를 만들고 친구를 사귀며 공부할 공간이 필요합니다. 이런 공간은 매우 소중합니다.

피춘의 노동자도서관은 노동자 활동의 중심입니다. 책을 볼 수 있고 법률공부 모임을 조직해 법률을 소개하는 활동도 하고 함께 문예활동을 조직해 문화교육을 나서기도 하고 탁구를 치기도 합니다. 노동자들의 공부·문화·오락을 아우르는 종합적인 다원화 모델이지요.

지난해부터 젊은 노동자들을 위해 학습과정도 개설했습니다. 젊은 노동자들이 도시에서 생활하는 데 필요한 기술, 컴퓨터 사용법 등 사무 일반과 더불어 노동 가치관, 시민의 권리, 법률지식 등을 가르칩니다. 이런 훈련과정은 베이징시 정부의 지원도 일부 받고 있습니다. 반년 과정으로 매과정당 20~30명이 참여하고 있습니다. 베이징시 정부가 신세대 농민공들의 문화교육훈련을 지원하기 시작한 것은 중요한 변화입니다.

대담자　그 이야기를 들으니 아이폰 등 최첨단제품을 만드는 폭스콘˚의 노동자들이 떠오릅니다. 중국 내 열네곳의 폭스콘공장에 120

만명의 노동자가 고용되어 있고, 광둥성 선전은 40만명 이상이 일하는 거대한 '폭스콘 도시'지요. 2009~10년에 거대한 장벽에 둘러싸인 폭스콘공장에 갇혀 매일 장시간 노동에 시달리던 젊은 노동자 18명이 연이어 투신자살을 했습니다. 이들은 컨베이어벨트에 맞춰 기계처럼 일하면서 동료 노동자들과 교류할 여유도 없이 고립된 채 괴로워하다 극단적인 선택을 했지요.

쑨 헝 얼마 전에 여기 노동자의 집에서 그렇게 죽어간 폭스콘 노동자를 위한 추모제를 열었습니다. 노동자들이 사회에 소속감을 느끼려면 교류와 왕래가 매우 중요합니다.

우리 마을에 40대 아주머니 한분이 계셨는데 딸을 대학에 보내느라 가구공장에서 일하면서 돈을 벌어야 했어요. 일은 너무나 고되고 쉴 시간도 없었지요. 마음은 항상 힘들고, 동네 사람들과 어울리지도 않고 늘 우울해 했습니다. 어떤 때는 3일 동안 밥 한끼도 먹지 않을 만큼 고민이 많고 마음의 압박감이 심했어요. 그러던 어느날 그분이 '노동자의 집' 앞을 지나다가 노동자들이 어울려 춤추고 있는 걸 본 거지요. 그뒤로 여기 와서 춤추는 사람들 사이에 끼어 사람들을 사귀기 시작했어요. 당시 우리가 매일 극장에서 하던 공연에도 참가하고요. 그러면서 이전보다 훨씬 명랑해졌어요. 지금은 매일 여기에 오세요. 이곳에서 사람들과 지역활동을 같이 하면서 마음도 일상생활도 과거와는 완전히 달라져버린 거예요.

중국의 NGO가 체제 속에서 살아남기 위해서는

대담자 기업별 노조가 주류를 이루는 속에서 지역노조라는 새로운 실험이 어떻게 진행되는지 궁금하군요. 더군다나 피춘의 지역노조는 노동 NGO를 모태로 해서 발전한 것이라는 점에서 더욱 흥미롭습니다만… 지역노조라는 활동을 새롭게 벌이면서 정부나 중화전국총공회와의 관계에서 어려움은 없습니까?

쑨 헝 처음에는 많이 어려웠습니다. 어떻게 해야 할지 막막했습니다. 사람들은 제 생각에 동의하지도 지지하지도 않았습니다. 지금 여기까지 오는 동안 많은 변화가 있었습니다. 이 사회도 그만큼 변한 것입니다. 10년 전이라면 우리 같은 이런 조직은 생존 자체가 힘들었습니다. 하지만 지금은 이 조직을 통해 많은 일을 해낼 수 있습니다. 정부도 이제는 우리 활동을 금지하지 않으며 인정하고 지원해줍니다. 우리들의 이런 활동은 중화총공회 개혁에도 하나의 방안을 제시할 수 있습니다. 내일은 베이징시 총공회가 조직한 교류활동에 참가해 우리 노조의 경험을 발표할 예정입니다. 그들도 이런 얘기를 듣고 싶어합니다. 이전에는 그들이 이렇게 요청하는 일이 매우 드물었습니다. 우리는 규모도 매우 작고 공식 조직 안에 있는 것도 아니니까요. 그러나 지난해부터 정부도 공회도 이곳을 방문해 교류하고 공부하기도 하고 접촉하기 시작했습니다.

물론 새로운 시도인 만큼 어려움도 많습니다. 기업 차원의 일에 개입하려면 자본의 이익관계와 부딪히게 되니 여러 어려움에 봉착하게 되지요. 또 노동자들이 장시간 노동 속에서 쉴 시간도 없기 때문에 노조 일에 참여할 여유가 없는 것도 문제고요.

대담자 앞으로는 지역노조가 공장 내의 여러 노사관계문제를 해결할 정도로 발전할 것이라는 희망을 갖고 있습니까?

쑨 헝 지역노조는 이제 막 걸음마를 하는 단계라서 노사 간의 근로조건 개선을 위한 임금협상 등을 하기에는 역부족입니다. 그럴 만한 역량도 조직도 없고요. 지역노조는 미래를 향한 탐색과 실험을 막 시작하고 있는 단계지요.

단체협상은 중화총공회와 정부도 추진하려고 하는 일입니다. 최근 노사 간의 심각한 모순이 드러나 노동자들이 대규모 파업에 나서기도 하지만 정작 협상의 장이 없어서 곤란한 상황입니다. 그리고 협상 주체가 누군지도 불분명하지요. 누가 누구와 협상해야 합니까? 노동자들이 사장과 협상하려면 노동자가 자신들의 노조, 자신들의 조직을 가질 수 있어야 합니다. 저는 당연히 단체협상을 지지하고, 노동자들이 자기 이익을 대표할 수 있는 노조를 조직할 수 있어야 한다고 생각합니다.

우리는 노동자들이 생산자일 뿐만 아니라 하나의 완전한 인격체 혹은 인간임을 인정하는 데서 출발해야 합니다. 인간으로서 노동자들의 욕구는 다양합니다. 아이들을 학교에 보내고, 연애도 하고, 공부도 하고, 사회적으로 교류하고 발전하고 싶어합니다. 미래의 노조는 노동자를 이렇게 온전한 인간으로 보고 다양한 방식으로 조직화하고 노동자들을 도와야 합니다. 이것이 우리 지역노조가 지향하는 바입니다.

대담자 피춘 노동자의 집과 노동자 아이들을 위한 학교에서는 많은 대학생들이 자원봉사자로 일하고 있습니다. 사람들은 흔히 중국 대학생들은 탈정치화해서 정치나 인민의 고난에 관심이 없고 자신의 미래만 생각한다고들 하는데, 이곳에 자원봉사하러 오는 대학생들은 전혀 다른 모습이군요. 대학생들은 무슨 생각을 갖고 여기에 옵니까? 자원봉사 경험은 그들에게 어떤 영향을 줍니까?

쑨 힝 현재 중국 젊은이들은 정치와 사회에 무관심하지 않습니다. 표면적으로만 보면 그들은 소비지향적이고 개인주의가 강합니다. 하지만 이것은 사회와 주류 가치관이 그렇게 만든 것이죠. 많은 이들이 어떻게 해야 돈을 많이 벌 수 있을지만 말합니다. 하지만 대학생들은 가장 젊고 활발한 이들이며, 문제가 생기면 이에 대해 사고하려는 의지가 있습니다.

이곳에는 농촌에서 온 노동자들의 자녀교육에 관심을 가지거나, 농촌으로 가서 교육활동을 하기도 하고 빈곤한 변방지역에서 자원봉사하고자 하는 대학생들이 많습니다. 대학생들 스스로 단체를 만들어 농촌 교육지원활동도 하고요. 피춘에 오는 학생들은 노동자 아이들을 가르치고 방과후 활동도 지원합니다. 우리의 모금운동을 돕고 바자회에 내놓을 물건을 수집하기도 합니다. 특히 2005년 이후로 농촌과 청소년 교육 문제에 관심을 가진 대학생들이 늘어나는 추세입니다.

대학생들은 직접 사회를 경험하고 접촉하면서 사회와 연결되고 사회현실을 분명하게 파악하고 이해하게 됩니다. 이 점이 가장 중요합니다. 그들이 어떻게 현실을 변화시킬 수 있는지는 지금 당장 중요한 문제는 아닐 겁니다.

대담자 선생님뿐만 아니라 적지 않은 젊은 활동가들이 한국의 노동운동에 대해 관심뿐 아니라 상당한 수준의 지식을 갖고 있어 놀랐습니다. 1970년대와 80년대 한국 군사정권 시절 노동자들의 투쟁에 대한 이야기, 특히 전태일의 삶에 대해 많은 활동가들이 잘 알고 있더군요. 아마도『한국 노동계급의 형성』같은 책 그리고「아름다운 청년 전태일」같은 영화의 영향도 있는 듯합니다. 선생님은 한국 현대 노동운동사에서 어떤 교훈을 발견할 수 있는지요?

쑨 헝 거울로 삼을 만한 부분이 많습니다. 저는 한국 노동운동과 관련된 책과 자료를 보고 노동자들의 단결에 문화가 중요한 역할을 한다는 점을 알게 되었습니다. 하지만 상황이 꼭 같은 것은 아닙니다. 예를 들면 초기 한국 노동운동 발전에는 종교의 역할이 컸지만, 중국에는 그런 것이 없거나 매우 적습니다. 한국문화와 중국문화도 다릅니다. 구해근 교수는 책에서 한국인이 지닌 '한'과 '비애'의 정서에 대해 언급했는데, 중국인에게 그런 의식은 없습니다. 물론 통하는 부분도 많지만요.

노동자 문화, 노동자 의식

쑨 형의 전국 순회공연은 날로 인기를 더해가고 있다. 2006년 쉰한 차례에 걸친 공연에는 3200여명이 모였지만, 2011년의 스물세 차례에 걸쳐 각지에서 열린 공연에는 9만명에 달하는 사람들이 모여들었다. 지금까지 그는 다섯장의 앨범을 발매했다. 그의 공연은 농촌 출신 노동자들과 청년들에게 노동자의 자부심과 정체성을 심어주고, 권리와 연대 의식을 불러일으킨다는 평을 받았다.

노래공연뿐 아니라 연극도 대학생과 노동자의 의식변화에 중요한 역할을 한다. 대학생들은 연극에 참여함으로써 노동자들의 삶과 고난에 공감하면서 의식의 변화를 경험하게 된다.

대담자 중국 곳곳에서 노동자들의 새로운 활동과 조직이 등장하고 있지만, 선생님은 특히 노동자의 문화를 강조합니다. 선생님은 왜 그렇게 노동자의 문화를 중시합니까?

쑨 형 독자적인 문화가 없다면 노동자들은 한줌의 모래 같고, 방향도 찾지 못합니다. 마치 이상과 꿈도 없이 살아가는 개인과 마찬가지로 말이에요. 그리고 문화는 노동자들의 권리의식과도 관련이 있습니다. 노동자들은 우선 자신들의 권리를 의식할 수 있어야 합니다.

우리가 말하는 노동자 문화의 배후에는 바로 이러한 노동자의 권리에 대한 각성, 우리 스스로가 깨우치는 과정이 있는 것이지요. 또 노동자의 해방은 임금을 올리고 대우를 개선하는 것만은 아닙니다. 노동자의 해방은 미래사회에 대해 어떻게 새롭게 상상할 수 있느냐에 달려 있습니다. 현재 노동자 한명 한명이 모두 두가지 방면에서 압박을 받고 있어요. 하나는 물질적·경제적 압박이고, 다른 하나는 정신적·사상문화적 압박입니다. 노동자는 두가지 측면에서 동시에 해방돼야 합니다. 그래서 우리는 예술·노래·영화·연극 그리고 박물관을 통해 사람들이 더 많이 사고하고 대화하고 반성하고 교류할 수 있는 장을 만들려고 하는 겁니다.

오늘날의 문제가 단지 물질적인 모순에만 있는 것이 아닙니다. 주요한 문제는 생산방식과 분배 제도의 문제입니다. 이 부분에 대해서는 특히 노동자들이 토론하고 생각해야 합니다. 우리 모두 스스로의 생존조건을 개선해내야 하지만, 동시에 더 합리적인 생산방식이 있는지도 고민해야 합니다. 현재 생산방식의 목적은 사람을 위한 것이 아니라 자본과 이윤을 위한 것입니다. 노동자들이 이런 상황을 이해하지 못하면 영원히 돈 버는 기계가 됩니다. 그러면 영원히 해방될 수 없는 것이지요.

대담자 중국 전역을 돌아다니며 많은 노동자들과 만나면서 어떤 활동을 하고 있습니까?

쑨 헝 우리 예술단은 전국의 노동자들을 대상으로 공연을 합니다. 이제는 전국 각지에서 많은 노동자들이 시를 쓰고 기타를 들고 자신의 노래를 만들기 시작했습니다. 우리가 각지를 돌아다닐 때에는 우리만 공연하는 것이 아니라 해당 지역의 젊은 노동자들도 함께 공연합니다. 우리는 전국 각지에서 노동자들의 문화단체가 더 많이 만들어져 노동자들이 자신의 노래를 만들어 마음의 소리를 표현하길 희망하지요. 현재 선전, 광저우, 쑤저우, 항저우에 노동자문화단체가 있고, 우리는 순회공연을 하면서 그들과 함께하고 있습니다.

대담자 최근 들어 중국정부도 노동자들이 겪는 문제를 인정하고 노조 구성이나 단체협상 방식의 변화가 필요하다고 얘기합니다. 이와 관련해 몇가지 정책도 이미 나왔습니다. 노동운동가로서 선생님은 이러한 정책의 변화를 실감합니까?

쑨 헝 정책적으로는 큰 변화가 있었습니다. 특히 2011년과 2012년에 이주노동자, 특히 신세대 이주노동자에 주목하는 일련의 정책들이 나왔습니다. 노동자 자녀들의 교육문제에 대해서는 매년 인민대표대회 때마다 전인대 대표들과 정부가 이런저런 정책을 내놓고 있습니다. 충칭의 실험도 있었죠. 충칭은 이주노동자를 위한 저소득층용 임대주택을 건설하는 매우 구체적인 조치를 내놨습니다. 최근 몇년 동안 정부가 이주노동자에 대한 정책에서 많은 변화를 보이는 등 이 문제를 매우 중시하고 있다고 생각합니다.

구체적인 실천 면에서 보면 각 도시별로 차이가 있습니다. 예컨대 충칭에서는 저소득층용 임대주택 건설이 신속하게 이뤄졌고 상하이에서는 이주노동자 자녀교육에 대해 진전을 이뤘습니다. 전체적인 추세를 보면 정부는 점점 더 이주노동자들의 사회적 역할, 특히 신세대 젊은 노동자들을 중시하고 있습니다. 물론 진정한 변화는 정부, 외부의 정책에만 의지해서는 이뤄질 수 없고, 노동자 자신의 변화를 통해 얻어지겠지요.

대담자　충칭시가 시행하던 토지정책, 농촌 출신 노동자들에 대한 정책 등은 서민들의 많은 지지를 얻은 바 있습니다. 그런데 최근 보 시라이가 실각하면서 거대한 정치적 소용돌이가 일어나고 있습니다. 보 시라이 사건 이후 그가 추진했던 충칭모델의 친민생, 친노동자 정책이 영향을 받거나 혹은 사라지게 될 것으로 생각합니까?

쑨 헝　그런 정책들은 쉽게 사라지지 않을 것입니다. 충칭의 많은 변화들은 정치 내부의 투쟁과 별개이며, 민생정책은 변하지 않을 것입니다. 보 시라이나 왕 리쥔에게 문제가 생겼다고 해서, 민생을 부정하는 방향으로 이어질 리 없습니다. 어느 누가 지도자 자리로 올라가든 민생은 그가 풀어야 할 가장 중요한 문제니까요. 민생을 개선하지 않는다면 백성들은 정부를 의심하게 됩니다. 정부는 인민을 위해 복무해야 합니다. 인민들은 현재 생계와 관련된 많은 문제에 부딪혀 있습니다. 민생을 개선하지 않으면 사회에 문제가 생깁니다.

대담자　1990년대에 공산당은 경제발전과 효율을 강조했습니다. 현재는 균형성장, 노동권, 빈부격차 해소 등을 주로 얘기합니다. 선생님은 공산당이 노동자계급 혹은 더 나아가 인민의 이익에 복무하는 방식으로 '회귀'할 것이라고 생각합니까? 중국공산당은 다시 노동자계층의 당이 될 수 있습니까? 인민을 위해 복무할 수 있을까요?

쑨 형 이것은 현재 중국공산당이 직면한 중요한 도전과제입니다. 공산당이 군중 속으로 들어가 인민을 위해 복무하지 못하면 점점 더 인민군중과 유리되고 인민도 당에서 점점 더 유리될 겁니다. 그렇게 해야만 공산당입니다. 그렇게 해야만 당이 합법성을 가질 수 있고 정부도 합법성을 가질 수 있습니다. 우리 정부와 당이 군중노선으로 돌아와 인민군중과 함께하길 희망합니다. 그래야만 인민군중도 당을 지지할 겁니다.

아이들의 미래, 노동의 미래—학교를 짓다

쑨 형은 농촌 출신 노동자의 자녀들이 겪는 문제의 심각성을 여러차례 강조해왔다. 그에 따르면 중국 농촌에는 5800만명가량의 남겨진 아이들[留守兒童]이 있다. 즉, 부모들이 도시에 돈 벌러 가면서 할아버지, 할머니 등 친척에게 맡겨놓은 아이들이다. 부모를 따라 도시로 온 아이들에게도 험난한 미래가 기다리긴 마찬가지다. 초등학교 6학년을 졸업하면 고향으로 돌아가거나 상급학교를 포기하고 이른바 '농민공'이 된다. 중학교에 진학한 아이들도 곧 고향으로 돌아가야 할지 모른다. 왜냐하면 외지(농촌) 후커우를 가진 아이들이 도시에서 대학입시를 볼 자격을 얻는 것이 매우 힘들기 때문이다. 이렇게 도시사회에서 배제된 아이들은 방황하게 된다.

대담자 신노동자예술단이 CD를 팔아 번 돈 7만 5000위안으로, 2005년 피춘에 농촌 출신 노동자들의 아이들을 위한 학교를 세웠습니다. 음반을 판 수입 전부를 아이들의 학교를 만드는 데 쓴 건데요. 왜 그토록 아이들의 교육을 중요하게 생각합니까?

쑨 헝　이전에 아이들을 가르치며 함께한 경험이 많습니다. 1999년 유랑에서 돌아온 뒤 2년 동안 이주노동자 거주지의 학교에서 아이들과 그들의 부모를 자주 만났습니다. 그 과정에서 이주노동자들이 아이들의 교육에 큰 어려움을 겪고 있음을 알게 됐습니다. 중국인들은 아이들 교육을 매우 중시합니다. 이것은 전통이고 문화지요. 우리 아버지세대의 많은 이주노동자들이 힘겹게 노동한 까닭도 아이들이 더 좋은 교육을 받고 더 발전할 수 있기를 원해서였습니다. 하지만 후커우제도˚ 탓에 외지에서 온 아이들은 도시에 와도 도시아이들과 같은 교육을 누릴 수 없습니다. 그래서 우리는 스스로 학교를 세워 우리 아이들을 공부시켜야 한다고 생각했습니다. 물론 아이들의 교육은 정부나 사회가 책임져야지 원래는 우리가 할 일이 아닙니다. 우리도 언젠가는 정부와 사회가 교육의 책임을 지길 희망합니다. 하지만 우리의 취지는 어려움을 겪을 때 모든 문제를 외부에만 미루지 말자, 정부나 사회나 타인에게 미루지 말자는 겁니다. 우리 스스로 해법을 만들어 문제를 해결하자는 생각이었습니다. 그래서 우리가 직접 학교를 세운 겁니다.

대담자　일반학교와 비교해볼 때 피춘학교의 가장 큰 특징은 무엇인가요?

쑨 헝　주말이나 방학 때 일반학교는 문을 닫고 교사들도 쉽니다.

하지만 우리 학교는 완전히 개방돼 있습니다. 주말과 방학 때라도 아이들은 언제든지 학교에 들어올 수 있습니다. 많은 자원봉사자들이 찾아와 아이들을 돕습니다. 왜냐하면 노동자들의 일이 매우 힘들고 주말에도 쉬지 못하기 때문에 아이들을 돌봐줄 사람이 없습니다. 그래서 우리 학교는 아이의 요구에 맞게 주말과 방학에도 쉬지 않고 문을 열어둡니다. 방과후에도 부모가 아직 퇴근하지 않았기 때문에 아이들은 학교에 남아 숙제를 합니다. 빈곤가정, 한부모가정 아이들이 많은데 부모가 돈을 내지 못한다고 학교에 못 오게 하지 않습니다. 먼저 아이들을 학교에 다니게 해놓고 후원자나 자금을 찾아 아이를 돕습니다. 골형성부전증을 앓는 아이가 있는데, 이런 아이는 일반학교에서 받아주지 않지만 우리 학교에서는 공부할 수 있습니다. 우리는 어려운 상황에 있는 아이들을 지원하고 있습니다.

대담자 피춘학교 아이들의 꿈은 무엇입니까? 그들에게 고향은 무엇이고, 피춘은 무엇입니까?

쑨 헝 현재 우리 피춘의 동심실험학교(同心實驗學校)에는 630여 명의 아이들이 공부하고 있습니다. 이들의 꿈은 다양합니다. 과학자가 되고 싶다는 아이도 있고, 가수가 되고 싶어하기도 하고, 교사를 꿈꾸는 아이도 있습니다. 대학에 가는 게 꿈인 아이도 있습니다. 우리는 아이들에게 노래를 가르치고, 아이들이 어려서부터 자력갱생, 자신들의 힘으로 먹고사는 것을 가르치고자 합니다. 아이들이 노동을 존중하고 부모를 존중하도록 가르치고 싶습니다. 아이들에게 '돈만 잘 벌면 된다'고 가르치고 싶지는 않습니다. 아이들에게 능력과 사상, 가치관을 길러주고 싶은 것이지요. 그래서 우리 아이들이 여러 지역공동체 활동에 참가하면서 어릴 때부터 이 공동체와 자신들의 부모의 삶에 관심을 갖도록 말입니다.

대담자 노동자와 그들의 아이들은 피춘에 대해 희망을 갖고 있습니까?

쑨 형 피춘을 떠났던 많은 사람들이 얼마 뒤 다시 돌아오곤 합니다. 피춘에는 동심실험학교가 있고 '노동자의 집'도 있기 때문입니다. 피춘이 다른 지역과 다른 점은 피춘에는 일종의 집 같은 느낌과 분위기가 있다는 것입니다. 아이들이 공부할 곳이 있고, 노동자들이 서로를 잘 알고 어떤 문제가 생기거나 힘들 때 교류하고 이야기할 곳이 있습니다. 우리는 집 같은 분위기와 공간, 서로 힘을 줄 수 있는 곳을 만들기 위해 노력하고 있습니다.

중국의 미래, 중국민중의 미래에 희망을 불어넣고 있는 쑨 형과의 대담을 마치고 피춘을 떠나는 우리의 마음은 가벼웠다. 그러나 얼마 지나지 않아 쑨 형이 애써 만든 피춘의 동심실험학교가 당국의 폐쇄통고를 받아 존립 위기에 처해 있다는 우울한 소식을 접했다. 온갖 행정적인 이유를 들이대며, 노동자 자녀들의 학교를 폐쇄하겠다고 협박하는 당국의 의도를 짐작하기는 그리 어렵지 않다. 중국의 현 체제가 허용하는 한계선을 벗어나지 않기 위해 목소리를 낮추고 당국과 협조해왔지만, 학교와 노래와 연극을 통해 노동자들의 의식 고양에 힘써온 쑨 형과 그의 동료들을 좌시하기 힘들었던 게다.

그는 오늘도 중국판 트위터인 웨이보 등을 통해 어린아이들의 배움터가 사라질 위기에 놓여 있음을 시민들에게 호소하며 동심실험학교를 지키기 위해 분투하고 있다. 시민들의 지지에 당국도 주춤하고 있다. 현실은 엄중하나, 희망은 사그라들지 않는다.

아포 레웅
梁寶霖

조셉 청
鄭宇碩

홍콩에서 대륙으로 부는 민주의 바람

조셉 청

아포 레웅

◆

홍콩을 스쳐 지나가는 사람들에게 홍콩은 영원한 현재로서만 존재할 뿐, 그 역사의 뒤안길은 보이지 않는다. 대부분의 방문객에게 홍콩은 쇼핑의 천국이고, 국제 비즈니스맨들에게는 아시아 금융의 중심이자 중국 대륙으로 넘어가는 투자의 건널목일 뿐이다. 하지만 동시에 홍콩은 세계가 중국을 이해하는 창이며 중국과 세계를 잇는 가교다.

홍콩은 중국에 백년의 치욕을 안겨준 아편전쟁에서 청나라가 영국에 패배한 결과 할양한 첫번째 식민지로서 세상에 그 존재를 알렸다. 이후 150여년의 영국 식민통치를 거쳐 1997년에야 중국으로 복귀했다. 물론 영국은 복귀(return)가 아니라 반환(handover)이라고 부르지만.

이제 홍콩은 중국과 세계를 잇는 가교이며 세계가 중국을 들여다보는 창이다. 개혁개방의 길목에 서 있던 대륙의 공산당 지도자들에게 홍콩의 화교자본은 세계자본주의체제와 중국을 연결해주는 고리였다. 장막에 가려져 있던 대륙의 소식은 홍콩의 자유로운 언론을 통해 세계로 흘러나가고 중국정부는 홍콩을 통해 세계의 반응을 감지한다. 홍콩은 중국대륙의 현재를 비춰주는 거울이다.

자본과 언론만이 아니다. 홍콩 시민사회는 중국민중의 고투에 연대의 손을 내밀어 대륙 시민사회의 탄생에 작은 힘을 보태왔다. 이러한 민간 차원의 협력과 교류를 활성화시킨 작은 주역들이 바로 아포 레웅(Apo Leung)과 조셉 청(Joseph Cheng)이다.

아포와 조셉은 홍콩 민주화운동 1세대 그룹의 선두주자들이다. 이 세대가 등장하기 전까지 홍콩의 정치세력은 대륙 공산당의 영향 아래 있는 마오주의자들과 대만 국민당을 지지하는 세력만이 존재했을 뿐, 홍콩의 독자적인 사회운동은 존재하지 않았다.

1970년대에 이 1세대 그룹은 한때 세계를 지배하던 대영제국에 대항해 홍콩시민의 민주적 권리를 위해 싸웠다. 1980년대 홍콩의 중국 복귀 논의가 시작된 이후에는, 세계무대의 강자로 등장한 중국대륙의 무게 아래서 홍콩과 대륙의 민주주의를 위해 고투해왔다.

마카오 출신의 아포 레웅은 부두노동자의 아들로 태어났다. 고등학교를 졸업한 후 공장노동자와 기자 생활을 거쳐 노동운동에 뛰어들어, 홍콩 독립노조운동의 초석을 놓았다. 이후 그는 1992년부터 2010년까지 국제노동단체인 AMRC(Asia Monitoring Resource Center)의 대표로 일하면서 아시아 전체로 활동무대를 넓혀 아시아 노동자의 권리신장을 위한 캠페인 등을 전개해왔다. 특히 1990년대 중반부터는 대륙에서 벌어지는 심각한 노동문제에 주목하기 시작했다. 그는 베이징 중앙정부는 물론 학자들과도 교류하며 노동사회정책 개선에 협력하는 동시에, 중국대륙의 풀뿌리 노동자 NGO 활동을 지원하고 있다.

홍콩시립대학 정치학과에 재직 중인 조셉 청 교수는 홍콩에서 가장 잘 알려진 중국정치 전문가이자 시민운동가다. 그는 홍콩과 중국 정치에 관련된 주요 사건이 일어날 때마다 『파이낸셜타임즈』나 『싸우스차이나모닝포스트』 등 주요 언론들이 가장 즐겨찾는 평론가다. 아울러 홍콩 학생운동 1세대 출신으로 홍콩과 중국의 민주화에 관련된 운동을 이끌어왔다.

홍콩의 스타페리 부두에서 만나 시작된 두 사람의 이야기는 바로 그 스타페리 부두에서 벌어진 1960년대 홍콩 시민운동에서 출발해 홍콩과 중국대륙의 경계를 넘나들며 진행되었다.

1960년대 문화대혁명의 그늘 속의 영국 식민지 홍콩

대담자　아포 선생과의 인연은 벌써 10여년째 이어져왔는데요. 그동안 중국의 복잡하기 그지없는 노동현실을 이해하는 데 훌륭한 길잡이 역할을 해주셨어요. 중국의 학자들을 일일이 소개해주고, 광활한 중국대륙 구석구석에서 묵묵히 일하는 노동NGO의 활동가들을 소개해주셨습니다.

중국정치에 정통한 학자이신 조셉 청 선생의 명성은 익히 알고 있는데요. 홍콩의 시민사회운동과 정치개혁운동에 매진해오셨지요. 아포 선생이 지난 40년간 노동운동에 주력해오신 것처럼요. 두분이 홍콩의 사회운동사는 물론, 홍콩과 중국대륙의 관계 그리고 민주주의의 미래에 관해 들려줄 말씀이 많을 듯싶습니다.

아포　세월이 벌써 그렇게 흘렀군요. 저 뒤쪽으로 스타페리 선착장이 보이죠? 저기가 바로 우리 아버지가 1963년 마카오에서 건너와 부두의 목수로 일하던 곳이에요. 당시 마카오는 정말 가난했어요. 스탠리 호°가 운영하는 카지노를 제외하고는, 정말 아무것도 없었어요. 산업이라고는 기껏해야 성냥공장, 폭죽공장뿐이었어요. 요즘이야 마카오 카지노 사업이 잘돼 홍콩사람들이 마카오로 일하러 가지만, 그때만 해도 포르투갈의 낙후한 식민지였던 마카오 사람들이 잘나가는 영국 식민지인 홍콩으로 왔던 거지요. 1963년에 아버지만 홀로 홍콩에 와서 목수로 일을 시작했고, 우리 형제자매들은 마카오에 남아 있었어요.

대담자 그럼 언제 홍콩으로 건너왔지요?

아포 1966년이었어요. 그때 마카오에서 홍위병 조직이 폭동을 일으켰거든요. 포르투갈 식민지배에 반대하는 슬로건을 내걸고 말이죠. 당시 포르투갈 지배자들이 이루 말할 수 없이 부패했기 때문에 이들에 대한 분노가 사회 밑바닥에 폭넓게 깔려 있었어요. 당시 홍위병들은 중국공산당의 지령을 받고 있었는데, 폭동 와중에 제가 다니던 영국계 중학교가 습격을 받아 학교 문을 닫아버렸어요. 그래서 홍콩으로 오게 된 거예요.

조셉 사실 아포 씨가 홍콩으로 건너온 그해, 1966년은 홍콩 사회운동사에서도 하나의 서막을 알리는 해였죠. 바로 그해에 스타페리호 요금을 놓고 홍콩시민의 항의가 발생했거든요. 요즘도 그렇지만 홍콩섬 주룽반도를 왔다갔다 하는 스타페리는 홍콩서민들의 통근버스지 않습니까. 그런데 영국 식민당국이 그 스타페리 요금을 일방적으로 인상해버리자 그에 대한 항의가 발생한 겁니다. 이 사건은 홍콩시민이 일으킨 최초의 대규모 저항이었다는 점에서 의의가 있습니다. 물론 정치와는 무관하게 순전히 경제·사회문제로 일어난 것이지만요.

아포 당시 중학생이었던 저야 아무것도 모르고 홍콩으로 건너왔지요. 그런데 마치 제가 홍위병 폭동을 몰고 다니기라도 하듯(웃음) 이듬해인 1967년에 홍콩에서도 홍위병 폭동이 발생했어요. 산업이 발달하지 못한 마카오와 달리, 홍콩에서는 노동문제를 중심으로 시위가 진행됐어요. 임금인상, 노동조합 활동가의 복직 등의 요구사항을 걸고 시위가 시작된 거지요. 시민들도 처음에는 심정적으로 동조했고 지지했어요. 그러자 중국공산당과 연결된 홍위병은 이런 노동문제를 반영국제국주의 시위로 확산시켜 폭동으로 끌고 갔어요. 하지만 당시 홍위병의 폭동은 일반 시민들의 지지를 받지 못했어요.

왜냐하면 당시 홍콩사회 저변에는 공산화된 중국을 피해 빠져나온 피난민들이 많았는데, 이들은 당연히 대륙의 공산주의자들을 싫어했거든요. 그래서 공산당 주도의 파업이 시민들의 지지를 얻지 못하고 곧 실패로 끝나버린 겁니다.

대륙에서 이는 문혁의 영향 속에서 진행된 1967년 홍위병 폭동은 홍콩 사회사에서 하나의 전환점이었다. 조화(造花)공장에서 일어난 단순한 노동쟁의가 도화선이 되어 시작된 시위는 급속하게 반영제국주의 구호 아래서 도시폭동으로 전환되었다. 홍위병은 사제총과 폭탄을 이용하여 홍콩경찰을 공격하였을 뿐 아니라, 자신들에 반대하는 언론인의 암살도 서슴지 않았다. 1967년 5월에서 10월까지 반년간 지속된 폭동기간 동안 51명의 사망자와 200여명의 중상자가 나왔고, 약 5000명이 체포되었다. 홍콩경찰에 의해 수거된 사제폭탄만 8000개가 넘었다. 당시 중국 총리였던 저우 언라이의 지시에 의해 홍위병의 폭동은 중단된다.

조셉 그렇습니다. 스타페리 요금인상에 대한 1966년의 항의시위는 중국계 홍콩시민의 광범위한 지지를 받았지만, 1967년 홍위병 폭동은 시민들로 하여금 완전히 등을 돌리게 만들었죠. 대륙에서 진행되던 문혁의 영향 아래 공산당 주도로 조직된 폭동은 완전히 실패로 끝나고 말았습니다. 이후 중국공산당은 홍콩사회에서 급속히 영향력을 상실해버립니다. 적어도 1980년대 초반 풀뿌리 조직 재건에 나설 때까지는요.

대담자 아포 선생께서는 그 시절을 어떻게 보냈나요?

아포 고등학교를 간신히 마치고 1969년 미국계 전자공장에 들어가 트랜지스터 라디오 조립라인에서 프레싱머신을 다루는 노동자로 일했어요. 사실 제 어린 누이 둘은 저를 고등학교에 보내기 위해 중학교를 졸업하자마자 방직공장에서 일해야 했지요. 한국의 전태일시대의 상황과 다를 바 없지요. 전자공장에서 일한 지 3년쯤 되었을 때 갑자기 먼 대양으로 나가는 배가 타고 싶어졌어요. 1972년말쯤이었을 거예요. 그래서 배를 타려고 1년 동안 모스 부호를 배웠지요. 그런데 1973년에 석유위기가 일어나 배를 타려는 꿈은 수포로 돌아가고, 우연히 기자생활을 하게 되었어요.

기자생활을 하면서 노동문제에 관심을 갖게 되었고, 기독교산업위원회(Christian Industry Committee, CIC)라는 기독교 계통 노동단체에도 관여하게 되면서 사회운동에 발을 들여놓게 된 겁니다. 사회운동을 시작하고 보니 저와 같은 고졸 노동자 출신은 몇 안 되고 대부분은 대학 출신이더군요. 사실 그때까지도 저는 마오주의적인 노동조합에 속해 있었고 문혁의 영향권에서 아직 벗어나지 못하고 있었어요.

마오주의 활동가들은 멀리서 봐도 한눈에 알 수 있었죠. 머리를 짧게 쳐 올리고, 흰 와이셔츠에 파란 바지를 입고 다녔는데 규율이 아주 강했어요. 하지만 조셉 얘기대로 마오주의자들의 영향력은 1967년 폭동 이후 눈에 띄게 약화되었지요

1970년대 새로운 사회운동의 탄생

대담자　조셉 청 선생은 어떤 계기로 사회운동에 눈을 돌리게 되었나요?

조셉　1970년대 초, 저는 홍콩대학에 재학 중이었고 대학신문 기자로 일하면서 당시 막 싹트기 시작한 학생운동에 열심이었습니다. 그때만 해도 서구식 교육을 받은 대학생들은 상당한 엘리뜨 취급을 받던 때였죠. 그런데 학생들 사이에 '영어와 더불어 중국어도 공용어로 채택하라'는 요구가 일기 시작하면서 영국 식민당국과 싸우기 시작한 것이 당시 홍콩 학생운동의 출발점이었습니다. 이러한 반식민주의·반제국주의적 요구와 함께 새롭게 탄생한 학생운동은 홍콩 민초들의 삶에도 관심을 기울이기 시작했어요. 그 대표적인 예가 탄카(蛋家) 하층민들의 권리를 보호하기 위한 캠페인 같은 것입니다. 이처럼 처음에는 민족문제에서 출발해서 점차 사회적·경제적 이슈들로 관심을 넓히면서 영향력을 확장해갔지요.

또 한가지 주목할 만한 것은 당시 학생운동권 내부에서 친중국파와 홍콩파 사이의 대립입니다. 알다시피 닉슨의 역사적인 중국 방문 이후, 1971년부터는 유엔에서 중화인민공화국이 대만 국민당정부를 대신해 중국을 대표하게 되지 않았습니까? 이와 같은 일련의 정세변

화는 홍콩 학생들 사이에서도 중국문제에 관심을 불러일으키는 계기가 되었습니다. 1967년 폭동 이후에도 학생운동 내부에서는 여전히 마오주의적인 친중국파가 강력한 영향력을 행사하고 있었어요.

　여기서 주의깊게 살펴야 할 것은 1970년 초반부터 홍콩을 중심에 두고 생각하는 그룹들의 영향력이 점차 확대되었다는 점입니다. 사실 70년대 초 대학생들이 홍콩 학생운동의 1세대 그룹이라고 할 수 있습니다. 현재 홍콩 정치권에서 친중국적 입장을 취하고 있는 정치 리더들은 대부분 70년대 캠퍼스에서 마오주의 혹은 친중국적인 입장을 취했던 사람들입니다. 반면 홍콩의 민주주의를 외치는 사람들은 저를 포함해 70년대 초 학생운동 시절 홍콩 독자노선을 주장했던 사람들이고요.

　대담자　현재 홍콩 정계가 대략 친중국파와 범민주주의파로 나뉘어 있는 것은 알고 있었지만, 그런 구분이 1960년대 말 홍위병 폭동과 70년대 초 학생운동에 연원을 두고 있는지는 몰랐습니다.

　아포　1967년 폭동의 주역들과 70년대 학생운동의 마오주의 인사들 중에 상당수가 홍콩의 중국 반환 이후 출세가도를 달렸지요. 가장 대표적인 예가 현재 친중국계가 지배하고 있는 홍콩입법회 의장(한국의 국회의장 격)입니다. 이 사람은 1967년 폭동을 일으킨 주역 중 하나였는데, 나중에 교사직을 거쳐 정계에 투신해서 지금의 위치에 오른 거예요.

　그외에도 당시 상당수 마오주의자들이 현 홍콩 정계에서 친중국적인 입장을 대변하면서 활동하고 있습니다. 몇십년간 베이징의 방침을 그대로 따르는 사람도 있지만, 오늘날 친중국적인 세력의 상당수는 중국 중앙권력과의 관계를 이용해 자신들의 사업에 활용하려는 기회주의적인 사람들이고요.

대담자 1976년에 마오 주석이 사망합니다. 신격화되었던 마오의 죽음은 홍콩에도 상당한 영향을 끼쳤을 듯한데요.

아포 그렇죠. 마오 쩌둥의 죽음과 뒤이어 발생한 4인방*의 몰락은 홍콩의 마오주의자에게는 엄청난 타격을 안길 수밖에 없었죠. 어제까지 선봉에 서서 문혁을 부르짖던 지도자들이 갑자기 반혁명분자로 몰락하고, 문혁 시기에 박해를 받던 사람들이 다시 득세하게 된 상황은 문혁 내내 마오주의를 외치던 홍콩의 친중국파에게는 곤혹스러운 사태였지요. 그때까지 느슨하게나마 친중국적 노동조합의 일원으로 활동하던 저도 이 시기를 거치면서 관계를 정리해버렸습니다.(웃음)

1970년대 중후반 홍콩에도, 60년대부터 서구에서 불기 시작한 신맑스주의의 바람이 상륙했어요. 저는 이러한 신맑스주의의 영향을 받으면서 더 확실하게 친중국적 마오주의와 결별할 수 있었습니다. 특히 60년대 히피 반문화운동에 커다란 영향을 끼친 프랑크푸르트 학파 H. 마르쿠제의 영향을 크게 받았고요. E. P. 톰슨의 『영국노동계급의 형성』도 제게 큰 영향을 주었지요.

대담자 중국문제를 둘러싼 홍콩 학생운동 및 사회운동 내부의 균열은 1980년대 중반 이후 한국 학생운동 및 사회운동과 너무나도 유사한 점이 많군요. 한국 사회운동도 아직 1980년대 북한을 둘러싼 이 념갈등에서 자유롭지 않거든요.

아포   1970년대 당시 홍콩 사회운동의 분화에는 세대의 영향도 컸다고 봐요. 저는 중화인민공화국이 탄생한 1949년에 태어났어요. 저와 비슷한 연배의 사람들이 대륙이나 대만이 아니라 홍콩에 대한 소속감과 정체성을 가진 새로운 운동을 모색하기 시작했던 거지요.

우리 집이야 몇백년간 홍콩과 마카오 바닷가에 살던 토박이지만, 대다수 홍콩사람들은 기껏해야 홍콩에 정착한 지 두서너 세대밖에 안 되는 사람들이었거든요. 우리 아버지 세대까지는, 끊임없이 이민자들이 몰려드는 이 홍콩사회에서 누구도 홍콩사회 자체에 대한 강한 소속감을 갖고 있지 않았어요. 다들 대륙의 어느 지방에서 와서, 언젠가는 다시 자기 고향으로 돌아갈 생각을 하며 살았으니까요. 그러다 보니 중국대륙에서 벌어지는 공산당과 국민당의 투쟁이 홍콩사람들에게도 고스란히 영향을 줄 수밖에 없었던 거죠.

그런데 우리 세대의 대부분은 홍콩에서 태어나서 자랐어요. 그래서 우리는 윗세대와 달리 대륙에서 벌어졌던 공산당과 국민당의 투쟁의 영향에서 자유로울 수 있었고, 홍콩문제 그 자체에 관심을 기울이게 되었어요. 그래서 우리가 홍콩 민주화운동의 1세대라고 불리는 겁니다.

대담자   잠깐, 노동현장과 노동운동으로 화제를 돌려볼까요? 사실 1990년대에 독립노총인 홍콩직공회연맹(HKCTU)이 결성되기까지 홍콩 노동운동은 대륙계와 대만계가 양분하고 있었잖습니까. 물론 대만계의 영향력은 1970년대 이후 무시해도 될 정도로 약화되었지만 말이에요. 1970년대 사정은 어땠나요?

아포 기존의 중국공산당계 노조들은 주로 공공부문, 해운노조, 창고노조, 항만부두 노동자를 장악하고 있었어요. 새로운 노동운동과 사회운동을 모색하는 사람들은 당시 홍콩의 산업화가 막 진행되면서 들어서기 시작한 방직·전자공장 노동자 그리고 공공부문의 새로운 화이트칼라를 중심으로 세력을 조금씩 확장해갔어요. 특히 노동운동은 교회나 지역사회를 중심으로 새롭게 시작되었어요. 지역사회에 노동자센터를 만들어서 상담 같은 활동부터 시작한 거지요.

당시 홍콩은 이른바 '아시아의 네마리 용' 중 하나로 불리던 시절이잖아요. 그래서 방직·전자 등 새로운 산업이 여기저기 우후죽순처럼 생겨났지요. 한국의 고도성장기에 그랬던 것처럼 어린 노동자들이 그런 공장에 들어가 끔찍한 노동조건에서 일을 했어요. 전태일시대의 여공들처럼 말이에요. 아동노동문제도 꽤 심각했습니다. 특히 남아선호 풍조 때문에 아들을 공부시키기 위해 어린 여자아이들을 공장에 보내는 경우도 꽤 있었습니다. 우리 집을 포함해서요.

게다가 홍콩의 경우는 식민지라는 특수조건 때문에 민족차별 문제까지 겹쳐 있었어요. 예를 들어 당시 영국 케이블앤드와이어(Cable & Wire)라는 회사가 있었는데, 거기에는 화장실까지 엄격히 구분되어 있었죠. 영국인 관리자용, 중국인 화이트칼라용, 그리고 중국인 블루칼라용으로 말이죠. 만약 자기 신분에 맞지 않는 화장실에 들어갔다간 처벌받을 수도 있었어요. 열악한 노동조건에 민족차별까지 겹쳤으니 감수성 예민한 젊은 노동자들에게 받아들이기 힘든 것이었지요.

게다가 부모세대와는 달리, 젊은 노동자들은 공산당과 국민당의 싸움 같은 것에는 관심이 없었어요. 이 틈을 비집고 우리 같은 새로운 사회운동그룹들이 기독교의 지원을 받는 지역노동자센터 등을 통해 이러한 노동자들에게 접근했던 겁니다. 특히 1973년 석유위기 발발 이후에, 우리 그룹은 반(反)실업네트워크라는 상당히 느슨한 형태의 조직을 만들고 있었는데, 이를 계기로 운동그룹이 처음으로 결속되기 시작한 거죠. 그뒤로 1967년 홍위병 반란 이후 세력이 위축되어가던 공산당의 틈새를 비집고 노동현장에 홍콩의 독자적인 목소리를 내는 새로운 세대들이 자리 잡을 수 있었어요.

조셉 1970년대 중반을 지나 후반에 들어서면, 70년대 초 대학에서 학생운동을 했던 그룹들이 사회로 진출합니다. 말하자면 교수, 변호사 혹은 금융계에 종사하는 젊은 전문직집단들이 다양한 활동을 전개하기 시작하죠. 한때 이들은 '홍콩 옵저버(전문가) 그룹'이라고도 불렸어요. 물론 이들 그룹도 영국 식민당국에 대한 비판을 전개했지만, 낡은 반제·반식민의 논리를 동원하기보다는 구체적인 정책에 대한 연구를 바탕으로 건설적인 비판을 제기하기 시작합니다.

이 그룹들은 홍콩에 강한 귀속감을 가진 교육수준이 높은 엘리뜨들이었습니다. 이러한 새로운 태도와 전문적인 역량은 당시 영국 총독 등의 관심을 끌게 되지요. 이 전문가집단이 신문기고 등을 통해 정책적 이슈에 대한 여론형성에도 적극적으로 나서기 시작하면서 서서히 홍콩인 스스로의 정치적인 기반이 다져지게 되었습니다.

대담자 외부인의 입장에서는, 영국 통치 아래서는 홍콩에 민주주의가 존재했는데, 중국으로 복귀한 이후 오히려 중국에 의해 민주주의적 기본권이 위협받고 있지 않나라는 인상을 받게 되는데요. 하지만 사실 1970년 말까지 홍콩의 절대다수인 중국계 주민들은 정치과정에서 완전히 배제되어 있지 않았습니까? 사실 시민이라고 말할 수도 없지요. 참정권이 없었으니까요.

아포 맞습니다. 사실 영국 식민치하에서 홍콩인들의 정치적 권리는 매우 제한되어 있었어요. 입법의회라는 것이 존재했지만 1950년대까지는 철저하게 영국인들이 독점하고 있었거든요. 60년대에 와서야 일부 성공한 사업가들, 우리가 매판자본가라고 부르던 사업가들이 한두명 입법의원으로 임명되었을 뿐이에요. 물론 당시의 대륙 상황과 비교하면 '법에 의한 통치'(rule of law)가 분명하지만, 그건 비싼 사법씨스템을 이용할 수 있는 돈 많은 상류층에게나 의미있는 것이었죠. 게다가 영국 식민당국은 1967년 홍위병 폭동을 진압하기 위해 비상사태를 선언하고 시민들의 자유를 더욱 제약했어요. 예를 들면 3명 이상이 모이려면 집회 허가를 받아야 했거든요. 이런 상황은 1980년대 초까지도 지속되었어요.

개혁개방, 민주주의 그리고 톈안먼

홍콩시민의 참정권문제는 영국과 중국 사이에 진행된 홍콩반환협상 가운데 중요한 이슈 중 하나로 떠올랐다. 150여년간의 식민지배 동안 한번도 홍콩시민에게 참정권을 부여한 적이 없던 영국정부는 1980년대부터 부분적이나마 '갑자기' 민주주의의 가치를 주장하기 시작했다. 양자 간 협상으로 진행되다가 영국 측이 '홍콩의 운명을 결정하는 협상이므로 홍콩시민 대표도 참가시키자'고 주장했다. 이에 영국정부와 중국정부 간의 긴장은 최고조에 달하고 3자협상은 결국 중국 측에 의해 거부된다. 사실 영국 식민당국의 '때늦은' 참정권 주장은 분명히 위선적인 것이었다. 하지만 그 이면에는 홍콩시민들의 민주적 열망과 불안이 깔려 있었던 점도 간과할 수 없다.

조셉 앞서 얘기한 젊은 전문가집단들이 1980년대 초반부터 적극적으로 참정권을 요구하기 시작합니다. 특히 1980년대 초, 영국정부와 중국정부 사이에 홍콩 반환에 관한 협상이 시작되자, 홍콩의 민주적인 미래에 대한 문제가 초미의 관심사로 떠오르게 됩니다. 이 반환 협상을 전후로 해서 홍콩사회의 젊은 엘리뜨들과 사회운동 세력들이 점차 정치적으로 조직되기 시작한 거죠. 다가올지도 모르는 선거와 중국 반환에 대비하기 위해서 말이지요. 1984년에 영국 식민정부가 처음으로 입법의회 의원을 제한적이나마 선거를 통해 선출할 계획을 발표하고, 이듬해에 12개의 의석을 직능대표제 방식으로 '선출하는' 초보적 조치를 취했거든요.

대담자 그 시기에 홍콩과 중국의 관계는 어땠나요?

아포 사실 중국대륙이 세계에서 완전히 고립되어 있던 1960년대와 70년대에도, 국경통제가 느슨했던 탓에 대륙과 홍콩의 교류는 비교적 자유롭게 이루어졌어요. 저도 어렸을 때 이모 손을 붙잡고 광동

성에 사는 친척 집에 간 적이 있거든요. 당시 중국대륙은 아주 궁핍했기 때문에 갈 때마다 우리는 한 보따리씩 선물을 싸갖고 갔지요. 돌아올 때는 입고 있는 옷 빼고는 다 친척들한테 주고 올 정도였으니까요. 70년대에 카세트 플레이어 두대를 사갖고 친척집에 갔을 때 그 사람들이 너무도 기뻐하던 모습이 아직도 눈에 선해요.

대담자 덩 샤오핑이 개혁개방정책을 표방한 1978년 이후, 홍콩과 중국 대륙의 관계에도 많은 변화가 생겼을 텐데요. 홍콩 반환협상도 영국과 중국 사이에 진행되었고요. 홍콩시민들 사이에 불안과 희망이 교차하고, 불확실한 미래에 대한 걱정이 많았을 텐데요. 홍콩의 새로운 사회운동은 이러한 변화를 어떻게 바라보고 어떤 입장을 취했나요?

아포 이른바 '운동권' 내부에도 많은 논쟁이 있었어요. 중국대륙으로부터의 독립을 주장하는 세력도 있었고, 또 영국 식민통치가 그대로 지속되어도 무방하다는 사람들도 있었지만 그런 사람들은 극히 소수였어요. 사회운동그룹의 대다수는 '애국주의적인 연대'라는 대원칙을 바탕으로 통일에 반대하지 않았어요.

사회운동을 하는 사람들만이 아니라, 일반적인 대중정서가 그랬어요. 사실 대륙과 홍콩이 완전히 분리된 적도 없었거든요. 정치적 상황과는 상관없이 서로 국경을 넘나들며 생활하고 있었잖습니까. 물론 중국과의 통일이 체제의 급격한 변화를 갖고 올지 모른다는 걱정, 삶의 질이 낮아질지 모른다는 걱정, 또 영국통치 아래서 그나마 존중되던 사법체계와 표현의 자유 같은 기본권리가 계속 존중될 것인지

등등 온갖 우려가 있었지요. 특히 부유층과 중산층 사이에서 이런 불안감이 컸지요. 그래서 일부는 캐나다나 영국으로 이민을 가기도 했어요. 하지만 일반 서민들은 좋든 싫든 새로운 체제와 함께 살아야 할 운명이었지요. 전반적으로는 중국도 이제 변화하기 시작했다는 기대감이 컸어요. 물론 개혁개방 초기라서 중국이 어디로 갈지는 어느 누구도 제대로 알 수 없었지만요.

친중국적인 세력과 시민사회운동 진영 사이의 대립은 확실히 있었어요. 당시에 우리는 이를 '식권'과 '투표권'의 논쟁이라고도 불렀죠. 친중국파는 중국과의 통합이 가져올 경제적 효과와 번영을 강조했고, 시민운동세력은 정치적 권리의 문제를 제기했거든요. 노동운동을 하던 나 같은 사람은 둘 다 중요하다는 입장을 취했습니다.

시민사회운동그룹에서는 통일 이후 홍콩의 정치·사회·경제가 어떤 모습을 택해야 하느냐라는 구체적인 문제를 고민하기 시작했지요. 그래서 사회운동권 사람들이 공부모임을 만들어 유엔인권협약, 국제노동기구의 노동협약 등을 공부하면서 통일 후 홍콩사회의 핵심이 될 민주적 권리와 가치를 찾아내고자 노력했어요. 그리고 중국은 당시까지 여전히 사회주의 원칙을 강하게 내세우고 있었기 때문에 우리는 이런 기회를 이용해 홍콩의 노동권을 획기적으로 향상시켜야 한다고 생각했습니다. 사실 희망사항에 불과한 것으로 곧 판명되지만요.(웃음)

어쨌든 그런 희망을 품고 1984년 베이징에 가서 홍콩·마카오판공실(중국 국무원 산하 기구) 관리들을 만나 우리의 요구사항을 전해주고 토론한 적도 있어요. 그것도 엉터리 같은 제 베이징 표준어로 말이지요. 1980년대 중반 베이징 분위기는 매우 자유로웠어요. 홍콩에서 오는 다양한 사람들의 이야기를 다 들어주었고 토론할 수 있었거든요. 하지만 1985년 정식으로 '홍콩 기본법 자문위원회'가 성립되었을 때는 '바람직스럽지 않은 세력'들이 그 위원회에서 배제되고, 그 빈자리가 홍콩의 사업가나 베이징과 연관이 있는 사람들로 채워지게 되면서, 우리가 베이징 중앙정부와 직접 이야기할 통로는 차단되고 말았어요. 아쉽게도 말이죠.

대담자 당시에는 지금의 홍콩에서 보이는 것 같은 대륙에 대한 경계심이나 반감이 거의 없었던 모양이군요.

아포 그랬어요, 그때는 정말로. 개혁개방이 되면서 중국이 변하기 시작했고 그 변화에 대한 기대가 대륙에서나 홍콩에서나 컸으니까요. 사실 중국의 개혁개방이 본격적으로 추진되자 홍콩에 있던 방직공장, 전자공장 등이 국경 너머 광둥성에 새로 설치된 선전경제특구 등으로 빠져나가기 시작해서 노동자들 사이에서 반감이 있을 법도 했는데, 전혀 그렇지 않았죠. 산업 이전이 점진적으로 이루어져서 그런 측면도 있을 수 있죠.

제 누이동생 둘이 방직공장에서 일하고 있었는데, 공장이 이전되자 보상금을 받고 재훈련을 거쳐 다른 기업의 사무직으로 옮겼거든요. 그리고 숙련노동자들이 국경 너머 광둥성에 새로 들어선 공장의 관리감독자로 나갈 기회도 많아졌어요. 물론 나중에는 그 일자리가 다 대륙인들로 채워지면서 일자리를 잃게 되었지만… 이 사람들은 그래도 공장관리자로 임금도 두둑히 받게 되었기 때문에 큰 불만이 있을 수 없었지요.

1970, 80년대 홍콩은 한국, 싱가포르 그리고 대만과 함께 '아시아의 네마리 용'으로 불릴 정도로 수출임가공제조업이 번성했다. 'Made in Hong Kong'이라는 라벨이 붙은 옷이나 전자제품이 흔하던 시절이었다. 1950년대 말까지 10만명도 채 안 되던 홍콩의 제조업 노동자가 70년대 말에는 60만명에 이를 정도로 방직·의복·전자 등을 중심으로 홍콩의 수출산업은 급속히 팽창했다.

하지만 1980년대 개시된 대륙의 개혁개방은 홍콩경제의 운명을 극적으로 바꾸어놓았다. 1981년 당시 홍콩노동자의 일당은 65홍콩달러였지만, 광둥성에서는 단 2홍콩달러였다. 이렇듯 값싼 노동력을 비롯해 압도적으로 유리한 원가 경쟁력을 찾아서 홍콩의 공장은 대대적으로 대륙, 특히 광둥성으로 생산기지를 옮긴다. 1990년대에 이르면 홍콩에 있던 제조업 생산시설의 약 80퍼센트가 대륙으로 옮겨간다. 이렇게 대륙으로 옮겨간 홍콩 제조업은 대륙 산업에 자본과 기술을 제공하면서 중국 개혁개방 초기 성장에 중요한 역할을 했다.

아포 대륙과 홍콩의 관계를 놓고 보면 1980년대는 허니문 기간이었던 셈이죠. 그런데 중국의 산업화가 본격화되면서 선전경제특구의 끔찍한 노동조건이 사회문제로 대두되었어요. 그래서 우리 홍콩의 사회운동그룹들이 대륙인의 문제에도 관심을 갖게 된 겁니다.

대담자 그렇군요. 하지만 아무래도 두분이 사회운동을 하는 분들이다보니 한가지를 논의에서 빠뜨린 듯합니다. 바로 재계(財界)지요. 1970년대와 80년대를 거치면서 홍콩 재계에는 어떤 변화가 있었나요? 특히 홍콩 반환은 자본의 입장에서 보자면, 민중들이 느낀 것보다도 엄청난 충격으로 다가올 수도 있었을 텐데요.

조셉 홍콩의 재력가들은 시대를 막론하고 기득권층의 일부였습니다. 영국 밑에서든 중국 밑에서든. 다만 1970년대 중후반부터 재계의 역학구조가 바뀌기 시작합니다. 70년대 이전에 거대기업집단은 거의 대부분 영국인의 손아귀에 있었습니다. 그런데 70년대 초부터 서서히 홍콩 토착자본가들이 세력을 확장해가기 시작합니다. 그 대표주자가 아시아 제일의 부호인 리 카싱(Lee Kashing) 회장이지요. 리 회장은 70년대 초부터 허치슨 같은 영국의 거대기업들을 하나하나 사들이면서 재계의 최강자로 떠오르지요. 특히 반환협상이 시작되자 영국계 자본들은 사업의 상당부분을 정리하고 본국으로 본사를 옮겨가는데 그때 홍콩 토착자본가들이 그걸 사들이면서 급속하게 성장합니다.

대담자 이들 토착자본가들에 대한 베이징정부의 입장은 어떤 것이었나요?

조셉 1970년대 말과 80년대 초는 덩 샤오핑이 대외개방정책을 선언한 직후고, 홍콩의 국경 바로 너머에 있는 광둥성의 선전 같은 곳에 경제특구를 만들기 시작한 때지 않습니까? 당연히 중국정부는 이들 토착자본가들을 대륙으로 불러들이려고 혈안이 돼 있었지요. 덩 샤오핑의 지도 아래 중국정부는 투자유치를 위해 홍콩의 토착자본가들과 적극적으로 손잡게 된 거죠. 토착자본가들도 발 빠르게 충성

©조셉 청

의 대상을 영국에서 베이징정부로 바꾸었고요.

하지만 홍콩의 거대기업집단들은 1980년대 내내 대륙에 대한 대규모 투자에 대해서는 매우 조심스러운 태도를 취했습니다. 베이징의 권력자들에게 환심을 사기 위해 인심좋게 돈을 쾌척해서 기부는 했지만, 자기 사업의 명운을 건 투자는 하지 않았어요. 그만큼 중국의 당시 상황과 미래에 대해서 확신을 갖지 못했던 겁니다.

이런 상황이 바뀌게 된 계기는 톈안먼사건˚ 이후 3년 뒤에 이루어진 덩 샤오핑의 이른바 남순강화˚입니다. 덩 샤오핑의 남순강화가 대내적인 측면에서 경제개혁의 지속·심화라는 신호를 보냈다면, 대외적으로는 외국자본에 대해서 안심하고 들어오라는 러브콜 같은 것이었죠. 마침, 일본자본과 한국자본이 대규모로 몰려들어갈 채비를 하자 홍콩의 대기업집단들도 뒤질세라 본격적으로 뛰어들게 된 것이지요.

대담자 톈안먼사건은 투자라는 점에서도 또 하나의 전환점이었군요. 정치 면에서뿐만 아니라. 톈안먼광장의 시위가 진압된 1989년 6월 4일 그날은 엄청난 충격으로 다가왔겠군요. 홍콩의 시민사회운동 세력에게도 말이지요.

조셉 저는 그날, 홍콩 빅토리아공원에서 벌어진 중국민주화 지원 시위의 선두에 서 있었어요. 홍콩 역사상 처음으로 100만명이 넘는 인파가 3주 연속으로 일요일마다 빅토리아공원에 모여들어 중국대륙에서 벌어지는 민주화 움직임을 지원하는 엄청난 사건이 벌어진 겁니다.

사실 1989년 6월 4일, 그 비극적 사태가 벌어지기 전까지는 홍콩뿐만 아니라 서구에서도 중국의 변화에 대해 낙관적인 분위기가 넘쳐흘렀어요. 중국에서 개혁개방과 함께 민주화가 이루어질 것이라는 희망에 젖어서 말이죠. 홍콩반환을 앞둔 당시 홍콩시민들 사이에선 '오늘 중국대륙에서 벌어지는 일은 내일 홍콩에서 일어날 것이다'라는 생각이 강했습니다. 그래서 1989년 그 여름 3주 동안 중국의 민주화를 기원하며 매일같이 시민들이 광장에 모인 거죠. 그런데 그 끔찍한 유혈진압이 벌어지고 말았죠. 홍콩 반환을 8년 앞둔 홍콩시민들에게, 그 사태는 곧 홍콩의 미래에 대한 공포와 불안으로 바뀌었어요. 그래서 많은 사람들이 외국으로 이민을 떠나버리기도 했습니다.

아포 우리 노동운동그룹은 그해 봄, 톈안먼에서 학생들의 시위가 시작되자마자 계속 주시하고 있었어요. 얼마 되지 않아 톈안먼광장에서 한 둥팡이라는 젊은 철도 노동자가 베이징노동자치연합회를 결성했다는 소식이 들려왔어요. 그래서 우리는 후배 그룹 중에서 레이 첵얀(李卓人, Lee Cheuk Yan)* 등 두 사람을 보내서 톈안먼광장에서 탄생한 중화인민공화국 최초의 독립노조에 연대를 표하기로 했지요. 하지만 그 두 사람은 6월 4일 새벽 유혈진압으로 학생들이 희생당하는 모습을 목도하고 엄청난 충격을 안고 돌아오게 됐죠. 이후 한 둥팡이 감옥에 갇혔을 때도 우리는 홍콩에서 그의 석방을 요구하는 시위를 벌였고, 그가 미국으로 추방되어 치료를 받을 때도 찾아가서 위로하기도 했습니다.

홍콩 NGO와 대륙의 사회운동

1993년 광둥성 선전경제특구의 완구업체 쯔리공장에서 발생한 화재로 81명의 노동자가 숨졌다. 이들은 이탈리아 완구업체 치코의 하청을 받아 장난감을 생산하고 있었다. 희생된 81명의 노동자들은 대부분 10대 후반, 20대 초반의 어린 여성 노동자들이었다. 노동자들이 도망치는 것을 막고 감시와 통제를 쉽게 하려고 설치해놓은 쇠창살 때문에 어린 노동자들은 화마를 피하지 못한 채 스러져갔다. 이 사건은 개발도상국에 진출한 다국적 기업 하청업체의 열악한 노동환경과 노동권이 초래한 비극을 상징하게 되었다.

사건 조사차 화재현장을 방문했던 중국 런민대학의 창 카이 교수는 기숙사에서 나이 어린 여공들이 남겨놓은 편지와 일기 들을 발견했다.

창 카이 교수가 공개한 여공들의 기록에는 작업현장의 유독물질 때문에 나날이 병들어가는 노동자들의 모습, 신분증을 관리자들에게 빼앗겨 다른 공장으로 옮길 수도 없는 상황, 장시간 노동에 지친 어린 여공들이 고향을 그리는 모습, 이들을 걱정하고 위로하는 시골의 가족들의 사연이 절절히 적혀 있었다.

이 사건은 전세계에 충격을 주었다. 특히 어린 노동자들이 끔찍한 조건에서 생산하고 있었던 것이 바로 미국이나 유럽의 어린이들을 위한 장난감이었기에 그 충격은 더욱 컸다. 아포가 대표로 있던 AMRC는 이 사건을 국제사회에 알리고, 서구 소비자들에게 각성을 촉구하면서 기업의 사회적 책임에 대한 국제여론을 형성하는 데 매우 중요한 역할을 했다. 아포와 홍콩의 NGO들은 완구공장 화재에서 사망·부상당한 노동자들의 보상투쟁을 지원했다.

대담자 두분 모두 1989년 6월과 떼려야 뗄 수 없는 역사적인 관계가 있군요. 화제를 좀 돌려 홍콩의 NGO 활동과 그것이 대륙의 사회운동에 어떤 영향을 미쳤는지 묻고 싶습니다. 아무래도 이 분야는 아포 선생이 잘 알 텐데요. 대륙에서 마당발처럼 여기저기 뛰어다니며 노동권 보호 네트워크를 만들어낸 걸로 알고 있는데요.

아포 처음엔 정말 막막했지요. 특히 톈안먼사건 직후에는 말이에요. 톈안먼사건 참가자들 일부가 공안의 손길을 피해 광둥성으로 내려와 선전경제특구에서 활동하기도 했어요. 하지만 아주 엄중한 상황이었고 무언가 큰일을 계획할 수 있는 처지가 아니었지요. 첫 시작은 대륙에 투자한 홍콩기업에 대한 감시부터였어요. 홍콩, 대만 등

화교계 기업이 처음 진출했을 때 이들 공장의 노동조건은 형편없었어요. 그래서 우선 이런 비인간적인 노동조건에 대해 사회에 알리고 여론을 만들어나가는 작업부터 시작한 겁니다.

이런 와중에 1993년, 바로 그 쯔리공장 화재사건이 발생한 겁니다. 제가 일하던 단체의 활동가들은 바로 화재현장으로 달려가 상황을 파악하고, 희생자 가족들과 부상당한 생존자들과 연락을 취했습니다. 홍콩 공장주를 규탄하는 시위를 조직하고, 희생자와 부상자에 대한 보상을 요구했습니다. 몇몇 부상당한 여성 노동자들은 이런 투쟁 과정을 거치면서 활동가로 성장했어요. 그 화재에서 딸을 잃은 어머니의 모습이 지금도 기억납니다. 저희가 투쟁과 압력을 동원해서 보상금을 받아 갖다드렸더니, 그분은 "이 돈이 다 무슨 소용이냐, 내 딸은 재가 되어버렸는데" 하시면서 하염없이 눈물을 흘리셨어요.

이런 끔찍한 사건들을 겪은 후 우리는 중국과 홍콩 그리고 다른 아시아 나라들을 엮는 네트워크를 만들기 시작했어요. 다국적 기업의 활동을 감시하고, 산업안전조치를 강화해 사고를 예방하자는 캠페인을 시작했지요. 그리고 이를 계기로 기업의 사회적 책임 운동이 본격적으로 태동하기 시작합니다.

이 과정에서 홍콩의 노동 NGO들은 국제적인 영향력을 얻어나 갔어요. 중국의 산업화가 본격화되면서 하루가 멀다 하고 노동문제들이 터져나왔거든요. 이중 상당수는 홍콩이나 대만 투자기업들에서 발생했어요. 그래서 우리는 이런 문제들을 언론을 통해 적극적으로 사회문제화시켰어요. 동시에 끔찍한 산업재해를 발생시키거나 임금체불을 일삼는 투자기업들에 대한 항의시위도 조직했고요. 이런 과정을 거쳐 국제미디어뿐만 아니라, 다국적 기업들도 홍콩의 노동

NGO들에게 신경을 쓰기 시작한 거지요.

대담자 저희가 알기로 아포 선생은 활동가로서 열정적으로 일하면서도 중국정부의 관리들과도 아주 좋은 관계를 유지하고 있는데요. 그 비결이 뭡니까?

아포 1990년대 초중반은 중국정부도 새로운 노동법 체계를 적극적으로 모색하던 시기였거든요. 특히 '1994년 노동법'* 채택을 둘러싼 여러 논쟁이 전개되었을 때 우리가 작지만 중요한 도움을 주었습니다. 사실 경제부처들에 비해 사회노동정책 부서들은 외부세계의 새로운 동향에서 더 고립되어 있었어요. 그럴 때 우리가 약간의 기금을 갖고 여러차례 국제회의를 조직해 국제적인 전문가들을 동원해서 노동법 제정자들이나 관료, 학자들의 시야를 넓히는 데 도움을 주었지요. 그런 과정을 거듭하면서 다양한 분야와 입장에 있는 사람들과 신뢰가 조금씩 쌓여왔던 것 같아요.

쯔리공장의 화재사건 등 일련의 사건을 겪으면서 홍콩 NGO들은 국경을 오가면서 일하는 데 한계가 있다는 걸 깨달았어요. 그래서 홍콩과 한국의 경험 등을 참조하면서, 당시로서는 노동운동의 불모지인 대륙에서 노동 NGO가 활동하려면 어떻게 지원해야 할지 고민을 많이 했지요. 그런데 1990년대 말부터 중국의 노동현장 분위기가 조금씩 변한다고 느끼기 시작했어요. 마치 70년대 초반 홍콩에서 신세대 산업노동자가 등장하면서 새로운 노동운동이 가능해졌듯이 말이죠. 90년대 말부터 선배세대와는 다른 대륙의 신세대 노동자들이 공장에 들어가면서 조직활동이 가능해졌어요. 그러더니 2000년대 초에 광둥과 베이징 등지에서 자발적으로 노동권 보호를 위한 NGO들이 등장하기 시작했어요. 그때 정말 얼마나 기뻤는지 모릅니다.

이렇게 새롭게 성장해온 중국대륙의 노동 NGO들과 느슨하게 전국적인 네트워크를 만들어서, 노동현장의 문제들(임금체불·산업재해·사회보험 등)을 토론하는 모임을 주기적으로 열고 경험을 서로 교류할 자리를 만들었어요. 농민공들이 입소문으로 어디서, 누가, 어떤 NGO 활동을 한다고 우리에게 알려주기도 하고 또 지방신문에 난 기사를 보고 정보를 얻기도 하고요. 이렇게 온갖 방법을 동원해 전국에 서로 분산·고립되어 있던 노동 NGO 활동가들을 찾아내 느슨한 네트워크를 만들어온 겁니다.

대담자 광저우·칭다오·충칭 등 중국 대륙 곳곳에서 노동 NGO 활동가들이 꾸준히 성장하고 있습니다. 그야말로 노동현장의 제일선에서 싸우는 분들이지요.

아포 그래요, 우리가 처음 일을 시작하던 1990년대와 비교하면 상황이 정말 많이 좋아졌지요. 하지만 여전히 중국대륙의 노동 NGO 활동에는 많은 고난이 따릅니다. 한국에서는 80년대 군사정권 시절에 그런 활동을 하면 감옥에 넣는다든가 하는 조치를 취했다고 들었어요.

대담자 당시 한국의 군사정권은 모든 것을 안보라는 관점에서 판단했고, 노동자 권익보호라는 활동조차도 그런 색안경을 끼고 접근했으니, 그런 일이 종종 있었지요. 중국에서는 어떤가요?

아포 중국에서는 활동가들을 투옥시켜서 정치문제화하는 식으로 처리하는 경우는 드뭅니다. 대신 아주 사소한 일을 방해해서 사람들을 지치게 만듭니다. 예컨대 NGO 사무실의 전기와 수도를 끊어버리는 거예요. 중국에서 일하시니들 잘 알 텐데요, 중국의 지독한 관료주의 말이에요. 한군데 가서 해결되는 법이 없잖아요. 수도·전기를 복구하려고 수도국에 가면 동사무소에 가라 하고, 동사무소에 가면 다시 수도국으로 가라는 식으로 말이죠. 이렇게 헐레벌떡 뛰어다니다보면 결국 진이 다 빠져버리는 거죠.

사실 요즘 중국 당국의 정책방향이 어디로 흘러가는지 감을 잡기가 힘들어요. 한편으로는 NGO 등록기준이 완화되어 이전보다 활동이 한결 쉬어진 측면도 있지만, 당국의 눈에 위험하다고 판단되는 NGO에 대한 통제와 방해는 한층 강화되고 있거든요.

홍콩인의 정체성, 대륙의 미래

대담자 이번엔 대륙사람들과 홍콩사람들 사이의 관계를 살펴볼까요. 최근 대륙의 임신부들이 대규모로 홍콩으로 몰려가 출산하는 바람에 정작 홍콩 임신부들은 병원에 자리가 없어 사회적 이슈가 된 적이 있잖습니까. 이전에는 볼 수 없었던 대륙인과 홍콩인 사이의 미묘한 긴장과 갈등으로 보이는데 이런 현상의 이유는 무엇입니까?

조셉 대륙과 홍콩 사람의 관계는 역사적으로 몇차례 굴곡을 거치면서 변화해왔어요. 아포 선생도 언급했지만, 사실 우리 아버지 세대는 중국대륙에 대한 소속감이 매우 강했지요. 홍콩인의 아버지, 할아버지 세대는 대부분 대륙에서 태어나 전쟁과 가난을 피해 혹은 공산당의 억압을 피해 홍콩으로 건너온 세대지 않습니까?

하지만 홍콩에서 태어나고 자라난 우리 세대 그리고 더 젊은 세대는 홍콩인으로서의 정체성이 아주 강하지요. 특히 영국 식민정부가 중국정부와 홍콩 반환협상을 시작했던 1980년대에, 홍콩의 미래에 대한 우려와 불안이 커지면서 홍콩인으로서의 정체성도 강해진 거죠. 그런데 정작 중국으로 복귀한 1997년 이후 10여년간의 여론조사를 보면, 홍콩사람들이 대륙과 더 일체감을 느끼는 것으로 나타납니다. 아마도 반환 이후 홍콩경제의 중국대륙에 대한 의존도가 한층 심화되고, 중국의 급속한 경제성장이 홍콩에 여러가지 혜택을 가져오리라는 기대 등이 반영된 결과인 듯합니다.

그런데 요즘은 상황이 또 바뀌고 있는 것 같습니다. 홍콩인들과 대륙의 심리적·정치적 관계가 훨씬 복잡해진 거죠. 이전에 베이징의 중앙관료들은 홍콩을 자극하지 않으려고 극히 신중한 언행을 해왔어요. 하지만 최근에는 베이징 관료들이 예전보다 훨씬 시끄럽게 간섭하고 있거든요. 그러니 이제 홍콩에서는 뭔가 안 좋은 일이 생기면 베이징을 비난하게끔 되어버린 거죠. 왜냐하면 홍콩의 지도자를 홍콩사람이 뽑는 것이 아니라, 베이징에서 임명하기 때문이죠.

물론 이런 변화는 홍콩인들이 느끼는 운명의 역전과도 관련이 있다고 봅니다. 상대적인 현상이긴 하지만요. 1980년대나 90년대에 대륙인을 만나면 홍콩인들은 일종의 우월감을 느꼈거든요. 당시 홍콩사람들은 세련되어 보였고 부자였지요, 대륙의 가난한 형제와 비교하면 말이죠. 하지만 지금 홍콩으로 떼 지어 쇼핑하러 오는 대륙인들은 홍콩 일반인들보다 훨씬 부자예요. 사태가 이렇게 되다보니, 홍콩 시민들은 지하철에 사람이 너무 많아서 불편하다든가, 대륙인들은 너무 무례하다든가 하고 불평하고 있거든요. 이런 것이 대륙인과 홍콩인 사이에 일상적 차원에서의 긴장을 만들어내는 측면도 있다고 봅니다.

대담자 대륙과 홍콩 사람들 간의 변화하는 관계에 관해 이야기했는데, 조셉 교수가 말한 대로, 홍콩과 대륙 사이의 경제관계 변화와 밀접하게 관련되어 있지요. 특히 홍콩이 자랑하는 아시아 금융 중심으로서의 지위가 미래에 어떻게 될 것인가에 대한 문제도 있고요.

조셉 홍콩인들은 아시아 금융 중심으로서의 홍콩의 지위가 상하이에 의해 위협받을까봐 걱정하고 있어요. 2020년에 상하이가 홍콩을 제치고 아시아 제일의 금융중심지가 되리라는 예측이 있었는데,

지금은 그보다 이른 2015년에 그런 상황이 올 것으로 예상하고 있거든요. 그래도 홍콩은 법치의 실현, 그리고 자유로운 정보의 흐름이 보장된다는 장점 때문에 당분간은 상하이에 대해 경쟁력의 우위를 가질 거라고 봅니다.

예를 들어 중국대륙의 많은 기업들은 분쟁이 생기면 홍콩에 와서 해결합니다. 중국기업들의 계약서에, 분쟁이 발생하면 홍콩에서 해결한다는 조항을 넣는 경우가 많거든요. 이는 법치에 기반을 둔 홍콩 씨스템의 공정성과 객관성에 대한 신뢰를 보여주는 거죠. 이처럼 개방성, 다원주의 법치 그리고 독립된 사법씨스템과 자유에 기반을 둔 홍콩의 장점은 상당히 오랫동안 지속될 것입니다.

대담자 그렇군요. 홍콩은 홍콩특별행정구역이라는 이름하에 중화인민공화국과 '일국양제'(one country two systems)라는 독특한 상황에 놓여 있잖습니까? 홍콩을 자세히 들여다보면 기묘한 느낌이 드는데요. 언론·집회·결사의 자유 등 개인의 자유라는 측면에서는 거의 완벽한 권리를 향유하지요. 하지만 식민주의 역사와 중국대륙의 그늘 아래서 홍콩시민들의 참정권, 예컨대 입법부와 행정부에 대한 선출권한은 많은 제약을 받고 있습니다. 물론 2017년까지는 행정수반을 홍콩인들이 직접 선출한다는 계획이 있긴 하지만요.

게다가 홍콩은 하루 8시간, 주 40(혹은 48)시간 노동에 대한 상한 규정이 없고, 단체협상에 대한 명시적 규정도 없을 정도로 규제가 없는 '자유시장' 경제체제의 모습을 보여줍니다. 심지어 최저임금제가 도입된 것도 2010년이었죠. 지금 아시아에서 최저임금제가 없는 나라는 싱가포르뿐이거든요. 반면에 중국대륙은 경제영역에서 국가의 역할이 강할 뿐 아니라, 개인의 권리에 대한 보장은 취약하지만 적어도 법제상으로는 단체협상제도도 상당히 진전되고 있습니다. 이런 차이가 일국양제의 조건 속에서 변화해가리라고 생각하십니까?

아포   전통적으로 홍콩사람들은 정부를 신뢰하지 않고 정부가 관여하는 것을 싫어했어요. 자기 호주머니에 돈을 넣어갖고 다니길 원하거든요. 그런데 요즘 젊은이들의 생각과 가치관은 변하고 있어요. 이들은 연금이나 의료보험 등을 요구하고 있거든요. 2010년에 도입된 홍콩 최초의 노동자보호입법이라 할 수 있는 최저임금제가 그러한 변화의 단초를 보여주는 겁니다.

지적하신 대로, 홍콩은 아시아에서 가장 자유방임적인 체제를 갖고 있어요. 중국대륙뿐만 아니라 한국이나 대만과 비교할 때도 그렇거든요. 그래서 중국중앙정부와 싱크탱크들은 홍콩정부가 시장에 더 개입하는 쪽으로 변화해야 한다고 생각합니다. 하지만 홍콩 재계와 시민은 각기 다른 이유에서 정부의 개입을 달가워하지 않지요. 어쨌거나 양극화가 점점 더 심화되면서 이러한 상황을 바꾸어야 한다는 요구가 점점 더 커지고 있는 것도 사실입니다.

대담자   마지막으로 앞으로 중국 민주주의의 발전에 홍콩이 어떤 역할을 할 수 있는지를 묻고 싶습니다. 지금까지 지난 40여년간 진행된 홍콩의 시민사회운동과 이 운동이 중국대륙과 맺어온 매우 복잡한 관계에 대해서 이야기했는데요. 그렇다면 홍콩이 앞으로 중국 민주주의에 어떤 기여를 할 수 있다고 보십니까?

물론 홍콩은 직선제도 아직 실행되지 않을 정도로 취약한 민주주의 정치제도를 갖고 있지만요. 그래도 개인의 권리와 자유라는 점에서는 매우 고도로 발전한 자유로운 사회이니까요.

조셉 사실 인구 700만 남짓한 자그마한 항구도시인 홍콩이 거대한 중국대륙의 정치적 변화에 어떤 역할을 할 수 있다고 생각하면 착각이겠지요. 게다가 말씀하셨듯이, 홍콩의 민주주의는 제도로서는 아주 불완전하기 때문에 이런 민주주의 제도가 대륙에 무슨 영향을 끼친다는 것을 상상하기 어려워요. 다만 우리가 홍콩적인 삶의 방식의 일부분으로서 아주 당연하게 여기는 기본적인 민주적 권리와 개방성이 중국대륙의 민주주의 발전에 긍정적인 영향을 줄 수 있을 것입니다.

언론의 예를 들어봅시다. 홍콩에는 홍콩의 언론뿐만 아니라 전세계 언론사가 거의 상주하고 있습니다. 이들은 모두 대륙에서 일어나는 일에 촉각을 곤두세우고 있지요. 예를 들면 2011년말에서 2012년초에 걸쳐 발생한 광둥성 우칸사태°가 그렇거든요. 홍콩에 주재하던 『월스트리트 저널』이 우칸사태를 외신으로는 처음으로 보도하면서 사태가 급반전되었습니다. 홍콩에서 활동하는 언론들은 대륙의 언론통제에 의해 완벽하게 묻혀버릴수도 있는 소식들을 바깥세상에 전하는 역할을 합니다. 또 최근에 발생한 톈안먼시위의 주역이자 인권운동가인 리 왕양(李旺陽)의 의문사 사건도 홍콩언론이 아니었으면 완전히 묻혀버렸겠지요.

이렇게 홍콩언론에 의해 국제적인 뉴스가 되는 순간, 그 사건이 발생한 중국 내 지방정부 그리고 사안의 중요성에 따라서는 베이징의 중앙정부에도 엄청난 정치적 부담을 주게 되지요. 또 국내언론의 객관성과 공정성을 믿지 못하는 중국의 식자층들은 홍콩언론을 민감하게 주시하고 있거든요. 이런 식으로 홍콩의 자유로운 언론은 이미 중국 정치생태계에서 아주 중요한 고리를 이루고 있다고 볼 수 있어요. 홍콩은 바로 이러한 방식으로 대륙의 민주주의에 기여하고 있습니다.

우리는 이 책이 한국의 독자들과 책 속 주인공들이 함께 앉아 대화를 나누는 장이 되기를 희망한다. 중국현대사, 그 격동의 시간과 13억 중국인의 깊은 고뇌와 변화를 향한 용기에 대한 이들 11명의 생생한 이야기와 더불어 이들의 인간적 면모가 독자들에게 고스란히 전해지기를 바란다.

원 톄쥔 교수와 농민들, 젊은 활동가들이 함께 일구고 있는 베이징 근교 시민농장의 밭에 원 교수와 나란히 앉아 중국과 아시아 농민들이 걸어온 길, 우리의 미래를 이야기하던 순간 봄 햇살 속에 퍼지던 흙냄새, 그리고 베이징의 한 대학 강의실에서 한국과 중국의 청년들에게 길이 보이지 않는 현실 속에서도 포기하지 말고 길을 만들어나가자며 격려하던 첸 리췬 교수의 환한 웃음을 말이다. 또한 노동자 가수 쑨 형과 대담하는 동안 그와 노동자 동료들이 일군 공동체의 마당에서 탁구를 치거나 꺄르르 웃으며 나무 아래를 뛰어다니던 아이들의 모습을 흐뭇하게 바라보던 쑨 형의 모습도 전하고 싶다. 어느 여름날, 새벽이 밝도록 술잔을 기울이며 중국과 남북한, 조선족, 민족과 역사, 인간과 영화에 대해 끝없이 얘기를 이어가던 장 률 감독의 때로는 한없이 무겁고 때로는 아이처럼 천진난만한 모습도 보여주고 싶다.

이 글의 주인공들을 만나러 가는 길은 쉽지만은 않았다. 중국의 지도부 교체와 보시라이사건으로 긴장된 분위기 속에서 어렵사리 대담에 응하기로 한 분과의 연락이 갑자기 두절되기도 했다. 당국의 개입으로 만남을 포기해야 했던 순간도 있었다. 몇몇 주인공들을 만나러 갈 때에는 뒷덜미가 서늘한 긴장도 느꼈다. 그러나 일단 우리가 주인공의 집이나 사무실에 발을 들여놓으면, 이들은 바깥의 정치적 긴장은 잊은 채 중국현대사의 고비를 지나온 삶과 현재와 미래에 대한 깊은 사유를 펼쳐 보였다.

대담이 무르익을수록 문화대혁명, 개혁개방, 톈안먼사건 같은 중국 역사의 거대한 물줄기가 중국인들의 삶과 사유 속에 남긴 깊은 흔적이 선명히 드러났다. 톈안먼사건이 남긴 여파만 보더라도, '톈안먼의 영웅' 한 둥팡은 그 댓가로 목숨을 잃을 뻔한 위기를 넘기고 망명의 길을 떠날 수밖에 없었고, 역사학자 친 후이는 계엄에 반대하는 성명서를 발표해 고초를 겪었다. 원 톄쥔은 몸담고 있던 농촌정책연구실이 해체되는 운명을 맞이했고, 문학을 공부하던 쑨 거는 정치라는 문제와 씨름하게 되었다. 추이 즈위안은 도발적인 좌파적 상상의 나래를 펼치기 시작했고, 소설가 장 률은 붓을 꺾고 침묵의 10년을 거쳐 영화감독으로 변신했으며, 홍콩의 아포와 조셉은 대륙의 민주화를 꿈꾸기 시작했다. 그리고 첸 리췬은 그 역사를 집요하게 써가고 있다.

이렇게 대화를 나누며 서로의 고민을 나누고 공감하며 중국에 대해 새로운 사유들을 건져 올릴 수 있어 행복했다. 이런 고민들이 중국과 한국이라는 국경을 넘어 존재하며, 세계적 위기 속에서 우리가 함께 풀어나가야 할 과제임을 느꼈다. 원 톄쥔과 중국의 삼농문제를 토론하며 박현채의 민족경제론을 떠올렸고, 국가와 시장을 둘러싼 추이 즈위안과 친 후이의 논쟁을 보면서 한국의 재벌개혁과 경제민주화론을 둘러싼 장하준과 김상조·장하성의 논쟁을 떠올렸다. 그리고 쑨 형의 모습에서는 김민기와 전태일을, 첸 리췬의 모습에서는 리영희와 백낙청을 보았다고 한다면 과장일까?

지난 몇년간 중국대륙 구석구석을 돌아다니며 많은 사람을 만났고, 그 대륙이 품고 있는 아시아의 역사와 조우했다. 상하이와 충칭에서는 중국 국민당과 협력하여 독립투쟁을 이끌었던 김구와 윤봉길의 발자취를 보았고, 우칸에서는 이곳에 중국 최초의 해방구를 만들었던 『아리랑』의 주인공 김산을 떠올렸다. 옌안에서는 팔로군 포병대장으로 마오 쩌둥과 함께 항일투쟁을 벌였고 북한 인민해방군의 지도자로 등극했다가 김일성에게 숙청당한 무정(武亭)을 생각했다. 한반도의 지사들만이 아니었다. 1940년대 초, 호찌민은 광저우에서 중국공산당의 일원으로 베트남 독립을 준비하고 있었다. 서세동점이 절정기에 달한 20세기 초중반, 제국주의 열강의 침입에 맞서 싸우던 아시아 각국의 지사들은 좌우를 막론하고 광활한 중국대륙에

둥지를 틀고 새로운 아시아의 미래를 준비하고 있었다.

1949년 중화인민공화국 성립 이후 사회주의 계획경제 30년과 시장개혁 30년을 거쳐 폴라니적 의미의 거대한 전환(Great Trans-formation)을 도모하는 또다른 30년을 사유하고 실천하는 중국 정치가들과 지식인들은 역사 속에서 미래를 위한 자원을 찾고 있다. 알뛰세르와 라깡 등 서구사상을 주요 원천으로 삼는 한국 지식계의 습속에 깊이 물들어 자라온 저자들에게 중국 지식인, 운동가와의 만남과 대화는 충격이었다. 징그러울 만치 굴곡이 많은 현대사를 겪어낸 이들은 오늘도 마오 쩌둥, 량 수밍 같은 중국현대사의 거인들과 씨름하면서, 중국의 역사 속에서 미래를 위한 전망의 근거를 찾으려는 오디세이적 항해를 하고 있었다.

오늘의 중국은 과거 수천년간 그러했듯 '세계의 중심' 자리로 돌아가려는 듯 보인다. 과거 워싱턴으로만 향하던 한국의 정치가와 학자들의 발길 역시 이제는 베이징으로도 향하기 시작했다. 많은 사람들이 오늘날 중국의 실망스러운 정치와 사회적 현실을 기준 삼아 중국의 미래를 판단하려 하나, 이 책의 주인공들을 통해 드러난 중국인들의 분투는 중국의 정치·사회씨스템이 거대한 변곡점을 향해 나아가고 있음을 시사한다. 성급한 판단보다는 겸손한 호기심으로 중국의 변화를 지켜봐야 할 것이다. 미래 중국이 어떤 모습으로 우리 앞에 나타날지 예단할 수 없으나, 서세동점의 역사를 넘어 민주와 평등을 향해 나아가는 중국을 상상하는 것만으로도 짜릿한 전율을 느낀다.

이 책을 준비하는 데 많은 분들이 도움을 주셨다. 대담 섭외를 도와주시고 많은 조언을 해주신 백영서 연세대 교수, 백승욱 중앙대 교수, 이정훈 서울대 교수, 주중 한국대사관 정영록 공사, 중국 비정부기구 전문가인 왕 칸 박사, 녹취록 작업에 도움을 주신 홍장호 대표, 함께 중국을 공부하며 많은 아이디어를 나눠준 이철규 대표, 그리고 사진을 정성껏 찍어주신 정나원 작가께 감사드린다. 이름을 일일이 호명할 수는 없지만, 저자들이 중국에서 머무는 동안 함께 일하고 중국의 미래에 대해 대화를 나누었던 중국의 모든 친구들에게 고마움을 전한다.

■ 인명

구 준(顧准, 1915~74) 중국 사회주의 시장경제 이념의 선구자로 추앙받는 경
제학자. 상하이 출신의 구 준은 독학으로 회계학을 공부해 열아홉살에 중
국 최초로 은행회계학 책을 출간했다. 1935년 중국공산당에 가입해 1940
년 옌안으로 가 항일전쟁과 혁명에 참가했으며 신중국 성립 뒤 상하이시
초대 재무국장을 지냈다. 1950년대 중반 사회주의경제 가치법칙 논쟁 중
최초로 사회주의 시장경제의 필연성을 설파한 그는 이로 인해 우파로 몰
려 박해받게 된다. 문화대혁명 시기 혹독한 육체적·정신적 고통 속에서
도 사회민주주의를 희구하며 고대그리스 정치제도에 관한 책을 집필하
고 1974년 외로이 병사했다. 1978년 개혁개방 이후 복권되었으며, 1994년

『구준문집』이 출간되어 큰 반향을 불러일으켰다.

구스타프 후사크(Gustáv Husák, 1913~91) 구 체코슬로바키아의 정치가. 2차 대전 중 체코슬로바키아 공산당 중앙위원으로 반(反)나치 지하운동에 참가, 1945년 전후 당 중앙위원 평의회(評議會) 의장에 취임했다. 1969년 소련 침공 이후 둡체크에 이어 당 제1서기가 되었다.

굴원(屈原, BC 343?~BC 278?) 전국시대 초나라의 정치가, 시인. 전국시대 말의 어지러운 정세 속에서 왕에게 충언을 하다가 모함을 받아 여러 차례 쫓겨났고, 유배지에서 자신의 처지와 결의를 담은『이소(離騷)』와『어부사』등을 지었다. 후난성 창사의 멱라수에 투신해 자살했다.

김학철(金學鐵, 1916~2001) 독립운동가, 소설가. 1930년대 조선의용대의 분대장으로 항일 독립운동을 벌였다.『격정시대』『해란강아 말하라』등의 소설과 자서전『최후의 분대장』등의 저서를 남겼다.

덩 즈후이(鄧子恢, 1896~1972) 푸젠성 출신의 혁명가, 농업전문가. 신중국 성립 이후에 농업부 장관과 부총리를 지냈다. 1955년 마오의 급진적인 농업집단화에 반대했고 농민들의 자율경작을 옹호하다가 우파 기회주의로 비판받고 공직에서 추방되었다. 문혁 당시 박해를 받고 1972년 사망했고 이후에 복권되었다.

량 쓰청(梁思成, 1901~72) 중국 현대건축의 아버지로 불리는 건축학자. 청나라 말의 개화사상가 량 치차오(梁啓超)의 아들이며 미국에서 건축학을 공부하고 중국 현대건축학을 정립했다.

레이 첵얌(李卓人, 베이징어 발음은 '리 쭈어런', 1957~) 홍콩입법의회 의원
(1995년 이후)이자 홍콩의 독립노동조합조직인 홍콩직공회연맹(Hong
Kong Confederation of Trade Union, HKCTU)의 창립자이자 사무총장.
홍콩사회에서 노동자들의 권익을 위한 투쟁의 선두에 서 있으며 동시에
대륙의 민주와 인권을 위한 캠페인의 중심에 있다.

레흐 바웬사(Lech Wałęsa, 1943~) 폴란드의 노동운동가, 정치가. 1980년 그
단스끄 조선소의 전기공으로 파업을 주도하며 대정부투쟁에 나섰다. 이
투쟁을 통해 사회주의권 국가 최초로 당의 통제를 받지 않는, 노동자의
자유노조인 '연대'(Solidarność)가 탄생했다. 1981년 당국은 계엄령을 선
포하며 자유노조를 불법화했고, 바웬사는 투옥된 상태에서 1983년 노벨
평화상을 수상했다. 이후 1980년대 총파업과 민주화운동에서 주요한 역
할을 했으며, 폴란드공산당 통치가 막을 내린 뒤 1990년 초대 직선 대통
령으로 당선됐다.

로버트 달(Robert A. Dahl, 1915~) 미국의 정치학자. 1940년 예일대학에서
'사회주의 프로그램과 민주정치 사이의 양립 가능성'이라는 주제로 박사
학위를 받았다. 이후 모교에서 민주주의와 다원주의 이론을 연구·발전
시켰다. 1986년부터 예일대학교 정치학과의 스털링 명예교수로 재직 중
이다.

로베르뜨 웅거(Robert Unger, 1947~) 브라질 출신의 철학자·사회이론가. 하

바드 법대 교수 시절 당시 학생이던 버락 오바마를 지도했다. 2007년부터 2년간 룰라 대통령 내각에서 전략부 장관을 역임하며 사회경제정책 수립과 실행을 주도하면서, 중소기업 육성, 비정규직 및 하청노동자들에 대한 조직화를 촉진하는 새로운 노동법의 제정 등에 공헌했다.

류 라오스(劉老石, 1968~2011)　량수밍향촌건설센터의 책임자로서 원 톄쥔과 함께 농업정책 개혁, 농촌 개조 그리고 대학생 농촌활동운동을 주도해온 활동가이자 전략가. 농촌봉사활동을 시작한 후 그는 자기의 이름을 류 샹보에서 류 라오스로 바꾼다(농민들이 류 선생님(라오스, 老師)라고 부르자 오래된 돌을 뜻하는 라오스(老石)로 개명한 것이다). 2000년대 초반 그는 중국사회에 두개의 약자집단이 있다고 간파했다. 농민 그리고 대학생이 그들이다. 그는 상업화된 대학에서 취업난에 시달리는 대학생들을 조직해 농촌으로 보낸다. 고난받는 농민의 삶을 체험하면서 대학생들은 자아각성과 더불어서 사회에 대한 비판적 의식을 발전시켰다. 그의 헌신적 삶과 탁월한 운동방식은 톈안먼사건 이후 탈정치화되어 있던 대학가에 사회의식을 불어넣는 데 크게 공헌했다. 2011년 교통사고를 당해 43세의 나이로 요절했을 때, 전국의 수많은 젊은이들이 그를 추모했다. 또한 원톄쥔, 첸 리췬은 추모사를 발표했고 쑨 형은 류 라오스를 추모하는 노래를 발표했다.

리 다자오(李大釗, 1889~1927)　중국의 근대사상가. 1913년 일본 와세다대학에서 공부하고 중국으로 돌아와 베이징대 내에 맑스주의연구회를 창설해 맑스주의를 중국에 소개했다. 5·4운동 후에는 신문화운동 지도자로서 중국공산당 창립을 주도했다.

리 쩌허우(李澤厚, 1930~) 중국 사상사 및 철학 전문가. 중국의 지식계가 교조주의적인 맑스레닌주의에서 벗어나 새로운 지적 모색을 하던 1980년대 이른바 중국 계몽주의운동의 중심인물로서 청년지식인들에게 큰 영향을 미쳤다.

린 시링(林希翎, 1935~2009) 본명은 청 하이궈(程海果). 1949년 인민해방군에 입대해 혁명에 참가, 1953년 런민대 법학과에 입학했으며 글로 두각을 나타냈다. 1957년 5월과 6월 런민대와 베이징대에서 일곱차례 강연을 통해 공산당 내의 관료주의와 권력집중을 비판, 이로 인해 우파의 대표적 인물로 몰려 반혁명죄로 15년형을 선고받고 투옥됐다. 출옥 뒤에도 복권되지 못했으며, 홍콩과 대만으로 갔다가 프랑스 빠리에서 숨을 거뒀다.

바 진(巴金, 1904~2005) 20세기 중국문학을 대표하는 작가. 1904년 쓰촨성 청두에서 대지주 관료의 아들로 태어났으나 이후 혁명운동에 뛰어들었다. 중화인민공화국 건국 뒤 작가협회 부주석 등을 맡았으나 문혁 당시 고초를 겪었으며 2005년 세상을 떠났다.

뾰뜨르 스똘리삔(Pyotr Stolypin, 1862~1911) 제정러시아 말기 총리로서 보수적인 개혁을 추진하면서 혁명운동을 극심하게 탄압하고 두마(의회)를 해산하고 선거법을 개정해 선거권을 제한했다. 하지만 토지개혁을 통해 농민들에게 토지를 나눠줌으로써 정부의 지지기반을 넓혔고, 정부 내 부정부패 사범을 대거 내쫓아 호응을 얻었다. 1911년 암살당했다.

스탠리 호(何鴻燊, Stanley Ho, 1921~) 마카오 제일의 부호. 별명은 도박의 황제. 1961년 그가 세운 리스보아 카지노호텔은 마카오정부가 카지노산업을 외국계 자본에게 개방하기 시작한 2001년까지 마카오의 카지노산업을 독점했다.

알렉산드르 둡체크(Alexander Dubček, 1921~92) 구 체코슬로바키아 공산당 제1서기로 민주화운동의 지도자. 1969년 체코 민중봉기 이후 해임되었으며 이후 1988년 공산정권이 퇴진한 뒤로 다시 연방의회 의장으로 선출되어 1992년까지 재임했다.

에리히 호네커(Erich Honecker, 1912~94) 베를린장벽 붕괴 직전인 1989년 10월 동독 시민들의 개혁 요구를 거부하다 사임한 동독공산당 서기장. 그해 11월 9일 베를린장벽이 무너졌고, 1990년 10월 동서독은 통일했다.

옌 양추(晏陽初, 1893~1990) 민국시대 교육운동가이자 향촌건설운동가. 1923년 타오 싱즈 등과 함께 중국평민교육촉진회를 조직했다. 공산당의 내전 승리 이후 대만을 거쳐 미국으로 건너간 그는 중국의 향촌건설운동 경험을 남아메리카, 동남아시아 등에 전파하려 전력을 다했다. 이 노력은 1956년 필리핀에 국제향촌재건학원이라는 형태로 결실을 이루어 오늘날까지 명맥을 이어오고 있다.

왕 밍(王明, 1904~74) 안후이 출신의 공산혁명가. 1925년 소련으로 유학을 떠났고 이후 혁명투쟁 초기 소련공산당과 코민테른의 교조적인 노선을 충실히 대변했던 왕 밍은 마오노선이 1933년 준이회의에서 승리하며 위

세를 상실한다. 신중국 성립 후 한직에서 전전하다 1956년 병치료차 모스
끄바로 건너가 그곳에서 사망했다.

왕 홍원(王洪文, 1935~92) 지린성 창춘에서 태어났다. 한국전쟁 참전 이후
상하이에서 공장경비원으로 근무했다. 문혁이 시작되자 공장홍위병운동
에 앞장서 1967년 상하이꼬뮌의 지도자로 등장했다. 마오 주석의 신임을
받아 1973년 공산당 정치국에 진입하고, 4인방의 일원으로서 한때 마오
의 후계자로 떠올랐다. 하지만 마오 쩌둥의 사망 이후 체포되어 무기징역
을 선고받고 복역 중 1992년 옥사했다.

왕 후이(汪暉, 1959~) 1959년 중국 장쑤성 양저우(楊州)에서 태어났다. 중국
사회과학원 대학원에서 루 쉰 연구로 박사학위를 받았다. 중국사회과학
원 문학연구소 연구원, 하바드대 방문교수 등을 거쳐 현재는 중국 칭화대
중문과 교수로 있으며, 중국 지식인들에게 가장 영향력 있는 잡지인『뚜
슈(讀書)』의 편집위원이다. 중국의 근대성문제를 학문적 차원과 현실변
혁 차원의 양방향에서 밀고 나가는 대표적인 중국의 비판적 지식인이다.

자오 쯔양(趙紫陽, 1919~2005) 문혁으로 숙청됐다 복권된 뒤 쓰촨성에서 농
업개혁을 추진했으며 이후 전국적인 개혁개방을 이끌었다. 후 야오방의
숙청 뒤 공산당 총서기가 되었으나 톈안먼시위 당시 학생들에게 동정적
이라는 이유로 실각했으며 2005년 가택연금 상태에서 세상을 떠났다. 그
가 비밀리에 녹음테이프로 남긴 회고록은 2009년 5월 홍콩에서『국가의
죄수』(*Prisoner of the State*)로 출판되었다.

장 더장(張德江, 1946~) 랴오닝성 출신으로 저장성과 광둥성 공산당 서기를 거쳐 부총리로 있던 2012년 보 시라이가 축출되자 충칭시 서기 자리를 겸임했다. 김일성대학 출신으로 한국어(조선어)에 능통한 그는 2012년 11월 열린 제18차 공산당대회에서 정치국 상무위원에 임명되어 중국 최고 지도부의 일원이 되었다.

제임스 미드(James Meade, 1907~95) 케인즈(John. M. Keynes)의 제자로 신고전학파 이론경제학의 권위자. 2차대전 후 영국 처칠의 전시내각 등의 경제정책 자문을 맡았다. 이후 케임브리지대 교수 등을 지냈고 1977년 국제통상 및 국제자본이동 이론을 발전시킨 공헌을 인정받아 노벨경제학상을 수상했다.

타나까 카꾸에이(田中角榮, 1918~93) 일본의 전 총리. 1971년부터 74년까지 재임하며 중일 수교를 성사시켰고 '서민재상'으로 인기를 얻었다. 1976년 록히드마틴 뇌물사건에 연루되어 체포됐지만 그뒤로도 자민당 내 최대 파벌인 타나까파를 이끌며 영향력을 유지했다.

타오 싱즈(陶行知, 1891~1946) 중국의 교육가. 미국 컬럼비아대에서 교육학을 전공하고 귀국하여 후 스 등과 함께 교육론을 보급했다. 난징고등사범학교 교수로 일했고 민중교육운동을 주장하며 이를 실천에 옮겼다. 마오쩌둥은 그를 위대한 인민교육가라고 불렀다.

팡 리즈(方勵之, 1936~2012) 중국 천체물리학자이자 1980년대 민주화운동의 정신적 지주. 중국과학기술대 부총장으로서 학생들의 민주화시위를 지지했고 민주화인사 석방을 요구하는 공개서한을 덩 샤오핑에게 보냈다. 톈안먼시위 진압 뒤 미국에 망명해 그곳에서 세상을 떠났다.

프리드리히 리스트(Friedrich List, 1789~1846) 독일의 경제학자. 역사(학)파 경제학의 시조이며 보호무역을 주장했다. 국내관세 폐지운동을 벌이는 등 독일의 경제적 통일을 꾀했다.

황 옌페이(黃炎培, 1878~1965) 장쑤성 출신으로 중국 직업교육의 초석을 놓았다. 1940년대 중국민주동맹을 주도했고, 중국인민정치협상회의 부주석, 정무원 부총리 등을 역임했다.

후 스(胡適, 1891~1962) 중국 근현대 문학가, 사상가. 미국 컬럼비아대에서 교육학으로 박사학위를 받았다. 베이징대 교수로서 백화문(白話文)운동 등 계몽운동의 중심인물로 활약했다. 국민당정부에서 베이징대 학장, 주미대사 등을 역임했고, 이후 대만으로 건너가 중앙연구원 원장을 지냈다.

후 야오방(胡耀邦, 1915~89) 후난성 출신의 중국공산당 지도자. 1933년 중국공산당에 가입해 대장정에 참가했다. 신중국 성립 뒤 공산주의청년당(공청단) 제1서기 등을 맡았고, 문혁 당시 실각했다. 덩 샤오핑이 복권된 뒤 그의 조력자로서 문혁의 후유증을 수습하고 피해자들을 복권시키는 일에 앞장섰다. 1981년부터 중국공산당 총서기로서 개혁개방을 지휘하고 민주화를 지지했으나 보수파의 반발을 사 권력을 잃고 1989년 4월 15일 세상을 떠났다. 후 야오방을 추모하기 위해 거리로 나선 시민들의 시위는 톈안먼사건의 도화선이 됐다.

■ 용어

08헌장(중국인권선언) 2008년 12월 8일 유엔 세계인권선언 60주년을 맞아, 중국의 지식인 300여명이 중국공산당 일당통치 종식, 권력분산과 사법독립, 집회·결사·언론·종교의 자유 등을 요구하며 발표한 선언이다. 소련 독재에 반대해 체코 지식인들이 발표한 77헌장을 모델로 삼았다. 중국 당국의 검열과 통제에도 불구하고 1만명 이상이 서명했다. 선언문 작성을 주도한 학자이자 인권운동가인 류 샤오보(劉曉波)는 체포돼 국가전복선동 혐의로 11년형을 받고 투옥됐으며 2010년 노벨평화상을 받았다.

나로드니즘(Narodnism) 19세기 말 러시아의 혁명적 지식인들을 중심으로 전개된, 농민 속으로 들어가 농민 중심의 혁명을 시도한 운동. 이들은 농촌공동체를 사회주의의 맹아로 간주했다. 나로드니즘이라고 부를 때 이는 일반적으로 포퓰리즘 혹은 민중주의를 가리키는 경우가 많다.

남순강화(南巡講話) 톈안먼사건 이후 공산당 내 보수파가 득세하면서 1978년 이후 덩 샤오핑이 추진해온 경제개혁개방 노선의 지속여부가 의문시되고 있었다. 이런 상황에서 덩 샤오핑은 1992년 1월 말부터 2월 초까지 당시 개혁개방의 일번지이던 광저우·선전·주하이·상하이를 돌면서 시장개혁의 심화와 가속화를 역설한다. 남순강화의 영향 아래 열린 1992년 중국공산당 제14차 당대회는 '사회주의 시장경제론'을 채택하면서 외자유치와 국유기업 개혁 등 시장경제개혁을 본 궤도에 올려놓게 된다.

다칭(大慶) **시위** 1959년 발견되어 다음해부터 생산을 시작한 다칭유전은 중국 최대의 유전으로, 마오 쩌둥이 "공업은 다칭에서 배우자"라고 외칠 만큼 자력갱생과 사회주의 공업화의 상징이었다. 그러나 1990년대 후반 이후 국유기업 개혁 과정에서 다칭유전을 관리하던 초대형 국유기업 중국석유화공집단공사(SINOPEC)는 뉴욕과 홍콩 증시 상장을 앞두고 다칭유전에서 8만 6000명을 감원하는 가혹한 구조조정을 실시했다. 2002년 3월 일자리를 잃은 노동자들은 3주간 대규모 시위를 전개했다. 국유기업 구조조정 과정에서 발생한 최대 시위로 기록된 이 시위에는 한때 5만명이 넘는 노동자들이 참가했지만 결국은 인민해방군에 의해 강제 해산되고 만다.

단웨이(單位) 일반적 용법으로는 '소속된 직장'을 가리키지만, 개혁개방 이전 사회주의체제하 국유기업에서 일하는 도시노동자들에게는 단지 일자리라는 의미를 넘어 주택 할당, 육아 및 교육, 의료와 양로를 책임지는 사회적·경제적 삶의 중심이었다. 이처럼 단웨이에 절대적으로 의존할 수밖에 없는 도시노동자들은 동시에 단웨이를 통한 정치적 통제에 절대적으로 복종해야 했다(단웨이에서의 축출은 사회적 죽음을 의미했다). 1990년대 국유기업 개혁과정에서 단웨이를 중심으로 한 도시의 사회경제씨스템은 해체되었다.

대약진운동(大躍進運動) 중소분쟁으로 소련의 지원이 중단된 상황에서 마오 쩌둥이 1958년부터 61년까지 전근대적인 농업사회를 현대적 공산주의사회로 급진 전환한다는 목적 아래 추진한 자력갱생의 공업화 및 농업증산운동을 가리킨다. '신민주주의' 시기에 허용되던 사적 소유를 전적으로 폐지하고 인민공사 중심의 급격한 집단화를 강행했다. 그러나 비현실적인 목표 아래 진행된 강제적인 집단화와 무모한 공업화정책은 정부 공식 발표로 2158만명, 비공식 추산에 따르면 4000만명 이상이 굶어죽는 참극으로 끝나고 만다.

류우뀨우(琉球)왕국 현재의 일본 오끼나와에 있던 옛 왕국. 12세기부터 몇개의 집단이 세력을 다투다가 1429년 등장한 통일왕국으로 동북아시아와 동남아시아를 잇는 해상로에서 무역으로 발전했다. 오랫동안 중국의 조공국이었으며 1609년에 일본 시마즈 가문의 침입을 받아 그 지배 아래 놓였다. 이후 1879년에 일본의 침략을 받아 450년간의 왕조 역사가 끝나고 오끼나와현으로 병합되었다. 2차대전 이후 미군정의 지배를 받았으며, 현재도 일본 내 미군기지의 대부분이 오끼나와에 집중되어 있다.

린뱌오(林彪)사건 중국공산당 부주석이자 마오의 후계자인 린 뱌오가 1971년 9월 13일 비행기를 타고 가다 몽골 상공에서 추락사한 사건이다. 린 뱌오는 문혁에서 마오사상을 절대화하고 인민해방군을 지휘해 마오 쩌둥이 권력을 재장악하는 데 앞장섰다. 그는 마오의 부인 장 칭(江青)과 권력투쟁을 벌였다. 그의 사망 1년 뒤인 1973년 중국공산당은 린 뱌오가 반혁명 쿠데타를 모의했다가 실패한 뒤 소련으로 도피하려다 추락사했다고 발표했으나 진상은 밝혀지지 않았다.

면직(下崗) 국유기업 구조조정 과정에서 직무에서는 해임되었으나, 자신의 고용 단위(단웨이)와 형식적인 고용관계는 유지되는 상태를 가리킨다. 종신고용을 원칙으로 했던 중국의 국유기업은 1990년대 구조개혁 과정

중에서 3000만명이 넘는 국유기업 노동자들을 '면직'이라는 명목으로 구조조정하면서 사실상 해고했다.

민주당파 중국은 공산당의 일당통치체제지만, 공산당 외에도 8개 민주당파 정당이 존재한다. 민주당파는 국공내전 시기에 중국공산당을 지지해 통일전선에 참여했던 중국국민당혁명위원회, 중국민주동맹, 중국민주건국회의 등이며 현재도 정치협상회의 등에 참여해 형식적으로는 '공산당 영도하의 다당제'의 모습을 취하고 있다.

백화문(白話文) 백화는 당나라 시대에 발생해 송·원·명·청 시대를 거쳐 확립된 중국어 구어체이며, 이를 글로 표기한 것이 백화문이다. 1911년 신해혁명 이후 난해한 문어문학 대신 구어문에 기초한 백화문으로 글을 쓰자는 백화문학운동이 전개됐다.

베이징노동자자치연합회 1989년 톈안먼광장에서 한 둥팡 등이 중국공산당의 통제를 거부하고 만든, 신중국 이후 최초로 노동자들이 조직한 독립노동조합이다. 이 연합회는 당시 '노동자들의 자유로운 참여와 민주적 과정을 통해 세워진 완전히 독립적인 자치조직이며, 어떤 다른 조직의 통제도 받지 않는다' '노동자의 뜻에 근거해 정치적·경제적 요구를 제기한다' '노동자가 진정으로 기업의 주인이 되도록 보장한다' 등을 강령으로 내세웠다. 중화전국총공회만을 유일한 합법노조로 세워 노동자들을 통제해왔던 중국공산당은 연합회를 체제에 대한 주요 위협으로 간주하여 연합회 대변인이었던 한 둥팡을 포함한 주도자들을 가혹하게 처벌했다.

분세제(分稅制)개혁 1994년 중국정부는 재정체계개혁을 단행했다. 통일된 기준 없이 복잡했던 세금 기준을 통일해 대부분의 제조업 제품에 17퍼센트의 동일 세율로 부가가치세를 징수하고, 국유기업, 집체기업, 민간기업 모두에 동일하게 33퍼센트의 이윤세(기업소득세)를 부과했다. 핵심적인 부분은 부가가치세 납입금을 '공유재정수입'으로 분류해, 이 가운데 75퍼센트는 중앙정부로 25퍼센트는 지방정부로 분할한다는 조항이다. 이전에는 대부분의 조세수입을 지방정부가 징수해 일부를 중앙정부로 보냈지만 새로운 체계에서는 중앙정부가 조세의 큰 부분을 징수한 뒤 나머지를 각 성들과 공유하게 돼 중앙정부의 재정·예산 수입이 크게 늘었다.

4인방 문혁 기간 동안 무소불위의 권력을 휘둘렀던 4인으로, 마오 쩌둥의 부인 장 칭(江靑)과 야오 원위안, 왕 훙원, 장 춘차오를 가리킨다. 마오 쩌둥이 사망한 지 한달여 뒤인 1976년 9월, 이들이 체포되면서 문혁은 막을 내렸다.

3개 대표론 1990년대 진행된 시장화 개혁으로 공산당의 통치기반이 바뀜에 따라 공산당의 사회적 기반 및 목표를 재정의하기 위해 장 쩌민 전 국가주석이 내세운 새로운 지도이념이다. 공산당이 선진생산력(기업가), 선진문화발전(지식인) 및 광대한 인민(노동자와 농민)의 근본 이익을 대표해야 한다는 것을 주요 내용으로 한다. 2002년 중국공산당 대회에서 3개 대표론이 당의 지도이념으로 공식 채택되면서 그때까지 공산당 입당이 공식적으로 금지되었던 자본가 및 기업경영자들이 대거 공산당에 입당하게 되었다.

샤오캉사회론(小康社會論) 1979년 덩 샤오핑이 중국현대화의 목표를 예시하기 위해 고대 경전인 『예기(禮記)』에서 따온 말이다. 중국공산당 지도자가 미래의 목표를 설명하기 위해 고대 유교경전을 인용한 것은 이 샤오캉사회가 처음이다. 덩 샤오핑은 단순히 먹고 자는 것을 해결할 수 있는 단계인 온바오(溫飽)사회를 넘어 좀더 여유로운 생활을 즐길 수 있는 사회를 가리켜 샤오캉사회라고 했다. 영어로는 well-off society라고 번역한다. 중국공산당은 2020년까지 샤오캉사회를 건설할 것을 목표로 제시했다.

신민주주의론 1940년대 마오쩌둥이 제기한 정치이론이다. 반봉건·반식민지 상태이던 중국에서 부르주아 계급이 미약하기 때문에 노동계급을 중심으로 한 새로운 형태의 민주주의혁명이 필요하며, 이를 실현한 이후에 사회주의혁명으로 이행한다는 내용이다. 신중국 건설과정에서 노동자·농민·쁘띠부르주아·민족부르주아 등 다양한 세력을 결집시키며, 공산당이 정권을 장악할 수 있었던 이론적 배경이 되었다. 마오 쩌둥은 건국 이후 이를 수정해 1953년께에 신민주주의 시기가 종결되고 사회주의혁명으로 전환해야 한다고 주장했다. 이로써 1954년 2월 공산당7기 제4차 중앙위원회에서 사회주의화를 강행하기로 명시한 '과도기의 총노선'이 채택됐다.

싼 마오(三毛) **유랑기** 만화가 장 러핑(張樂平)의 창작만화다. 1940년대 상하이를 배경으로 고아 싼 마오가 항일전쟁 기간 이후 국공내전 시기까지 겪는 일들을 다뤘다. 1949년 상하이 쿤룬영화공사가 영화화해 1950년 상영했다.

쌍백방침(雙百方針) 1956~57년 진행된 백화제방(百花齊放)과 백가쟁명(百

家爭鳴) 운동을 가리킨다. 1956년 4월 25일 마오 쩌둥이 「10대 관계를 논함」을 발표하며 다양한 의견을 용인하겠다는 방침을 밝히면서 시작됐다. 1956년 소련공산당 제20차 당대표대회에서 흐루쇼프가 스딸린을 비판한 사실이 알려져 사회주의에 대한 신뢰가 흔들리는 상황에서, 비교적 온건한 사회주의 노선을 표방하면서 사상을 해방하고 다양한 제안과 비판을 적극적으로 받아들이겠다는 방침 속에서 진행되었고 당시 중국사회 내부의 불만을 완화하려는 의도도 있었다. 하지만 각계의 현실비판이 예상을 뛰어넘어 격렬하게 확산되자 마오 쩌둥은 1957년 반우파투쟁을 시작으로 반대파에 대한 혹독한 탄압에 나섰다.

쑨즈강사건 후베이성 출신의 스물일곱살 노동자 쑨 즈강(孫志剛, 1976~2003)의 구타·사망사건은 농민공에 대한 차별과 야만적 대우를 상징한다. 광저우의 한 기업에서 일하기 시작한 지 한달도 되지 않은 2003년 3월 어느 날 저녁 잠깐 집을 나섰던 쑨 즈강은 경찰의 불심검문에 걸렸다. 임시거주증을 소지하지 않았다는 이유로 임시수용소에 보내진 그는 사흘간 8명의 공안들에 의해 야만적으로 구타당한 뒤 의식을 잃고 병원으로 이송되었지만 숨을 거두었다. 언론에 의해 폭로된 이 사건은 사회적으로 커다란 파장을 일으키고 인민들을 분노하게 했다. 중국정부는 이 사건 직후 임시거주증 및 임시수용소 제도를 폐지했다.

우칸(烏坎)사태 중국 광둥성 루펑시 우칸촌에서 당 간부들이 주민들의 집단소유 토지를 수십년간 몰래 매각해 거액을 챙긴 데 분노한 주민들이 2011년 9월부터 3개월간 시위를 벌였다. 시위과정에서 주민들은 민주적 절차로 뽑은 지도부를 중심으로 단결했고, 국내외 언론을 활용해 자신들의 주장을 널리 알렸다. 결국 광둥성 당 지도부가 주민들과 타협해 민주선거로 마을 지도부 선출, 토지문제 해결 등을 약속하면서 해결됐다. 주민들이 토지 환수에 여전히 어려움을 겪고 있긴 하지만, 우칸사태는 중국인들의 민주적 역량을 보여준 사건으로 평가된다.

6·4시위(6·4체제) → 톈안먼사건

인민공사 마오시대 농촌정치경제 조직의 뿌리와 줄기를 이룬 조직. 대약진 시기인 1958년 마오가 인민공사화운동을 제창했다. 인민공사는 농촌의 정치적·경제적·사회적 삶의 모든 측면을 하나의 조직 안에 체현시키려 했다. 인민공사는 농촌에서 벌어지는 생산·소비·교육·정치·군사 등의 기능을 총괄했다. 1978년 개혁개방과 함께 해체되기 시작해 1980년대 중반에는 기능을 거의 상실했다.

자본의 원시적 축적 맑스의 개념으로 자본주의적 생산양식이 형성되는 기반이 되는 조건을 말한다. 맑스는 최초의 대규모 부의 축적이 폭력으로써 기존의 소상공업자, 농민 등을 생산수단으로부터 몰아내고 이를 통해 다수의 임금노동자를 양산하는 것에서 가능해졌음을 간파했다. 그는 이로써 소수의 자본가가 생산수단과 부를 소유할 수 있게 되었다고 보았다.

제1·2·3 인터내셔널 통칭 제1인터내셔널로 알려진 국제노동자협회 (International Workingmen's Association, 1864~76)는 맑스 등 사회주의자뿐만 아니라 무정부주의자까지 포괄하는 최초의 국제적인 노동운동 조직으로 1864년 결성되었다. 제1인터내셔널 붕괴 이후 맑스주의자들을 중심으로 1889년 만들어진 제2인터내셔널(Second International, 1889~1916)은 유럽의 노동운동 및 사회주의정당을 기반으로 그 세력을 확장해갔다. 하지만 식민지문제, 1차대전 그리고 사회주의혁명 및 의회주의를 둘러싼 대립 끝에 사회민주주의세력과 공산주의세력이 분리하면서 1916년 그 막을 내린다. 사회주의혁명에 성공한 레닌의 지도하의 러시아공산당은 제3인터내셔널(Communist International, 1919~43)을 만들어 세계 공산주의운동을 배후에서 조종했지만 이 역시 2차대전 중에 해산되었다.

조반파(造反派) 1966년 6월 문혁의 시작과 함께 일어난 반(反)관료주의 활동인 홍위병운동의 주요 세력. 홍위병운동은 크게 두갈래로 나뉘는데, 8·9월 이전의 홍위병운동은 기본적으로 당조직이 파견한 공작조의 지도를 받았고 간부 자녀들, 군인, 노동자 등 출신성분이 좋은 이들이 중심이 되어 지식인과 문화계 인사들을 주로 공격했다. 이들은 당위원회 등 기존 권력을 보호하려 했기 때문에 보황파 또는 노홍위병으로도 불린다. 이후 문혁의 방향이 당과 정부조직에 대한 공격으로 바뀌면서, 출신성분이 좋지 않다고 분류된 이들이 홍위병에 대거 참여하게 되었다. 이들은 기존 당조직과 특권층을 비판하고 권력을 탈취하는 반란(造反)을 행했다는 점에서 조반파로 불린다.

중화전국총공회 1925년 중국공산당 지도 아래 창설된 중국노동조합의 연합체로 1949년 신중국 성립 이후 공산당이 유일하게 인정하는 합법적 노동조합연합체로서 노동자대표권을 독점해왔다. 1990년대 국유기업 개혁 및 시장화 과정에서 국유기업 노동자들을 중심으로 했던 조직기반이 와해

되고 새로운 환경에 적응하지 못하면서 존립의 위기에 처했지만 2000년 대 들어 당과 국가의 적극적 지원 속에서 부활했다. 현재 이들은 전세계 노동조합원 전체를 합친 것보다 많은 2억 5000만명의 조합원이 있다고 주장한다. 총공회의 관료주의, 형식주의 및 비민주성은 비판의 대상이 되어 왔으며, 특히 2000년대 후반 이후 신세대 노동자들의 파업투쟁 등으로 도전받고 있다. 이런 도전에 직면하여 총공회는 2010년대 들어 노동조합 위원장 직선제의 점진적 도입 및 단체협상의 적극적인 추진 등을 통해 적극적인 변화를 모색하고 있다.

지식청년(知識靑年) 일반적으로 즈칭(知靑)이라는 약칭으로 불리는 지식청년은 1950년대부터 문혁 시기까지 "농촌에서 배우라"는 마오 쩌둥의 뜻에 따라 자원하여 또는 강제로 농촌으로 하방돼 노동했던 도시 출신 학생들을 가리킨다(5·4운동을 비롯해 중국 근현대사에서 면면히 이어졌던 광의의 지식청년 운동과는 구별되어 쓰인다). 1966년 문혁의 영향으로 대학 신입생 모집이 중단된 뒤 1000만명이 넘는 고등학교 졸업생이 진로를 정하지 못하자, 이들을 농촌이나 오지의 공장으로 보내(上山下鄕) 노동에 종사하도록 했다. 그 수는 약 1200만 내지 1800만명으로 추산된다.

징강산(井岡山) **농민게릴라 투쟁** 마오 쩌둥은 창사에서 일으킨 추수폭동에서 실패한 뒤 1000여명의 병사를 이끌고 장시성 징강산에 들어와 1927년부터 4년간 농촌게릴라 투쟁을 성공적으로 수행한다. 농민을 기반으로 한 마오의 혁명이론은 징강산 농민게릴라 투쟁을 거치면서 실천적으로 검증되기 시작했다. 또한 징강산투쟁 과정에서 당의 엄격한 통제를 받는 오늘날 인민해방군의 모태가 창설되었다.

1994년 노동법 문혁 이후 노동법 없이 노동부 혹은 공산당의 지시에 의해 노동문제를 처리해왔던 중국은 1994년 최초의 현대적 노동법을 채택해 95년 1월부터 시행에 들어갔다. 이 법은 시장경제라는 새로운 조건에서 고용계약, 근로조건 및 노사관계에 대한 새로운 법칙을 마련했다는 중요한 의의가 있지만, 실제로는 노동자들의 권익보호보다는 기존 사회주의 국유기업의 종신고용 씨스템을 해체하고 유연한 노동시장을 만드는 데 강조점을 두었다. 특히 중국노동자의 절대다수를 이루는 이른바 '농민공'들은 사실상 이 노동법의 보호를 받지 못했다. 이러한 상황은 2008년 고용계약법이 도입되면서 근본적으로 바뀌어가고 있다.

탄카(蛋家, the Tanka) 중국 남부 일대(저장성, 푸젠성, 광둥성, 홍콩, 마카오 등) 바닷가의 정크선 위에서 생활하는 소수민족을 의미한다. 바다의 집시로도 불리던 이들은 사회의 최하층민이었다. 지금도 극소수의 탄카가 전통적인 삶의 방식을 고집하며 선상생활을 하고 있다.

텐안먼사건(텐안먼시위) 1989년 4월 15일 개혁파로서 민주화 요구에 호의적이 었던 후 야오방 중국공산당 전 총서기가 서거하자 그의 죽음을 애도하려 베이징 텐안먼광장에 모여든 학생들의 추모행렬에서 시작되었다. 5월 17일에 100만이 넘는 시민이 광장을 가득 메우자, 5월 20일 중국 당국은 계엄령을 선포했고 그럼에도 시위는 계속되었다. 당국은 급기야 6월 3일 밤 인민해방군과 탱크까지 동원해 진압에 나섰고 이에 수많은 시민과 학생이 희생당했다. 중국정부의 공식발표로만 사망자 300여명, 국제 인권단체의 조사로는 사망자만 2000명이 넘는 것으로 밝혀졌다.

이 사건은 1980년대 도시 시장화개혁에 따른 고용불안과 물가상승에 고통받게 된 일반 시민들의 불만이, 개혁을 틈타 막대한 이익을 누리고 있던 일부 당관료들에 대한 분노와 맞물리면서 민주화에 대한 요구로 이어진 것이 그 주요 배경이다. 중국공산당은 1989년 6월 4일 완전진압 이후 정치적 반대파의 목소리를 잠재운 뒤 1992년 덩 샤오핑의 남순강화를 신호탄으로 전면적인 시장 개혁개방에 나서게 된다. 이른바 6·4체제는 정치개혁 없는 시장화가 진행된 1989년 이후 현재까지의 상황을 가리킨다.

8월 종파주의 사건(북한) 북한 당국이 '8월 종파주의 사건'이라 지칭하는 이 사건은, 소련 제20차 당대회의 스딸린 비판에 영향을 받은 최창익 등의 중국공산당 계열 연안파와 박창옥 부수상 등 소련파 일부가 연대하여 1956년 8월 조선노동당중앙위원회 회의에서 김일성의 정책 및 개인숭배에 반기를 들었다가 권력에서 제거된 사건이다. 이후 김일성은 1958년까지 2년여에 걸친 반종파투쟁을 통해 반대파를 철저히 제거하고 일인통치 씨스템을 더욱 굳히게 된다.

폭스콘(Foxconn, 중국어로는 富士康) 대만 훙하이정밀공업의 자회사로 세계 최대의 주문자생산방식 전자제품 제조기업. 애플의 아이폰과 아이패드를 비롯해 휴렛패커드 등 전세계 주요 전자업체들의 제품을 생산하고 있다. 중국 내 공장에서만 120만명 이상을 고용하고 있는 이 회사는 중국 최대의 민간 고용주이기도 하다. 2011년 이 회사의 노동자들이 연이어 자살하면서 중국제조업의 비인간적인 노동조건과 군대식 노무관리의 대표적 사례로 비판받았다. 국내외의 비판에 직면해 임금삭감 없이 주당 노동시간을 71시간에서 49.5시간으로 단축하고, 임금을 파격적으로 인상하는 등 일련의 개혁 청사진을 발표했지만 노동자들의 자살과 항의시위가 그치지 않고 있다.

프라하의 봄 1960년대 체코슬로바키아에서 스딸린주의자 노보트니(A. Novotný)의 친소 보수정책에 반발해 민주·자유를 요구하는 운동이 일어났다. 1968년 1월 노보트니가 당서기에서 물러나고 개혁파 둡체크가 1서기가 되었으며 개혁파는 '인간의 얼굴을 한 사회주의', 즉 민주화·자유화 노선을 채택했다. 소련은 동유럽 공산국가들에게 미칠 영향을 우려하여 '프라하의 봄'이 맑스레닌주의로부터의 이탈이라고 주장하면서 체코를 무력 침공했다.

혼다파업 2010년 5월 17일부터 6월 4일까지 10대 후반 및 20대 초반의 신세대 노동자들을 중심으로 진행된 광둥성 포산시 혼다자동차 부품공장의 파업을 가리키며 중국 노동운동의 전환을 알리는 이정표로서 평가받는다. 임금 인상, 생산직 노동자들에 대한 인사노무관리의 개혁 및 노조지도부 재선거를 요구하며 2주 이상 지속된 이 파업은 30퍼센트가 넘는 임금인상을 획득한 노동자들의 사실상의 승리로 막을 내렸다. 파업과정 내내 신세대 노동자들은 높은 의식 수준으로 단결을 유지했을 뿐만 아니라, 소셜미디어를 통해 시민들과 소통하며 광범위한 사회적 지지를 이끌어내는 데 성공했다. 이 파업은 전국적으로 자연발생적인 연쇄파업을 불러일으키는 동시에 중화전국총공회의 내부개혁 및 정부의 노동정책 전환을 촉진했다.

홍콩기본법 1985년에 홍콩 대표와 중화인민공화국 대표들로 이루어진 홍콩

기본법자문위원회가 만들어졌다. 5년간의 논쟁과 심의를 거쳐 홍콩기본법은 1997년 홍콩의 중국 복귀 이후 홍콩의 미니(mini) 헌법으로 작동하고 있다. 홍콩기본법의 정치체제, 특히 입법의회와 행정부 수반의 선출방식 관련 조항들은 아직도 첨예한 논쟁의 대상이다.

화평연변(和平演變) 서방국가들이 비폭력수단으로 사회주의국가 내부를 교란해 체제를 전복시키려 한다는 뜻이다. 덩 샤오핑은 톈안먼사건과 동유럽권 사회주의 해체 상황을 지켜보며 화평연변의 위험을 경고했다.

후난(湖南) 농민운동시찰보고 1927년 마오 쩌둥이 자신의 고향인 후난성의 농민들에 대한 조사를 바탕으로 쓴 보고서. 이 보고서는 농민의 혁명적인 잠재력을 최초로 포착하여, 기존의 소련 혁명이론에서 벗어날 단초를 제공함으로써 혁명이론가로서 마오 쩌둥의 입지를 세워주었다.

후커우(戶口)제도 1958년 마오 쩌둥이 '후커우등록조례'를 만들면서 생긴 제도로, 이를 계기로 전국민이 농민과 시민으로 양분되고 농민의 도시 이주가 사실상 불가능해졌다. 중국인은 태어나면서부터 부모의 후커우를 물려받게 되는데, 만약 이를 변경하고자 할 경우에는 반드시 정부의 허가를 받고 이주지의 후커우를 취득해야만 합법적인 거주권을 갖게 된다. 농촌 후커우와 도시 후커우로 나뉘며, 대개 도시 후커우를 가진 사람이 농촌 후커우로 바꾸는 것은 쉬운 반면, 그 반대의 경우는 상당히 어렵다. 후커우제도로 인한 부작용이 심각해지자 중국정부는 임시거주제도, 취득 기준 완화 등 다양한 제도개혁을 추진하고 있다.

흐루쇼프의 스딸린 비판 1953년 스딸린이 사망한 뒤 1956년에 개최된 소련공산당 20차 당대회에서 흐루쇼프 당시 공산당 제1서기는 스딸린 개인숭배를 비판하고, 대숙청 당시 스딸린의 무자비한 처사와 범죄행위를 고발하고 가혹한 중앙집권체제를 비판했다. 중국을 비롯한 공산권 국가들에 큰 충격과 반향을 일으켰다.

■ 약력

첸 리췬 錢理群 전 베이징대 중문과 교수

1939년 충칭에서 태어나 1956년 베이징대에 입학해 반우파투쟁을 겪었다. 런민대 신문학과로 옮겨 졸업한 뒤 구이저우성 안순의 위생학교 교사로 배치돼 18년간 생활하며 문화대혁명을 겪었다. 1978년 베이징대 대학원에 진학해 본격적으로 루 쉰 연구를 시작했다. 1981년부터 베이징대 교수로 재임하며 베이징대의 정신적 스승으로 불렸다. 2002년 퇴직 뒤 현대 민간사상사 연구를 계속하면서 농촌교육·청년운동 등을 지원하고 있다. 주요 저서로 『모택동 시대와 포스트 모택동 시대 1949~2009』『내 정신의 자서전』『망각을 거부하라』등이 있다.

원 톄쥔 溫鐵軍 런민대 농업농촌발전학원 원장

1951년 베이징에서 태어나 문혁 시절을 농촌, 공장과 군에서 보냈다. 문혁이 끝난 뒤 런민대 신문학과에서 공부했고, 1985년 중국공산당 중앙위원회 산하 농촌정책연구실에서 일했다. 이후 중국농업대에서 석박사학위를 취득했다. 2004년부터 런민대 농업농촌발전학원 원장으로 학생들을 가르치면서 동시에 농업·농촌·농민문제를 해결하기 위해 사회운동에 헌신해왔다. 주요 저서로『삼농문제: 세기말적 반성』『중국농촌기본경제제도연구』 등이 있다.

장 룰 張律 영화감독

1962년 옌볜 조선족자치주 옌지에서 태어나 1983년 옌볜대 중문과에 입학했다. 1987년 졸업 뒤 교수와 소설가로 활동하다 10년간 '은둔' 시기를 보냈다. 2000년 단편영화「열한살」을 내놓으며 영화감독으로 데뷔했다. 이후 첫 장편「당시」를 비롯해「망종」「경계」「이리」「중경」「두만강」 등의 영화를 발표했다. 부산국제영화제, 칸영화제, 바르셀로나아시아영화제, 베를린국제영화제 등 여러 영화제에서 수상했다. 2012년부터 연세대에서 영화연출을 강의하고 있다.

친 후이 秦暉 칭화대 역사학과 교수

1953년 광시 좡족자치구 난닝에서 태어나 1966년 조반파 조직에 참여하며 문혁에 뛰어들었고, 9년간 농촌에서 농민들과 함께 생활했다. 문혁 뒤 회복된 첫 석사과정생으로 란저우대에 입학해 중국농민사를 연구했다. 1989년 톈안먼시위에 대한 계엄이 선포되자 계엄철회 등을 요구하는 성명을 발표했다. 이후 산시사범대 교수를 거쳐 1995년부터 칭화대 역사학과 교수로 재직하면서 중국의 경제적 현실문제로 연구영역을 넓히며 현실문제에 적극적으로 발언해왔다. 주요 저서로『전원시와 광시곡』(공저)『농민중국』『시장의 어제와 오늘』등이 있다.

추이 즈위안 崔之元 칭화대 공공관리학원 교수

1963년 베이징에서 태어나 중국 국방과학대 씨스템공학 및 응용수학과를 졸업한 뒤 1995년 시카고대학에서 정치학 박사학위를 취득했다. MIT대학 정치학과 교수와 베를린 고등연구원 선임연구원을 거쳐 2005년부터 칭화대 공공관리학원 교수로 재직하고 있으며, 2010년부터는 충칭시 국가자산관리 위원회 정책자문관으로도 일했다. 중국 신좌파의 대표주자이며, 주요 논문으로「제도혁신과 제2차 사상해방」「충칭모델: 경제민주와 자유사회주의」등이 있다.

야오 양 姚洋 베이징대 경제학과 교수

1964년 산시성 시안에서 태어나 1986년 베이징대 지리학과를 졸업하고 이후 베이징대 경제학과에서 석사학위, 미국 위스콘신대에서 농업경제학 박사학위를 취득했다. 2002년부터 베이징대 경제학과 교수로 재임 중이며 2012년부터는 베이징대 국가발전연구원 원장을 겸하고 있다. 주요 연구분야는 중국의 제도전환, 개혁개방 이후 경제성장과 농촌 문제 등이다. 주요 저서로『제도 창신으로서의 경제개혁』『자유, 공정과 제도변천』『토지, 제도와 농업발전』『중국의 길의 세계적 의미』등이 있다.

쑨 거 孫歌 중국사회과학원 연구원

1955년 지린성 창춘에서 태어나 문혁 시기 농촌생활을 거쳐 1978년 지린대에 입학해 중국 현대문학을 전공하고 이후 일본 토오꾜오도립대학에서 정

치학 박사학위를 받았다. 1982년부터 중국사회과학원 문학연구소 연구원
으로 재직하면서 정치사상사·일본사상사·비교문화 연구에 관심을 쏟고 있
다. 중국 지식인으로는 드물게 동아시아를 지적 화두로 삼고 있으며 한·
중·일과 대만 등의 시민사회를 잇는 활동을 이끌고 있다. 주요 저서로『아
시아는 무엇을 의미하는가』『주체 분절의 공간』『다케우치 요시미라는 물
음』등이 있다.

한 둥팡 韓東方 「중국노동통신」 대표, 노동운동가

1963년 베이징에서 산시성 출신 농부의 아들로 태어나 고교 졸업 뒤 인민
해방군에 입대했고 1984년 철도노동자가 되었다. 1989년 톈안먼시위에 참
가하면서 중국 최초의 독립노조 설립을 주도했다. 시위가 진압된 뒤 투옥
돼 감옥에서 죽음의 고비를 넘겼으며, 국제노동단체의 지원으로 병 치료를
위해 미국에 갔다. 1993년 홍콩을 통해 귀국하려 했으나 거부당한 이후 '망
명객'으로 홍콩에서 활동 중이다. 1994년 홍콩에서 창간한 「중국노동통신」
(China labour bulletin)과 1997년부터 진행 중인 라디오 프로그램 Labour
Express를 통해 중국 노동운동을 지원하고 있다.

쑨 헝 孫恒 '노동자의 집' 대표, 노동자가수

1978년 허베이성 카이펑에서 태어나 중학교 음악교사로 일하다 1998년 상
경하여 1년간 막노동과 거리의 악사 노릇을 하며 전국을 유랑했고 이때부터
농촌 출신 노동자의 애환을 담은 노래를 작곡·발표하기 시작했다. 2002년
베이징 변두리마을 피춘에서 '노동자의 집(工友之家)'과 '신노동자예술단
(新工人藝術團)'을 만들어 지금까지 활동하고 있다. 「노동, 노동이 가장 영광
스럽다(打工打工最光榮)」를 비롯한 다수의 노동가요, 창작극을 발표했다.

아포 레웅 Apo Leung Po Lam, 梁寶霖 홍콩 NGO 활동가

1949년 마카오에서 태어나 1967년 홍콩으로 건너와 고등학교를 마친 뒤 공
장노동자로 일하다 이후 신문기자를 거쳐 사회운동에 발을 들여놓았다. 홍
콩기독교산업위원회를 거쳐 1994년부터 2008년까지 아시아의 대표적인 노
동NGO인 AMRC(Asia Monitor Resource Center) 대표를 역임하며 중국을
비롯한 아시아 노동자들의 권익을 보호하기 위한 활동을 이끌어왔다. 『지구
화 속의 노자관계와 노동정책』 등 다수의 저서 및 논문을 발표했다.

조셉 청 Joseph Yu-shek Cheng, 鄭宇碩 홍콩시립대 정치학과 교수

1949년 홍콩에서 태어나 홍콩대를 졸업하고 싸우스오스트레일리아대에서
정치학 박사학위를 받았다. 이후 홍콩 중문대 교수를 거쳐 1992년부터 지
금까지 홍콩시립대 정치학 교수로 재직하고 있다. 1970년대 홍콩 학생운동
의 주역 중 한 사람으로 홍콩을 비롯한 중국의 민주화를 위한 시민사회운
동을 주도하며 홍콩·중국 정치학의 권위자로 평가받는다. 『홍콩사회과학
저널』을 비롯한 다수의 학술지 편집인이며 *A New Stage of Development for an
Emerging Superpower* 등 다수의 논저가 있다.

엮은이

이창휘 李昌徽 이북 실향민의 집안에서 태어나 일본노동연구로 사회학 박사학위를 받았다. 토오꾜오대학 사회과학연구소 연구원, 국제노동기구(ILO) 전문가로 방콕과 베이징을 거치며 지난 20년간 대부분의 기간 동안 아시아 노동문제를 천착해왔다. 현재 ILO 제네바 본부에서 선임정책분석관으로 재직 중이며, 아시아인이 되고 싶다는 이루어지기 힘든 꿈을 품고 있다.

박민희 朴敏熙 대학과 대학원에서 중국과 중앙아시아 역사를 공부했다. 1995년 한겨레신문사에 들어가 국제·외교·노동·문화 분야 등을 취재했다. 중국 런민대학에서 국제관계학을 공부한 뒤, 2009년부터 2013년 3월까지『한겨레』베이징 특파원을 역임했고 지금은 국제뉴스팀에서 일하고 있다. 옮긴 책으로『중국과 이란』『아이들아, 평화를 믿어라』등이 있다.

중국을 인터뷰하다
새로운 중국을 만들어가는 사람들

초판 1쇄 발행／2013년 8월 3일
초판 3쇄 발행／2020년 9월 13일

엮은이／이창휘 박민희
펴낸이／강일우
책임편집／박대우
펴낸곳／(주)창비
등록／1986년 8월 5일 제85호
주소／10881 경기도 파주시 회동길 184
전화／031-955-3333
팩시밀리／영업 031-955-3399 편집 031-955-3400
홈페이지／www.changbi.com
전자우편／human@changbi.com

ⓒ 이창휘·박민희 2013
ISBN 978-89-364-8583-2 03300